钟泰 著

钟泰著作集

国学概论

诗词讲义

（外一种）

4

上海古籍出版社

总　目

国学概论

《国学概论》，由崔勇据上海中华书局 1936 年版排印本重新整理，并施现代标点。

《国学书目举要》，由郭君臣据江苏法政大学 1925 年版排印本重新整理，并施现代标点。

目　　录

卢　序

　　丙子之春,前谒钟山师湖上;于是别吾师十有四年矣。师出所撰讲义曰《国学概论》者以视前。窃惟吾师逴昔之所称说者,曰学所以受用以致用,不能偏废。世仅知吾师逴于老庄之学,不知其根本六经,洞明心性,未尝忘治平之术而以章句儒自囿也。故是编首小学,而经大义,而诸子,而宋学,示初学以阶梯,导归于圣域,明体达用,有条不紊,虽未足尽吾师素蕴,然为学之方,大略备是;刊布流行,又曷可少与!前雒诵之余,谨揭大义于首,辍笔瞠然,尚仿佛奉手函丈,辟咡隅坐时也。

受业卢前真如村居记

序

　　读书犹行路也,必有舟车图经之借焉:无舟车则困于力,无图经则迷于方;力困方迷,其行必室。六书、声韵、章句者,读书之舟车也;故此书以是三者先焉。六经、诸子、四部者,读书之图经也;故以是三者次焉。虽然,舟车具矣,图经备矣,必循其蕲向,极其归趣而后为至;不循其蕲向,极其归趣,则舟车虽完,图经虽密,亦徒设耳,多事耳。归趣者何? 义理是也。《易·大传》曰精义,《说卦》曰穷理,义理之说,由来盖久矣。自清人标榜汉学,排诋宋儒,以言理为禁忌,于是穷经经不足以润身,治史史不足以平世,周章于训诂,徬徨于考据,乃至竭毕生之力,而不免为穷人之无所归,不亦悲乎! 夫学有本末之别,有识大识小之分,不可不辨也,故七篇继之以汉宋异同,所以明其蕲向,示其归趣,夫如是而后可以博观,可以约取,而无患乎行之室矣。及其居之安,资之深也,行之则为事业,发之则为文章。惟文有体有法,又不可不讲也,故以文章体制一篇终焉。呜呼,学至于义理,其至矣! 义理之原在经,其征在史。若夫诸子之书,百家之集,则皆经史之发挥,而义理之纶绪也。今也典册具在,学者有能因是以穷经史之奥,撷义理之精,上绍先民之泽于不坠,下开来世之学于不弊者乎? 泰虽不肖,窃愿挟此书以为之先驱也已!

　　中华民国二十有五年五月江宁钟泰自序

第一章　六　书　篇

郑夹漈有言："经术之不明，由小学之不振。小学之不振，由六书之无传。"[1]夫岂徒经术哉！欲治书即须识字，欲识字，舍通六书莫由入也。《周礼》：八岁入小学，保氏教国子以六书。[2]《汉志》举《史籀》等篇，列为小学，以附六艺之后。[3]则古之小学，所以重六书者可知矣。顾古之小学所习，而后世乃有老师宿儒不能穷其谊者，何哉？则文字孳乳日多，繁而难理，一也。篆隶之变，形体歧误，莫窥造字本意，二也。学校之废，师法渐失，三也。汉初，萧何著法。太史试学童，能讽书九千字以上，得为史。又以八体试之，课最者，以为尚书史，[4]古制盖未尽废。其后尉律不课，小学不修，见古文辄为好奇，称隶书为不可改易。而文字变乱，寖不可复矣。至建光中，汝南许慎乃著《说文解字》。[5]叙篆文，而合以古籀，以明源流，辨讹正。于是三代秦汉文字，条理稍稍可见。言字学者，遂一以许书为归。虽其书亦不能无谬，然于形、声、义三者并详。《尔雅》古矣，而专主于义，不及形、声，殆非其匹，况下之如《凡将》、《急就》之伦者乎！[6]故段懋堂为《说文》作注，至推以为前古未有之书，许君之所独创。[7]案之事实，要非过誉已。

许氏之说六书，一曰指事。指事者，视而可识，察而见意，"上"、

7

"丁"是也。二曰象形。象形者,画成其物,随体诘诎,"日"、"月"是也。三曰形声。形声者,以事为名,取譬相成,"江"、"河"是也。四曰会意。会意者,比类合谊,以见指㧑,"武"、"信"是也。五曰转注。转注者,建类一首,同意相受,"考"、"老"是也。六曰假借。假借者,本无其字,依声托事,"令"、"长"是也。[8]此六书之别也。指事、象形,自为单体,即许《叙》所谓"依类象形谓之文"者也。形声、会意,合体始具,即许《叙》所谓"形声相益谓之字"者也。盖先有单体之文,而后有合体之字,由简入繁,其序固宜然也。然部居虽曰各殊,而为例亦难一致。如"齿"本象形,而"止"即以标其声,则形而有声矣;"胃"亦象形,而"肉"所以明其义,则形而有意矣。"畕",古"彊"字,"𢇲",古"绝"字,皆指事字,而一"田"一"糸",其事假意而后显,则指事也而涉于会意矣。"收",古"拱"字,"𠬞",古"攀"字,而或正或反,其意亦因事而后见,则会意也而蒙于指事矣。"讷",从言从内,谓言不出也,而即读"内"声;"齅",从鼻从臭,谓以鼻就臭也,而即读"臭"声;"原",从厂从泉,泉水原也,而即由"泉"得声;"室",从宀从至,而即由"至"得声:是会意而兼形声也。"浅",从水戋声,"线",从糸戋声,"贱",从贝戋声,"钱",从金戋声,而其字俱有狭小细小之义,则由戋声得之;"放",从攴方声,"汸",从水方声,"雱",从雨方声,而其字并有广大盛大之义,则由方声得之:是形声而具会意也。四者相为错综,斯其变不可胜既矣。及夫变化既繁,于是则有转注以合其异,有假借以尽其通。故异字而归于同用者,转注之所由立也;同字而引为异用者,假借之所由名也。以字之体言之,不过形事声意;以字之用推之,则有转注假借。六者之中,又分三段:指事、象形,一段也;形声、会意,一段也;转注、假借,又一段也。此六书之次也。

六书之中,指事较难鉴别。盖曰视而可识,则近于象形;曰察而见意,则近于会意。然形者意之形,察意而知,初不必象其物,则与象形异矣。意者形之意,即形而见,亦不待会其文,则与会意异矣。故言指事象形之别者,莫明于张行孚。行孚曰:"指事之异于象形者,象形之形有定,指事之形无定也。"又曰:"形本可变易,而以字定其形者,谓之指事。如'一'、'二'、'丁'、'⺊'之形,本可横可竖,'一'、'二'之形,且可正可衺,而造文者定为'一'、'二'、'丁'、'⺊'之形,始一成而不变,此指事也。其形本一定难易,而以字依其形者,谓之象形。如'日'、'月'、'鸟'、'兽'之形,本生成难改,造文者苟任意变乱,则歧异而不似,此象形也。"[9]言指事会意之别者,莫明于王筠。筠曰:"会意者,会合数字以成一字之意也。指事,或两体,或三体,皆不成字,即其中有成字者,而仍有不成字者介乎其间以为之主,斯为指事也。"[10]学者有疑于指事之说者,试取张、王二家之说玩之,则若辨黑白,莫之能淆矣。

转注之说,解者纷如,要之不出主形、主声、主义三者。主形转者,唐裴务齐《切韵序》所谓"考字左回、老字右转"是也,依隶为言,其失甚显。[11]后郑樵作《六书略》,以互体言转注,意颇近之。[12]然从者尠矣。主声转者,宋之张有但云转其声、注其义而已。[13]至近人章炳麟乃解类为声类,首为语基,[14]更附益以成其说。顾征引虽繁,于许书终无所据。且信如章君之言,即建类一首,同为一事,何烦分别说之?以此知决非许恉也。主义转者,源于晋卫恒《书势》,曰:"转注,'老考'是也。以'老'为寿考也。"[15]盖以"老"字之义,与"寿考"之"考"相同,故用相训释。而徐锴祖之,遂云:"老之别名有耆,有耋,有寿,有耄,又孝子养老是也。"又曰:"若水之出源,分歧别派,为江为汉,各受其名,而本同主一于水也。"[16]于是有散言之曰形声、总言之曰转注之语。[17]然则转注与形声复何别乎!及于有清,戴震、段玉裁又稍变徐氏之说,以一其义类解建类一首,以互其训诂解同意相受。[18]曰:"建类一首,谓分其义之类以一其首,如《尔雅·释诂》第一条说'始'是也。同意相受,谓无虑诸字,意恉略同,义可互受,相灌注而归于一首,如'初'、'哉'、'首'、'基'、'肇'、'祖'、'元'、'胎'、'俶'、'落'、'权'、'舆',其于义或远或近,皆可互相训释,而同谓之'始'是也。"[19]夫《尔雅》之类,非《说文》之类也。《尔雅》以诸字居上而以"始"字在下释之,谓之建类一足可,不得谓之建类一首也。戴、段以互训释转注是也,而引《尔雅·释诂》为说则非也。同时江声亦沿徐氏之说,曰:"转注统于意。《说文解字》一书,凡分五百四十部。其始一终亥,五百四十部之首,即所谓一首也。凡某之属皆从某,即同意相受也。"[20]以凡从某之字,即为同意相受,则一转注可包举六书,不得与他五者并列也。且一部之字,岂果尽同意乎? 江氏以同部解一首是也,而谓从部首得义即皆转注则非也。请推"考"、"老"之例以求之于许书,如艸部"茅"、"菅",人部"何"、"儋",言部之"谏"、"证"、"讄"、"譁",木部之"柟"、"梅"、"极"、"栋",无不属于同部。而于"茅"曰"茅,菅也",于"菅"曰"菅,茅也","何"曰"何,儋也","儋"曰"儋,何也","谏"曰"谏,证也","证"曰"证,谏也","讄"曰"讄,譁也","譁"曰"譁,讄也","柟"曰"柟,梅也","梅"曰"梅,柟也",皆以此训彼,即转而以彼训此。《周礼正义》说转注为左右相注,[21]不知此用许氏本文耶? 抑他家为许学者之言耶? 然其说必有所受之矣。左右相注正彼此互训之谓。是则必同部而互训,始为转注。互训而非同部者,非转注也;同部而非互训者,亦非转注也。[22]建类一首即同部,同意相受即互训,许书本自分明,而解者自乱之耳。原夫转注之自起,则以方俗语殊,各本所称以制字。是以一物或有数名,数名或同为一物。有转注以统驭之,则散者合,异者齐,名实不至于淆杂矣。此吾所谓"转注以合其异"者也。若乃转注之字,时为双声,或为叠韵,[23]是则生人语言之自然,乃以意同而声近,非由声近而意同也。章君窥其一端,不加深察,遂以转注全由音声为之枢纽,谓五百四十部为后起,不能例造字之初。[24]顾不思所谓声类,所谓韵部,亦岂造字之初便有之耶? 且又谁实建之耶? 知其一不知其二,固宜其失矣。

假借曰"本无其字,以声托事"者,何也? 盖文字始创,寡不逮用,意有所至,猝无其字,则往往取其音近者代之。故六书至假借而术穷,而亦至假借而用广。如"为",母猴也,既借为"作为"之"为",又借为

"因为"之"为";"来",瑞麦也,既借为"行来"之"来",又借为"劳来"之"来";"能",熊属也,既借为"知能"之"能",又借为"贤能"之"能";"难",鸟也,既借为"艰难"之"难",又借为"灾难"之"难"。意以引而益长,斯用以推而弥远。故吾曰"假借以尽其通",又曰"同字而异用,是名假借"也。往往假借既行,本义反晦。自以"给"为欺给,鲜有知"给"为丝劳者矣;[25]自以"眺"为眺望,鲜有知"眺"为目不正者矣;[26]自以"骄"为骄泰,鲜有知"骄"为马高六尺者矣;[27]自以"朋"为朋党,鲜有知"朋"为古文凤者矣。[28]又始则无字而假借,继则有字而亦假借。如"给"如"眺",固皆有其本字者也。又如"莝"有其字矣,而《诗》"秣之摧之"则借"摧"为"莝";[29]"断"有其字矣,而《礼》"笑不至矧"借"矧"为"断"。[30]此不知先用假借,而后复制字以区别之耶?抑本有其字,而姑取其省便,而为是假借者耶?盖难以明矣。大抵语助之辞,形无可象,意无可指,即不得不借他字为之。故除"乃"除"于"之数字外,[31]若"且"即"俎","其"即"箕","之"即"芝","也"即"匜",[32]"夫"为丈夫,"於"为孝鸟,[33]"然"为然烧,"而"为颊毛,"则"为等画物,"所"为伐木声,"虽"为蜥蜴之类,"焉"为黄色之鸟。故郑渔仲论假借,谓有有义之假借,有无义之假借。[34]有义之假借借在义,无义之假借借在声。若语助之假借,皆所谓无义而借声者也。然亦即有假借之中复假借者,如《诗》"耿耿不寐,如有隐忧","不矢其驰,舍矢如破",并借"如"为"而";[35]"女虽湛乐从,弗念厥绍",借"虽"为"惟";[36]《书》"徂兹淮夷,徐戎并兴",借"徂"为"且";[37]《大戴》"无行可悔",借"可"为"所"。[38]盖当其初假用之时,但取音谐,初无实义。"而"可也,即"如"亦可也;[39]"惟"可也,即"虽"亦可也[40]。及后习定俗成,始有定例。以今观之,似"而"为正而"如"为假,"惟"为正而"虽"为假,而不知其始固无所谓正假也。或者不考,以为同声通用,可名通借,而非六书之假借,毋乃拘墟之见耶!

　　许氏《说文解字》一书,篆文以外,采古籀亦千余文,可谓博矣。然自赵宋后三代铜器纷出,[41]近世复得殷墟甲骨多种。[42]其款识卜辞之文,案之许书,多有不合。如"寺",《说文》:"廷也,有法度者也。从寸。"而《郑公牼钟》:"分器是寺。""寺"字从又,则当为"持"之本字。"天",《说文》:"从一大,会意。"而《盂鼎》、《录伯戎敦》皆作"⼤",⼤,"天",颠也,"·"以识之,非从一大也。"射",《说文》:"弓矢发于身,而中于远。从矢从身。"然《静敦》"射"作"⼷",象持射形,非会意也。"十",《说文》:"一为东西,丨为南北,则四方中央备矣。"然观甲文,"十"皆作"丨",金文或作"⼷",无四方中央备之象也。"函",《说文》:"舌也。舌体马马。从马象形,马亦声。"然《不娶敦》作"⼷",象械矢形,非形声也。"正",重文"㐀",《说文》曰:"古文正从二。二,古上字。"然《兊敦》正作"⼷",《盂鼎》作"⼷",甲文作"⼷",非从古文上也。盖创制文字,原非一家。[43]益以展转流传,不无淆乱。故三代而后,七国异形,[44]篆隶屡变,以后推前,事当相仿。此宜许氏之难尽得其本原矣。又群籍文字,许氏或佚而未收。[45]虽大徐新附,[46]郑氏辑佚,[47]段、王、严、桂各为补苴,[48]犹有未尽。而其部首之废立类蒙,[49]复多可议。虽然,许书终不可废。但通其义类,无所执泥,以免向壁虚造,变乱常行之失,其于文字之用,则庶几矣。

[1]郑樵,字渔仲,南宋人,居莆田夹漈山,故学者称夹漈先生,官至枢密院编修,《宋史》有传。所著《通志》二百卷,与唐杜佑《通典》、元马端临《文献通考》号为"三通"。"经术不明"之语,见《通志·六书略·序》。

[2]《周礼·地官司徒》:"保氏掌谏王恶,而养国子以道,及教之六艺,一曰五礼,二曰六乐,三曰五射,四曰五驭,五曰六书,六曰九数。"郑玄注曰:"六书,象形、会意、转注、处事、假借、谐声也。"

[3]班固《汉书·艺文志》:"序六艺为九种。"小学自《史籀》至杜林《仓颉故》,凡十家,四十五篇。详见原书。史籀,周宣王时太史,作大篆十五篇。

[4]萧何著法,太史试学童,并见《汉书·艺文志》及许慎《说文解字叙》。惟"以八体试之",《汉志》作"六体",当以许《叙》为正。八体者,一大篆,二小篆,三

刻符,四虫书,五摹印,六署书,七殳书,八隶书。

[5]许慎,字叔重,东汉人,官太尉南阁祭酒,尝从贾逵受古学,所著《说文解字》
并《叙》,凡十五篇。《后汉书》慎入《儒林传》。

[6]《尔雅》,《汉书·艺文志》录三卷,二十篇。今佚一篇。训诂之书,此为最古。
详见后《六艺篇》。《凡将》一篇,汉司马相如作,今佚。《急就》一篇,汉元帝
时黄门史游作。

[7]段玉裁,字若膺,一字懋堂,金坛人,清乾隆时举人,官巫山知县,引疾归,遂
不仕,有《说文解字注》《六书音韵表》《古文尚书撰异》《毛诗诂训传》《经
韵楼集》等书。"前古未有之书"云云,即其《说文叙注》中语。案段氏《说文
注》最称精洽,然后世颇有议之者,最著者为钮树玉《段注订》、徐承庆《段注
匡谬》。树玉,字匪石,吴县人,著《说文解字校录》《说文新附考》等书。承
庆,元和人。

[8]指事至假借云云,皆《说文解字叙》中语。按六书次第,各书不同。班《志》
首象形,次象事,次象意,次象声,次转注,次假借。象事即指事,象意即会
意,象声即形声。《周礼》郑注首象形,次会意,次转注,次处事,次假借,次
谐声。处事即指事,谐声即形声。要以许《叙》次第为正。盖依论书之便,
可先象形,而推制字之原,则始指事。一二记数之文,必不后于山川象物之
书也。

[9]张行孚,字乳伯,安吉人,清同治中举人。指事异于象形二条,见乳伯所著
《说文发疑》。

[10]王筠,字贯山,号箓友,安邱人,清道光举人,官宁乡知县,所著有《说文句
读》《说文释例》《文字蒙求》等书。会意者云云,见《文字蒙求》卷二指事条
下。案清人治《说文》者甚多,而最著者三书,一段氏《注》,一桂氏馥《义证》,
一即王氏《说文句读》。《句读》后出,颇能折衷段、桂两家之说,故于初学
尤宜。

[11]裴说见郭忠恕《佩觿》及毛晃《增修互注礼部韵略》引《切韵序》。今《广韵》卷
后附列六书,谓:"六曰转注,左转为考,右转为老是也。"盖犹唐人旧说。案
篆文,"老"从人、毛、匕,为会意字;"考"从老省,丂声,为形声字。安得以右
回左转别之也? 忠恕,字恕先,宋人,工篆籀,著有《汗简》《佩觿》。晃,宋
人,所著《增修礼部韵略》,盖即明《洪武正韵》所本,他著有《禹贡指南》。

[12]郑夹漈《六书略》分转注为四类:一建类主义转注,二建类主声转注,三互体
别声转注,四互体别义转注。其所谓互体,如"朿"之与"杲"与"杳",一从日

在木上,一从日在木中,一从日在木下,以此为别。又如"昔"之与"期","犹"之与"猷",皆以形体转易,而加以转注之名。故其说虽曰"役他为谐声,役己为转注",而实则以形体为依据,犹是形转一类也。

[13] 张有,字谦中,吴兴人,著有《复古篇》,清曹仁虎《转注古义考》引其说。

[14] 见章君所著《转注假借说》。《说》在《国故论衡》。

[15] 卫恒,字巨山,安邑人,《晋书》附其父瓘传,所作《四体书势》收入传中。

[16] 徐锴,字楚金,广陵人,南唐时与兄铉同有大名于江左,作有《说文系传通释》。许氏之学之行,盖楚金兄弟实为首功云。"老之别名有耆有耋"两条,见《系传》卷一上字注。

[17] 亦见《说文系传》上字注。

[18] "一其义类,互其训诂",盖戴震之说,段玉裁《说文解字注》老部"老,考也"注下引之。震,字东原,休宁人,乾隆时以举人召充四库馆纂修官,赐进士,授庶吉士。所著书有《毛郑诗考正》、《孟子字义疏证》、《方言疏证》、《声韵考》、《声类表》、《考工记图》、《水经注》,凡二十余种,段玉裁汇刻之,曰《戴氏遗书》。

[19] 见段玉裁《说文解字叙注》。段为戴氏弟子,故其说盖本戴氏而更推荡之云。

[20] 江声,字叔沄,号艮庭,吴县人,清嘉庆初举孝廉方正。其解转注见所著《六书说》。王鸣盛尝讥之,谓:"艮庭以《说文》全书为转注。盖如各部属字皆为同意,则九千余文即皆转注也。"

[21] 见《周礼正义》"保氏教国子以六书"下。

[22] 案同部互训,许瀚尝有是说。仪征刘申叔师培作《转注说》,亦谓许书所谓转注,指同部互训言,不该异部互训言也。刘氏之说分正例、变例。其实所谓变例,如"芽,萌芽也"、"萌,艸芽也"、"桥,水梁也"、"梁,水桥也",特因为说之便,训释略有变更。若其用意,则与"老,考也"、"考,老也"奚有别乎? 今故取刘说,而不复为正例、变例之分云。许瀚,字印林,日照人,尝学于王引之伯申。师培《转注说》见所著《左庵集》。

[23] 如"謹"、"譁",以及页部之"颠"、"顶",欠部之"歘"、"欬",俱为变声;"考"、"老",以及艸部之"苗"、"蓚",刀部之"刑"、"刉",俱为叠韵。然亦即有声韵俱不近者,必以声韵定之,即不可通。故章君不以"苫"、"盖"为转注,为其言双声、言同音俱不可。然许书明言"苫,盖也","盖,苫也",而文复相连,此而非转注,则许书之例乱矣。章君之误,此亦可见。然刘君竟以"苫盖"为叠韵,则又失之。

[24] 见《国故论衡·转注假借说》。

[25]《说文》糸部"给"下曰:"丝劳即给。"段注:"丝劳敝则为给。给之言急也。古多假为诒字。言部曰:'诒者,相欺诒也。'"

[26]《说文》目部"眺":"目不正也。"段注:"《释诂》《说文》皆云:'䚢,视也。'则䚢望字不得作'眺'。《月令》:'可以远眺望。'系假借。"

[27] 马部"骄"下:"马高六尺曰骄。"

[28] 鸟部"凤",重文"朋",曰:"古文凤,象形。凤飞,群鸟从以万数,故以为'朋党'字。"段注:"此说假借也。未制凤字之前,假借固已久矣。"

[29] 见《诗·小雅·鸳鸯》。

[30] 见《礼记·曲礼》。

[31]《说文》:"乃,曳词之难也。象气之出难。""于,於也。象气之舒于。从丂从一。一者,其气平之也。"又:"兮,语所稽也。从丂,八,象气越于也。""乎,语之余也。从兮,象声上越扬之形也。""哉,言之间也。从口戋声。""者,别事词也。"若是者不过数字。

[32] "之即芝,也即匜",用王贯山说。

[33]《说文》:"於,象古文乌省。乌,孝鸟也。"

[34] 见《通志·六书略·假借·序》。

[35] 见《诗经·邶风·柏舟》与《小雅·车攻》。

[36] 见《诗经·大雅·抑篇》。

[37] 见《书经·费誓》。

[38] 见《大戴礼记·武王践阼篇》,席前右端之铭语也。以上四条,并据王引之《经传释词》。

[39]《说文》:"如,从随也。"案,"如"与"而"双声。

[40]《说文》:"惟,凡思也。从心从佳。"案,今假为发语词。又案,《荀子·性恶篇》:"今以仁义法正为固无可知可能之理邪,然则唯禹不知仁义法正、不能仁义法正也。"则又假"唯"为"雖"。

[41] 宋代金石著录书籍今存者,有赵明诚《金石录》、薛尚功《钟鼎款识》、王俅《啸堂集古录》等,详海宁王国维《宋代金文著录表》。清代有阮元、吴大澂、吴式芬诸家书,详王氏《国朝金文著录表》。

[42] 清光绪二十五年,河南安阳县城西北五里小屯,发现絜有文字之龟甲兽骨多种。地在洹水之南,古殷虚也。其文字自系殷代卜辞。瑞安孙诒让、海宁王国维、上虞罗振玉、丹徒叶玉森等,各为考释。

[43]《荀子》曰:“好书者众矣,而仓颉独传者,壹也。”可见创制文字,不独仓颉,以金石甲骨文证之,益信。

[44]《说文序》曰:“分为七国,田畴异畮,车涂异轨,律令异法,衣冠异制,言语异声,文字异形。”

[45]如《左传·文十七年》:“寡君又朝,以蒇陈事。”《说文》无“蒇”。《论语》:“八佾舞于庭。”《说文》无“佾”等。详见大徐《新附》。

[46]“大徐”谓徐铉。铉,字鼎臣,《宋史》有传。入宋后,奉太宗命校定《说文解字》,新附《说文》佚字四百余文。今通行《说文》,即大徐本也。

[47]郑珍,遵义人,字子尹,清道光中举人,官训导,著有《说文逸字》、《巢经巢经说》诸书。

[48]严可均,字景文,号铁桥,乌程人,嘉庆举人,著有《说文声类》、《说文校议》、《铁桥漫稿》。桂馥,字未谷,清曲阜人,乾隆进士,尝知永平县,著有《说文解字义证》、《杂朴》、《缪篆分韵》等书。“段”,段懋堂,“王”,王贯山,并见前。

[49]案,许氏立部首五百四十,实有可省并者。如水部下有沝部,曰:“二水也。”而所收二字,如“𣴣”、如“𣶒”,并当入水部。盖“𣴣”即“流”之重文,“𣶒”即“涉”之重文,而“沝”即“水”之重文也。则沝部可不立也。泉部下有灥部,所收“厵”之一字,实即“原”之重文,当入泉部。则灥部可不立也。鱼部下有𩺰部,所收“𤅩”字,即“渔”之重文,当入鱼部。则𩺰部可不立也。他如奞部、𢍏部、称部、麤部、壹部、惢部,推犾字、猋字之例,即皆可并省。“类蒙”见段氏《说文解字注》第十五卷部目注,如“月者,日之类也,故次之”,“龙,鱼类也,故次之”,以及“丄,蒙一而次之”,“示,蒙丄而次之”之类。然考五百四十部无所蒙不蒙上者甚多,而才部以下十余部,皆以草木之事而类次,十干、十二支又各以其类为次,而形有相从相似者,复杂于其间,则为例亦至不一矣。其序谓“据形系联”,即安在其能据形系联耶!是亦许书之短也。

附　说文解字部首略笺

一　于悉切。指事。

丄　时掌切。○古文上。指事。

神至切。○示，神事也。从古文下。指事。

稣甘切。指事兼意。

雨方切。○盛旺本字。象火旺盛形。古文作 **亞**。

鱼欲切。○石之美也。象形。

古岳切。○二王相合。象形兼意。

去既切。○今通作气，而此假借为乞丐字。象形。

钮里切。从十从一。会意。孔子曰："推十合一谓之士。"

古本切。○引而上行读若进，引而下行读若退。指事。

丑列切。○古文草字。象形。

仓老切。○今假草为之。象形兼意。

而蜀切。○陈草复生。从草辱声。形声。

模朗切，又模古切。○众草也，今通作莽。从四中。会意。

私兆切。从八。指事。

博拔切。○别也。象形。○假借为八数。

蒲苋切。○辨别也，象兽指爪分别也。

博幔切。○物中分也。从八从牛。会意。

语求切。象形。

里之形。○西南夷长髦牛。从牛产声。

17

古奥切。○从口从牛。会意。

苦后切。象形。

口犯切。○张口也。从口省。指事。

况袁切。○古文讙字。从二口。会意。

苦屋切。从犬吅。段氏曰："犬嗥而移以言人。"

子苟切。从犬止。会意。

诸市切。○趾字初文。象足趾形。

北末切。○足剌蚮也。从止少相背。会意。

薄故切。从止少。会意。

雌氏切。从止从匕。会意。止亦声。

之盛切。○孙诒让曰："此征伐本字。"从止。指事。○假借为正直督正字。

承旨切。从日正。会意。王筠曰："揆之以日以取中正也。"

丑略切。○乍行乍止也。从彳从止。会意。彳亦声。

丑亦切。○小步也。象人胫形。

余忍切。○长行也。从彳引之。指事。

丑连切。○安步延延也。从廴从止。会意。

户庚切。从彳从亍。会意。

昌里切。象形。兼止声。

18

五加切。象形。

即玉切。象形。

所菹切。○足也。象形。○假借为《诗·大雅》字诞记字。

丕饮切。○众庶也。从三口。会意。

以灼切。○乐名。象竹管三孔形从倒口。象形兼意。

楚革切。象扎形。

阻立切。○众口也。从四口。会意。

食列切。从干从口。会意。

古寒切。○兵器。象干器形。

其虐切。○口上阿也。从口。象形兼意。

诸氏切。○语己词也。从口。指事。

女滑切。同讷。从口从内。会意。内亦声。

古侯切。○曲也。从口从丩。会意。丩亦声。

居蚪切。○相纠缭也。象形。

公户切。从十口。会意。十口相传谓之古。

是执切。指事。

苏沓切。○三十也。从三十。会意。

语轩切。从口。辛声。

㠭　渠庆切。○竞字初文。从二言。会意。

音　于今切。○声也。从䇂含一。指事。

辛　去虔切。○辠也。古文愆字。从干二。二古文止字。
会意。

艸　士角切。○丛生草也。象形。

茻　蒲沃切。○渍粪也。从茻从収。会意。

廾　居疏切。○古文拱字。从二又相向。会意兼形。

𠬞　普斑切。○古文攀字。从二又相背。会意兼形。

𠬬　渠用切。○同也。古文从四又。会意。篆文象古文之形。

異　羊吏切。○分也。从廾从畀。

𦥑　以诸切。○共举也。从𦥔从収。会意。

臼　居玉切。○叉手也。从倒収。指事。

晨　食邻切。○早也。从𦥑从辰。会意。辰亦声。

爨　七乱切。○炊也。𦥑象持甑门为灶口収推林内火。象形
兼意。

革　古覈切。○兽皮治去其毛。古文革象形。篆文象古文形。
○假借为革，更也。

鬲　郎激切。○鼎属。象形。

鬳　郎激切。○与鬲同字。象形。

爪　侧狡切。○覆手曰爪。象形。

几剧切。○持也。象手有所持据形。

都豆切。○两士相对，兵杖在后。从两丮相对。会意。

于救切。○此右本字。象手形。兼指事。

臧可切。○此左本字。象形兼指事。

疏士切。○记事者也。吴大澂曰："象手执简形。"象形兼意。

章移切。从手持半竹。象形兼意。

尼辄切。○朱骏声曰："书字之状也。"朱骏声曰："从又持竹枝。"象形兼意。

余律切。○所以书也。从手。象形兼意。

胡麦切。○界也。象田四界聿所以画之。从聿。象形兼意。

徒耐切。○及也。从又从尾省。会意。

苦闲切。○坚也。又以为贤字。从又臣声。

植邻切。象屈服之形。

市朱切。○兵器。从又几声。

所八切。从殳杀声。

市朱切。○鸟之短羽飞几几也。象形。

仓困切。从又从一。会意。

符羁切。玉筠曰："象形。"

21

而兖切。○柔韦也。从皮省夐省声。

普木切。○小击也。从又卜声。

古孝切。从攴从孝。会意。孝亦声。

博木切。○灼剥龟也。象灸龟之形。

余讼切。○镛本字。象大钟形。○假借为施行字。

胡茅切。○交也。象形。

力儿切。○朱骏声曰："古文尔字。"朱骏声曰："象交文丽尔之形。"

火劣切。○举目使人也。从攴从目。会意。

莫六切。象形。

九遇切。○左右视也。从二目。会意。

武悲切。从目。象兼意。

食闰切。○所以扞身蔽目。从目。象形兼意。

疾二切。○鼻也。象形。○假借为由义、始义。

疾二切。○与自同字。象形。

父二切。象形兼畀声。

彼利切。○二百也。从二百。会意。

似入切。○数飞也。从羽白声。○假借为学习字。

王矩切。象形。

隹　职追切。○鸟短尾×总名也。象形。

雀　息遗切。○鸟张毛羽自奋也。从大从隹。会意。

雈　胡官切。○鸱属。从隹。象毛角、形兼意。

丫　工瓦切。○羊角也。象形。

苜　模结切。○目不正也。从丫从目。会意。

羊　与章切。象形。

羴　式连切。○羊臭也。从三羊。会意。

瞿　九遇切。○鹰隼之视也。以隹从目。会意。䀠亦声。

雔　市流切。○双鸟也。从二隹。会意。

雥　徂合切。○群鸟也。钱坫曰："此杂字。"从三隹。会意。

鳥　都丁切。象形。

烏　哀都切。○鸟名。象形。○假借为乌呼字。

苹　北潘切。○箕属。象形。

茻　古侯切。○此结构本字。象形。

幺　于尧切。○小也。象形。

㲱　于虬切。○微也。从二幺。会意。

叀　职缘切。○专小谨也。从幺省从中。会意未详。

玄　胡涓切。○幽远也。黑而有赤色者为玄，象幽入覆之。象形兼意。

23

尹吕切。○推予也。象相予之形。○假借为我义。

甫妄切。○逐也。从攴方声。

平小切。○物落上下相付也。从爪从又。会意。

昨干切。○今通作残。从又从歺。会意。

五割切。○列骨之残也。从半冎。指事。

息姊切。从歺从人。会意。

古瓦切。○剔人肉置其骨也。象形。

古忽切。从肉。象形兼意。

如六切。象形。

居银切。从肉从力从竹。会意。

都牢切。象形。

而振切。○刀坚也。从刀。指事。

恪八切。○古文絜字。从刀丰声。

古拜切。○段玉裁曰:"凡言草芥,皆丰之假借字,象草生之散乱形。"

卢对切。○手耕曲木也。从木推丰。会意。

古岳切。象形。

陟玉切。象形。

居之切。○簸也。从竹。象形兼意。

居之切。○下基也。象形。

则个切。○助也。从F工。会意。

古红切。象矩形。

知衍切。○极巧视也。从四工。会意。

武夫切。○祝也。从工。象人两褎舞形兼意。

古三切。○美也。从口含一。指事。

王伐切。从口L。象口气出指事。

奴亥切。○曳词之难也。指事。

苦浩切。○气欲舒出丂上碍于一也。指事。

肯我切。从口从丂。会意。丂亦声。

胡鸡切。○语所稽也。从丂。指事。

胡到切。○痛声也。从口在丂上。会意。

羽俱切。○象气之舒亏。从丂从一。会意。

职雉切。○美也。从甘匕声。

虚里切。○乐也。从壴从口。会意。

中句切。○钱坫曰："此竚望字。"从中从豆。会意。

工户切。从壴从殳。

墟喜切。○还师振旅乐也。象形。○假借为语辞。

徒候切。○古食肉器。象形。

卢启切。○周伯琦曰："此古礼字。"象形。

敷戎切。○豆之丰满者。从豆。象形兼意。

许羁切。○古陶器。从豆虍声。

荒乌切。○虎文。象形。

呼古切。象形。

五闲切。○虎怒也。从二虎。会意。

武永切。○饮食用器。象形。

去鱼切。○凵卢饭器。象形。

丘据切。○人相违也。从大凵声。

呼决切。从皿。指事。

知庾切。○有所绝止，丨以识之。指事。

都寒切。○巴越之赤石。象采丹井。丨象丹形。

仓经切。从生丹。会意。

子郢切。象形。

皮及切，又许良切。○粒也，又同香。从匕。象谷粒形兼意。

丑谅切。○以秬酿郁草以降神也。从匕。象米在凵中形兼意。

26

叶力切。从皀倒口。会意。

秦入切。○钱坫曰："此聚集字。"指事。

户外切。○合也。从亼从曾省。会意。

七冈切。○谷藏也。古文象形，篆文象古文之形。

人汁切。象从上俱下形。

方久切。○瓦器。象形。

式视切。象形。

古牢切。象台观高之形。

古荧切。○林外谓之门，今作坰。象远形眄。

古博切。○今以郭为之。象城郭之重。两亭相对形。

举卿切。○人所为绝高丘也。从高省。指事。

许两切。○篆文作亯献也。从高省。曰象进物形兼意。

胡口切。○古文厚字。从倒亯。指事。

芳逼切。○满也。从高省。象高厚之形兼意。

力甚切。○篆作廪。象形。

所力切。○稼穑本字。以来从向。会意。○假借为啬蔷字。

洛哀切。○瑞麦也。象形。○假借为来去字。

模获切。○芒谷。从来从夂。会意。

山名切。○行迟曳夂夂。象人两胫所有蹦形。

昌兖切。○对卧也。从刃牛相背。会意。

舒闰切。○草名。从舛。象形兼意。舛亦声。

字非切。○柔皮也。古文象形，篆文象古文形。○假借为背义。

特计切。○次弟也。俗作第。象形。

陟侈切。○从后至也。象人两胫有致之者。

举友切。○从后灸之。象人两胫后有距也。○假借为长久字。

渠列切。○朱骏声曰："鸡栖弋也。"象形。○假借为桀黠字。

草卜切。象形。

得红切。从日在木中。会意。

力寻切。从二木。会意。

昨哉切。○草木之初也。象形兼事。

而灼切。○烝木也。象形。

止而切。○出也。象形兼事。○假借为往义，又以为语辞。

子答切。○周也。从反屮。指事。

尺律切。○进也。从止。指事。

普活切。○草木盛米米然。从屮八声。

屮　所庚切。○进也。从中出土。会意。

屮　陟格切。○草叶也。象形兼事。

艸　是为切。○草木华叶朵。象形。

雩　况于切。○草木华也。从朵亏声。

葊　户瓜切。○荣也。从草从雩。雩亦声。

朵　古兮切。○止不能上也。象形兼事。

稽　古兮切。○留止也。从禾从尤旨。声未详。○假借为颠、为卟。

巢　钮交切。○象形兼意。

桼　亲吉切。○漆本字。象形兼意。

朿　书玉切。○缚也。从口木。会意。

橐　胡本切。○囊也。从束圂声。

囗　羽非切。○围字初文。象形。

员　王权切。○物数也。从贝口声。

贝　博盖切。○海介虫也。象形。

邑　于汲切。○国也。从口从卪。会意。

閇　胡降切。○钱坫曰："今通用巷。"从邑从弓。会意。

日　人质切。象形。

得案切。○明也。从日出地上。指事。

古案切。○日之出光軌軌也。从旦从声。

于嬈切。○旗游也。象形。

莫经切。○幽也。从曰从六冂。声未详。

子盈切。○精光也。从三曰。会意。

鱼厥切。象形。

云九切。从又持肉。会意。

武兵切。从月从冏。会意。

俱永切。○窗牖丽廔闿明。象形。

祥易切。从月半见。指事。

得何切。○重也。从重夕。会意。

古凡切。○穿物持之也。古文贯字。象宝货之形。

手感切。○草木之华未发函然。象形。

胡感切。○木盛华实。从木马。会意。马亦声。

徒辽切。○草木雩实卤卤然。象形。

徂兮切。○禾麦吐穗上平也。象形。

七赐切。○木芒也，今作刺。象形。

匹见形。○判木也。从半木。指事。

鼎　都挺切。象形。

亯　苦得切。○肩也。象屋下刻木之形。未详。

彔　卢谷切。○刻木录录也。象形。

禾　户戈切。象形。

秝　郎击切。○稀疏历历然。从二禾。会意。

黍　舒吕切。从禾从雨。雨亦声。

香　许良切。以黍从甘。会意。

米　莫礼切。象禾实之形。

毇　许委切。○米一斛舂为八斗也。从臼从殳。会意。

臼　其九切。○舂也。象形。

凶　许容切。○胸字初文。象形。

朿　匹忍切。○分枲茎皮也。象形。

林　匹卦切。○麻也。象形。

麻　莫遐切。从广从林。会意。林亦声。

尗　式竹切。○豆也。象形兼事。

耑　多官切。○物初生之题也，今以端为之。象形兼事。

韭　举友切。○菜名。象形兼事。

31

古华切。象形。

胡误切。○匏也。从瓜夸声。

武延切。○交覆深屋也。象形。

居戎切。○室也。从宀。象形兼意。

力举切。○脊骨也。象形。

胡决切。○土屋也。象形。

莫凤切。从宀从广。梦声。

女厄切。○倚也。象倚箸之形。

莫狄切。○覆也。象形。

莫保切。○重覆也。象形。

莫报切。○小儿蛮夷头衣也。象形。

良奖切。○再也。段玉裁曰："从冂从从从丨。"会意。

文纺切。○网字古文。象形。

呼讶切。○覆也。从门上下覆之。指事。

居银切。从门丨。象系形兼意。

分勿切。○韠也。象连带之形。

旁陌切。○缯也。从巾从白。会意。白亦声。

旁陌切。朱骏声曰："从曰。指事。"

毗祭切。○古文敝字。从巾。指事。

陟几切。○箴缕所缀衣。从㡀以举省。会意。

如邻切。象形。

呼跨切。○变也。从倒人。指事。

卑履切。○相与比叙也，又取饭器。从反人。指事又象形。

疾容切。○相听也。从二人。会意。

毗至切。○密也。从二人。会意。

博墨切。○乖也。从二人相背。会意。

去鸠切。○土之高也。象形。

鱼音切。○众立也。从三人。会意。

他鼎切。○挺字初文。从人在土上。会意。

柱用切。从壬东声。

吾货切。从人臣。会意。

失人切。象形。

于机切。○归也。从反身。指事。

于希切。象形。

巨鸠切。○皮衣也。从衣。象形兼意。

卢皓切。从人毛匕。会意。

莫袍切。象形。

此芮切。○兽细毛也。从三毛。会意。

式脂切。○陈也。象卧之形。

昌石切。○十寸也。从尸。指事。

无斐切。从倒毛在尸后。会意。

良止切。从尸从彳从刃舟。象履形兼意。

职流切。象形。

府良切。○并舟也。象形。○假借为四方之方。

如邻切。○古文奇字人也。象形。

许荣切。从儿从口。会意。

侧岑切。○簪字初文。从儿。象形兼意。

莫教切。○颂仪也。从人。象形兼意。

公户切。○痈蔽也。从人。象左右皆蔽形兼意。

稣前切。○前进也。从儿从屮。会意。

他谷切。○无发也。从儿从禾。未详。

古见切。从儿从目。会意。

弋笑切。○并视儿。从二见。会意。

去欶切。○张口气悟也。从人。象形兼意。

于锦切。○今通作饮。从欠酓声。

叙连切。○口液也，今作涎。从水从欠。欠亦声。

居未切。○歠食气屰不得息曰兂。从反欠。指事。

胡结切。○头也。象形。

书九切。○与首同字。象形。

弥箭切。从百。指事。

弯宄切。○不见也。象壅蔽之形。

书九切。象形。

古尧切。○枭首本字。以倒首指事。

相俞切。○须本字。从页。象形兼意。

所衔切。○毛饰画文也。象形。

无分切。○同文字。从彡从文。会意。文亦声。

无分切。○错画也。象形。

必彫切。○长发森森也。从长从彡。会意。彡亦声。

胡口切。○继体君也。从口从人。会意。

息药切。○臣司事于外。从反后。指事。

居　章移切。○圜器也。从人从卪。会意。

卪　子结切。○瑞信也。象相合之形。

卪　于刃切。○执政所持信也。从爪从卪。会意。

色　所力切。○颜气也。从人从卪。会意。

卯　子兮切。○钱坫曰："古法制字。"从卪彡。会意。

辟　必益切。○法也。从卪从辛从口。会意。

勹　布交切。○裹也，今以包为之。象形。

包　布交切。胞本字。象人裹妊形。

苟　己力切。○自急敕也。以羊省从勹从口。会意。

鬼　居伟切。从人象鬼头从厶。象形兼意。

由　敷勿切切。○鬼头也。象形。

厶　息夷切。○自营为厶，今作私。指事。

嵬　五灰切。○高不平也。从山鬼声。

山　所闲切。象形。

屾　所臻切。○二山也。从二山。会意。

屵　五葛切。○岸高也。从山厂。会意。厂亦声。

广　鱼检切。○因广为屋。象对刺高屋之形。

厂 呼旱切。○岩之厓。象形。

反 胡官切。○圜倾侧而转者。从反厂。指事。

危 鱼为切。○在高而惧也。从厂从卪。会意。

石 常隻切。从厂。象形兼意。

长 直良切。○久远也。从兀从匕从倒亡。会意。○假借为长短、长幼、令长字。

㫃 文弗切。○旗游也。象形。○假借为非义。

彡 而琰切。○毛彡彡也，鬖字初文。象形。

而 如之切。○颊毛也。象形。○假借为语辞。

豕 式视切。象形。

彖 羊至切。○修豪兽。象形。

彑 居例切。○彖之头。象形。

豚 徒意切。○小豕也。从彖从月。

豸 池尔切。○兽长脊。象形。

兕 徐姊切。○如野牛而青。象形。

易 羊易切。○蜥蜴。象形。○假借为变易、简易字。

象 徐两切。象形。○假借为形象字。

马 莫下切。象形。

宅买切。○似山牛一角。象形。

卢谷切。象形。

仓胡切。○行超远也。从三鹿。会意。

丑略切。○似兔青色而大。象形。

汤故切。象形。

胡官切。○山羊细角者。徐铉曰："疑象形。"

苦注切。象形。

语斤切。○二犬相齧也。从二犬。会意。

书吕切。象形。

如登切。○熊属。从月以声象形兼意声。○假借为贤能字。

羽宫切。以能炎省声。

呼果切。象形。

于廉切。○火光也。从重火。会意。

呼北切。○火所熏之色。从炎上出𡆧𡆧。古窗字。会意。

楚江切。○古文窗。象形。

以冉切。○火华也。从三火。会意。

之夜切。○炮肉也。从肉在火上。会意。

昌石切。○赤色。从大从火。会意。

徒盖切。象人形。

羊益切。○古文腋字。从大。指事。

阻力切。○倾头也，通作仄。从大。象形兼事。

于兆切。○屈也。从大。象形兼事。

古爻切。从大。象交形兼事。

乌光切。○尳曲胫也。从大。象偏曲之形兼事。

户姑切。象形。

于悉切。○专壹也。从壶吉声。○假借为专一字。

尼辄切。○所以惊人也。从大从羊。会意。

式车切。○张也。从大者声。

古郎切。○人头也。象头脉形。

士刀切。○进趣也。从大十。会意。

古老切。○放也。从大从八。会意。

他达切。○籀文大。象形。

甫无切。○丈夫也。从大一。象簪形兼意。

力入切。从大。指事。

蒲回切。○并也。从二立。会意。

息进切。○头会匘盖也。象形。

息兹切。从心囟。会意。囟亦声。

息林切。象形。

才规切。○心疑也。从三心。会意。

式轨切。象形。

之壘切。○王筠曰："水之异文。"亦象形。

符真切。○水厓。从页从涉。会意。

妨泫切。○水小流也，古文畎字。从水省。指事。

古外切。○古文浍字。从二{。象形兼意。

昌缘切。从三{。象形兼意。

疾缘切。象水流出从川形。

祥遵切。○泉同字。叠泉字。

于憬切。○长也。象水巠理之长。

匹卦切。○水之衺流长也。从反永。指事。

吉禄切。○泉出通川为谷。从水半见出于口。会意。

仌 笔陵切。○冻也。象水凝之形。

雨 王矩切。象形。

雲 王分切。从两。象形兼意。

魚 语居切。象形。

鱻 语居切。○鱼同字。重鱼字。

燕 于甸切。象形。

龍 力钟切。古文象形，篆文象古文之形。

飛 甫微切。○鸟翥也。象形。

非 甫微切。○违也。从飞下翅。指事。○假借为是非字。

卂 息晋切。○疾飞也。从飞而羽不见。指事。

乚 乌辖切。○玄鸟也，篆作乿。象形。

不 方久切。○鸟飞不下来也。象形兼事。

至 脂利切。○鸟飞从高下至地也。象形兼事。

西 先稽切。○鸟在巢上，今作栖。象形。

鹵 郎古切。○西方咸地也。从西省。象形兼意。

鹽 余廉切。从卤监声。

戶 侯古切。象形。

莫奔切。象形。

而止切。象形。

弋之切。○古文颐字。象形。

书九切。象形。

古怀切。○背吕也。象胁肋形。

尼吕切。象形。

武夫切。○止之也。从女。指事。

弥邻切。○众萌也。从古文之象。段玉裁曰："古文象形。"

于小切。○右戾也。象左引之形。

余制切。○抴也。象抴引之形。

弋支切。○流也。从反厂。指事。

承旨切。○巴蜀山名。象形兼乁声。○假借为氏族字。

丁礼切。○至也，今作抵。从氏。指事。

古禾切。○平头戟也。象形。

王伐切。○斧也，此古文钺字。象形。

五可切。○施身自谓也。从戈从手。或说古 𢦠 字，一曰古杀字，未详。

衢月切。○钩逆者谓之亅。象形。

巨今切。象形。

于谨切匿也，今以隐为之。象选曲隐蔽形。

武方切。○逃也。从人从匸。会意。

胡礼切。○衺徯有所侠藏也。从匸。指事。

府良切。○周伯琦曰："本古方字。"象形。

丘玉切。象曲器受物之形。

侧词切。○东楚名缶曰留。象形。

五寡切。○土器也。象形。

居戎切。象形。

其两切。○彊也。从二弓。会意。

胡田切。○弓弦也。从弓。象丝轸之形兼意。

胡计切。○系也。从糸从推引之。○会意。○亦声。

莫狄切。○细丝也。象束丝之形。

桑故切。○白缴缯也。从糸从巫。会意。

息兹切。从二糸。会意。

所律切。○捕鸟毕也。象丝罔形。上下其竿柄也。

许伟切。○蝮。象形。

古意切。〇昆虫，本字今作昆。从二虫。会意。

直弓切。〇有足曰虫。从三虫。会意。

方戎切。从虫凡声。

托何切。〇古文蛇字。象形。

居追切。象形。

莫杏切。〇鼀黾也。象形。

卢管切。象形。

而至切。指事兼意。

它鲁切。象地之中地之下物出。形兼事。

吾聊切。〇土高也。从三土。会意。

巨斤切。〇黏土也。从土从黄省。

良止切。〇居也。从田从土。

待季切。象形。

居良切。〇比田也。从二田。会意。

乎光切。〇地之色也。从田从古文光。会意。光亦声。

那含切。从田从力。会意。

林直切。〇筋也。象人筋之形。

胡颊切。〇同力也。从三力。会意。

居音切。从土。象金在土中。形兼意兼今声。

古贤切。○平也。象对构相平形。

之若切。○挹取也。象形中有实兼事。

居覆切。象形。

子余切。○荐也，此古文俎字。象形。○假借为语辞。

举欣切。○斫木也。象形。

当口切。○十升也。象形。

莫浮切。○首矛也。象形。

尺遮切。象形。

都回切。○古文堆字。象形。

房九切。○大陆山无石者。象形。

似醉切。○两阜之间也。从二𨸏。会意。

力轨切。○𥷚拔土为墙壁。象形。

息利切。象四分之形。

直吕切。○辨积物也。象形。

陟劣切。○缀联也，今以缀为之。象形。

衣驾切。○丑也。象人局背之形。○假借为次义。

疑古切。象交午形。

六　力竹切。从入从八。会意。

七　亲吉切。○七数阳之正也。从一微阴从中衺出也。指事。

九　举有切。○究本字。象其屈曲究画之形。○假借为九数。

禸　人九切。○兽足蹂地也。象形兼九声。

嘼　许救切。○古文兽字。象形。

甲　古狎切。○草木孚甲也。象形。○以下十名，假借为天干字。

乙　于笔切。○草木冤曲而出。象形。

丙　兵永切。○朱骏声曰：“裁也。”朱骏声曰：“故文作。从火烧宀。会意。《说文》以为裁之，或体误。”

丁　当经切。○朱骏声曰：“今俗以钉为之。”象形。

戊　莫候切。○周伯琦曰：“戊，古文矛字。”象形。

己　居拟切。○朱骏声曰：“己即纪之本字。”朱骏声曰：“古文象别经之形。”

巴　伯加切。○食象蛇。象形。

庚　古行切。○周伯琦曰：“钟虡也。”周伯琦曰：“象形。”

辛　息邻切。○辠也。从一辛。会意。

辡　皮免切。○辠人相与讼也。从二辛。会意。

壬　如枕切。○古文妊字。象人裹妊之形。

居诔切。○朱骏声曰："即戣字。三锋矛也。"象形。

即里切。象形。○以下十二名，假借为地支字。

卢鸟切。○匈也。从子无臂。象形兼事。

旨兖切。○谨也。从三子。会意。

他骨切。○不顺忽出也。从倒子。指事。

敕久切。○纽也。象手之形。

弋真切。○朱骏声曰："居敬也。"朱骏声曰："从宀臼。手自约束之形。大象人体。形兼意。"

莫饱切。○万物冒地而出。象形。

植邻切。○震也。未详。从二匕。象芒达厂声。象形兼意声。

详里切。象蛇形。

疑古切。○杵字初文。象形。

无沸切。○味也。万物皆成有滋味也。从木。象重枝叶形兼意。

失人切。○电字初文。象形。

与久切。○酒字初文。象酒器形。

字秋切。○绎酒也。从酉从水半见。会意。

辛聿切。○灭也。朱骏声曰："从戊一。指事。戊，古文矛。"

胡改切。象豕形。

附例

一　建首次第，一依许旧。其类蒙废立有可议者，已略于篇中发之。兹不再及。

一　许君说解有未安者，则折衷诸家，更立新说。

一　许书传刻既广，讹变滋多。有篆形既失，而说解亦因之诡更者。如㺌从犬止会意。许书误为从夭止。然其序位在哭部之后。知许君本作从犬也。有说解不误，而篆体舛异者。如𥹃从皮省夐省声。今各本误作𥹃。惟段氏本不误。今并为订正。

一　古籀或体，足乱学者耳目，兹并省之。

一　字义之较然共晓者，即不复作解。其难明者，则略释之。

一　其说有未详者，不敢穿凿，一付阙如。

第二章 声 韵 篇

江慎修曰:"六书之学,有形、有声、有义,而声在六书之先,形以写之,义以寓之。"[1]朱丰芑曰:"不明六书,则字无由识;不知古韵,则六书亦无由通。"[2]然则欲通文字、研典籍,声韵又在所必讲矣。声韵之要,莫要于反切。《说文》一书,于难字音训,但曰"读若某"、"读与某同"。[3]此与康成注经,仅标"读如"、"读曰"一例,[4]略示区别而已,未尝及反切也。故说者谓反切自魏孙叔然《尔雅音义》始。[5]而应劭《汉书·地理志》注亦有"垫,徒浃反"、"沓,长答反"之言。[6]劭,汉末人,与叔然先后不相远,则反切盛行于汉魏之间矣。[7]然吾观终葵之文,载之《考工》,[8]於菟之称,传之《左氏》,[9]以及"之焉"为"旃","何不"为"盍",经典所著,若此甚众。古虽不有反语之名,而未始无合音之用。[10]盖声音之道,原本自然。故子思曰:"事自名也,声自呼也。"[11]孔颖达亦云:"言者意之声,书者文之记。"[12]是以大字之声大,小字之声小,长字之声长,短字之声短。说酸字,口便如食酸之形;说苦字,口便如食苦之形;说辛字,口便如食辛之形;说甘字,口便如食甘之形;说咸字,口便如食咸之形。[13]天籁所鼓,岂由造作?惟是文字有形,声音无迹。著形难改,信口易讹。如轻重清浊之殊，弇侈开合之别。不有定法以为之切正，将见岁易世迁，音随俗易，而古今一判，不可复通。今北至辽、燕，南极闽、奥，矢言喻意，俨若异邦，而读书发音，犹不甚悬绝者，非夫字有反切使之然耶？故《尔雅音义》一书，立反切之法，著文字之微，其于文字之功，盖不下许氏之《说文解字》。至唐陆德明承之，作《经典释文》，兼揽群籍，荟萃诸家，义训反音，厘然昭列。[14]使寻文者不迷，考音者有据，尤典册之权衡，而述著之冠冕已。

反语有声有韵，上一字为声，下一字为韵。声亦曰母，亦曰纽，亦曰体。韵亦曰势。[15]《古今韵会》云："一音展转相呼谓之反，一韵之字相摩以成声谓之切。"[16]盖以母言之谓之反，以韵言之谓之切，汉魏人曰反，齐梁人曰切，其实一也。顾反切至简易明显，而有时难合者，则以古今声有转变，而音和类隔之说误之也。[17]考唐僧守温创立三十六字母，分牙舌唇齿喉五类，而舌有舌头、舌上之分，齿有齿头、正齿之分，唇有重唇、轻唇之分，[18]此足以定齐梁以来之声，而未可以律汉魏以上也。后人见韵书以"府移"切"卑"，"武悲"切"眉"，"丁恋"切"传"，"冬毒"切"竺"，[19]求以当时之音，不能相合，遂以为古人反切，不尽取之同纽，于是乃有音和类隔之说。不知古音无轻唇，凡今之轻唇，古皆读重唇，则"府"读如"脯"，"武"读如"母"，与"卑"、"眉"正和也。古音无舌上，凡今之舌上，古皆读舌头，则"传"读如"㩥"，"竺"读如"笃"，与"丁"、"冬"正和也。[20]是故欲通反切，必知古纽、今纽之异。古纽不独无轻唇与舌上也，又无齿头，凡齿头音，古并入正齿。"信"，息晋切，今心纽，而《易·系辞传》"尺蠖之屈，以求信也"，"信"通为"伸"，则古读失人切，为审纽也。"眴"，相伦切，今心纽，而《庄子·德充符篇》"少若眴若皆弃之而走"，《释文》云："本亦作瞬。"崔云："目动也。'眴'通为'瞬'。"则古读舒闰切，亦审纽也。"栽"，祖才切，今精纽，而古读如"菑"，为侧持切，《诗·生民》"无菑无害"，即"无栽无害"，是精纽入照纽也。[21]"渐"，疾廉切，今从纽，而古读如"巉"，为锄衔切，《诗·渐渐之石》，"渐渐"即"巉巉"，是从纽入床纽也。[22]此证之古音通假而可信者也。《广韵》"且"在精、清二纽，而从"且"得声之字，如"鉏"、如"柤"、如"沮"、如"蒩"、如"诅"、如"阻"、如"俎"、如"助"、如"齟"，皆在床纽，从知音"且"亦读床纽也。[23]"则"在精纽，而从"则"得声之字，如"测"、如"厕"，皆在穿纽，如"崱"、如"侧"，则在床纽，从知古音"则"读穿、床纽也。寺在邪纽，而从"寺"得声之字，如"诗"、如"邿"，在审纽，如"时"、如"恃"、如"畤"、如"侍"、如"秄"，皆在禅纽，从知古音"寺"亦读审、禅纽也。此证之偏旁谐声而可信者也。故曰古无齿头也。[24]又古音娘、日两纽皆读如泥，[25]喻纽读如影。[26]今纽三十六，古纽二十一，是古今之异也。

　　古今之声既异，古今之韵亦然。韵书之起，略与反切同时。始有李登《声类》，继有吕静《韵集》，[27]其余作者，不啻数家，[28]然俱已散佚，其传世者惟隋陆法言之《切韵》而已。[29]《切韵》一增于唐而为《唐韵》，[30]再增于宋而为《广韵》，[31]虽字数并有增加，而分部更无二致。今以二百六部，考之群经诸子，每多龃龉，故吴才老有通转之说，[32]朱文公有叶音之例。[33]不知《切韵》所收，兼有古今南北之音，于古韵自不能尽调。其不调者，正古音如是，而以归之通转，归之叶音，非也。如《诗》"母"读"米"，观其非韵"杞"韵"止"，即韵"祉"韵"喜"，则"米"乃本音，非俟通与协也；"福"读"偪"，观其非韵"食"韵"翼"，即韵"德"韵"亿"，则"偪"其本音，不俟通与协也；"马"读"姥"，观其非韵"组"韵"黼"，即韵"旅"韵"土"，则"姥"其本音，不俟通与协也；"京"音"疆"，观其非韵"堂"韵"将"，即韵"堂"韵"王"，则疆乃本音，不俟通与协也。[34]盖古自有其韵，韵亦自有其部，约定俗成，遵而无轶。不然，列国非一地，周秦非一时，何其用韵之谨，乃如出一辙乎？自宋郑庠分古韵为六部，虽启涂径，未臻详覈。[35]中更元明，逮于有清，斯事大阐。亭林顾氏首有《音学五书》之作，上考《易》、《诗》，下稽秦、汉，为分十部，又入声四部。[36]于是江慎修承之而成十三部，[37]段玉裁广之而成十七部,[38]递演递密。孔扬若有十八部之说,而阴阳之对转明;[39]王怀祖、江晋三有二十一部之说,而入声之界划清。[40]及夏心伯兼收冬、至而为二十二部,[41]章太炎析分泰、队而为二十三部,[42]后出益精,据此以读周秦汉魏之书,于韵无有淆讹者矣。此言古韵变迁之大略也。又《广韵》之既行也,或嫌其多取旧文,繁略失当,于是景祐中复为修定,名曰《集韵》。[43]又用贾昌朝言,改《广韵》独用十三处许令通用。[44]及于南宋,淳祐中,《新刊礼部韵略》乃取《广韵》同用《集韵》通用者并为一韵,省二百六部为百七部。[45]元人阴时夫作《韵府群玉》,复并上声之"拯"入"迥",省为百六部。[46]明清以来,通行韵书,一依阴韵。而词又别有韵,清戈顺卿定为十九部,平、上、去十四部,入声五部。[47]此又今韵变迁之大略也。

韵纵有四声,横有四等。四声者,平、上、去、入,如"之"、"止"、"志"、"职"是也。[48]说者谓四声始于齐、梁之周、沈,[49]而《隋书·经籍志》,晋有张谅撰《四声韵林》二十八卷,则四声之说,晋时先有之矣。[50]又或谓古声有平、上、入而无去,[51]或谓古有平、入而无上、去,[52]然以《诗》考之,《小雅·六月》之六章,《甫田》之三章,连用至七韵、九韵,《大雅·烝民》之五章、六章,《鲁颂·閟宫》之二章、三章,用至十韵、十一韵,皆上声,则不可谓无上声也。《邶·柏舟》之二章,《魏·汾沮洳》之一章,《卫·氓》之六章,连用至四韵、五韵、七韵,以至《楚辞》之《惜往日》,连用至十韵,皆去声,则不可谓无去声也。[53]特古之平、上、去三声与今音不尽相同,若阳部之有"庆"字,真部之有"信"、"令"等字,蒸部之有"梦"、"胜"、"乘"等字,古皆读平而无去,而鱼部之"予",古则读上而无平耳。[54]四等者,开、齐、合、撮,如"张"、"真"、"宗"、"珠"是也,是为等韵之学。[55]说者谓等韵始于宋人,[56]然汉刘熙《释名》有开唇、合唇之言,[57]开唇即开口,合唇即合口也。《切韵》二百六部,如"冬"之与"钟",后人以为同用,而"冬"、"钟"必分者,则"冬"为一等,"钟"为三、四等也;"虞"之与"模",后人以为同用,而"虞"、

"模"必分者,"模"为一等,"虞"为三等也。[58]其分部即以等。由此观之,自六朝以来,凡为韵书,殆无不通于等韵者也,特无等韵之名耳。故夏燮甫谓古韵、等韵同条共贯,盖有由也。[59]由等韵而有韵摄,韵摄略具于《指掌图》之十三类。[60]至《四声等子》,始有内转"通"、"止"、"遇"、"果"、"宕"、"曾"、"流"、"深",外转"江"、"蟹"、"臻"、"山"、"效"、"假"、"梗"、"咸"十六摄之名。[61]《切韵指南》因之,更定为"通"、"江"、"止"、"遇"、"蟹"、"臻"、"山"、"效"、"果"、"假"、"宕"、"曾"、"梗"、"深"、"流"、"咸"十六摄。[62]其后不知何人合并为十二摄,曰"迦"、"结"、"冈"、"庚"、"裓"、"高"、"该"、"傀"、"根"、"干"、"钩"、"歌",今见于《康熙字典》者是也,[63]然案之古韵、今韵,皆无不合,则十二摄者简矣当矣。吾友徐君益修又以"该"、"傀"附"裓","迦"、"结"附"歌",而约为八部,阳声、阴声,各得其半,以作《等韵通转图》。[64]学者有欲深究韵摄之理者,就徐君之书求之,必有得焉。

　　两字纽同者谓之双声,两字韵同者谓之叠韵。双声不论清浊,犹叠韵不论平仄也。中夏名物,多取双声、叠韵,而状形状声之字尤众,《通雅》所谓诨语是也。[65]如《关雎》四章,"窈窕"为叠韵,"参差"为双声,"辗转"则双声而兼叠韵。人知诗之以韵相协,而不知诗亦以声相协也。《车攻》之四章中二句无韵,而调同双声,双声犹叠韵,则是亦协也。[66]《三百篇》后,诗莫盛于唐。唐之诗,莫过于杜甫。今观甫作《何将军山林诗》,"卑枝低结子,接叶暗巢莺","卑枝"、"接叶",以叠韵对叠韵;《赠鲜于京兆诗》,"奋飞超等级,容易失沉沦","奋飞"、"容易",以双声对双声;《寄旻上人诗》,"碁局动随幽涧竹,袈裟忆上泛湖船","碁局"、"袈裟",以双声对叠韵;《咏怀古迹诗》,"支离东北风尘迹,漂泊西南天地间","支离"、"漂泊",以叠韵对双声。[67]不独杜也,上自汉魏,下至唐宋,凡以诗名者殆无不如此。又不独诗为然也,即文亦然。盖自声律不讲,而诗文之道微矣。虽然天机启则律吕自调,六情滞则音律顿隔,[68]造作以求工,不如自然以合拍也。读书渐多，神将来告，但务畜之于平时，不在求之于临用耳。

[1] 见《音学辨微·引言》。慎修名永，婺源人，康熙时诸生，博通礼经，而尤长于步算音韵之学，著有《古韵标准》、《四声切韵表》、《音学辨微》等书。戴震盖出其门云。

[2] 丰芑《上礼部进书呈》中语，今见《说文通训定声》书首。丰芑名骏声，号允倩，元和人，清道光中，以举人官黟县训导。著书甚富，其刻成者惟《说文通训定声》一种，但谓许氏说转注不合，而以引申之义解之，极为《说文》家所不取。

[3] "读若某"，如"屮"下曰"读若彻"，"叩"下曰"读若讙"，"辵"下曰"读若《春秋公羊传》'辵阶而走'"，"眪"下曰"读若拘，又若'良士瞿瞿'"之类。"读与某同"，如"舜"下曰"读与冈同"，"豊"下曰"读与礼同"之类。

[4] "读曰"例，如《礼记·曲礼》"以箕自乡而扱之"，注"扱，读曰吸"，"急缮其怒"，注"缮，读曰劲"之类。"读如"例，如《易·大有卦》"明辩遰"，注"读如'明星皙皙'"，《晋卦》"摧如"，注"读如'南山崔崔'"之类。康成，郑玄字也，《后汉书》有传，见后《六艺篇》。

[5] 孙炎，字叔然，魏人。尝受学于郑玄之门，王肃作《圣证论》讥玄，炎尝驳而释之。所著《尔雅音义》外，有《周易春秋例》、《毛诗》、《礼记》、《春秋三传》、《国语》等注，皆不传。今惟《礼记注》、《尔雅音义》散见《经典释文》中。《三国志》附《王肃传》。

[6] 见《汉书·地理志》广汉郡梓潼县"潼水所出，南入垫江"，及辽东郡沓氏县沓水下。劭，字仲远，《后汉书》附其父奉传。

[7] 《颜氏家训·音辞篇》曰："汉末人独知反语。至于魏世，此事大行。"颜氏名字官阶，见后《诸子篇》。

[8] 《周礼·考工记》"玉人"下："大圭长三尺，杼上，终葵首，天子服之。"注："终葵，椎也。"疏云："'终葵，椎也'者，齐人谓椎为终葵，故云'终葵，椎也'。"

[9] 《左传·宣公四年》："楚人谓乳穀，谓虎於菟。"

[10] 顾炎武《音论》曰："案反切之语，自汉以上，即已有之。宋沈括谓古语已有二声合为一字者，如'不可'为'叵'，'何不'为'盍'，'如是'为'尔'，'而已'为'耳'，'之乎'为'诸'。郑樵谓慢声为二，急声为一。慢声为'者焉'，急声为

'旃';慢声为'者欤',急声为'诸';慢声为'而已',急声为'耳';慢声为'之矣',急声为'只'是也。案沈说见《梦溪笔谈》,郑说见《通志·六书略》。括,字存中,钱塘人,宋嘉祐进上,官至光禄少卿,所著有《梦溪笔谈》、《长兴集》。

[11] 徐幹《中论·贵验篇》引子思语。①

[12] 见《十三经注疏·尚书·序》疏。颖达,字仲达,一作字仲远。新、旧《唐书》皆有传。详见后《六艺篇》。

[13] 见陈澧《东塾读书记》卷十一《小学》附注。② 澧,字兰甫,番禺人,清道光中举人,其学主调和汉宋。所著《东塾读书记》外,有《汉儒通义》、《切韵考》、《说文声统》、《声律通考》及《东塾集》等。

[14] 陆德明,吴县人,名元朗,以字行,历仕陈、隋,至唐为国子博士,新、旧《唐书》并在《儒学传》。所著《经典释文》,自六经以至老庄之书,皆著其音训,共三十卷。

[15] 案唐僧慧琳《一切经音义》称梵文"阿"等十二字为声势,"迦"等三十五字为体文。以声为体,以韵为势,盖沿自梵语也。《北史·徐之才传》曰:"好剧谈体语。"封演《闻见记》曰:"周颙好为体语。"故章太炎《音理论》谓:"收声称势,发声称体,远起自齐梁间。"见《国故论衡》。

[16] 《古今韵会》,元熊忠纂,三十卷。案清刘熙载《艺概》有云:"切字上一字为母,辨声之清浊,不论口法开合,合声则兼辨开合矣;切字下一字为韵,辨口法开合,不论声之清浊,合声则兼辨清浊矣。"其说较《韵会》尤为明白。

[17] 案《广韵》每卷后附出"新添类隔今更音和切",共二十余字,盖以类隔求之,其音不协,故改用音和,所以使初学易晓也。《切韵指掌图》以"丁增"切"登"字为音和,"丁吕"切"贮"字为类隔。盖以"丁"字归"端"字母,是舌头字,以切"登"字,"登"字归"端"字母,亦是舌头字,俱在舌头,故为音和也;若以切"贮"字,"贮"字归"知"字母,是舌上字,舌头与舌上虽同以舌音,而轻重异类,故为类隔也。

[18] 《三十六字母图》见《切韵指掌图》。案守温唐末人。《崇文总目》云:"《三十六字母图》一卷,释守温撰。"然此后即不见著录,盖已佚矣。兹图于各音复为之分别清浊,当即宋人为之者。又《切韵指掌图》相传为司马光作,《四库提要》尝疑之。陈澧《切韵考·外篇》谓邹特夫考定为杨中修所纂,孙觌实为

① "徐幹",原作"刘幹",误,《中论》乃"建安七子"之一徐幹的著作,据改。
② "小学",原作"大学",据《东塾读书记》卷十一篇题改。

之序,见觏《内简尺牍》可证也。

见 全　清	溪 次　清	群 全　浊	疑 不清不浊		是牙音
端 全　清	透 次　清	定 全　浊	泥 不清不浊		舌头音
知 全　清	彻 次　清	澄 全　浊	娘 不清不浊		舌上音
帮 全　清	滂 次　清	并 全　浊	明 不清不浊		唇音重
非 全　清	敷 次　清	奉 全　浊	微 不清不浊		唇音轻
精 全　清	清 次　清	从 全　浊	心 全　清	斜 半清半浊	齿头音
照 全　清	穿 次　清	床 全　浊	审 全　清	禅 半清半浊	正齿音
影 全　清	晓 次　清	匣 全　浊	喻 不清不浊		是喉音
来 不清不浊	日 不清不浊				舌齿音

[19] 并见《广韵》。但"传"有"直恋"、"丁恋"二切,"竺"有"张六"、"冬毒"二切,则分明一为古音,一为今音,其别更可见也。

[20] 钱大昕《十驾斋养新录》卷五有"古音无轻唇"及"舌音类隔之说不可信"两条,辨证极详。钱,嘉定人,字晓徵,号辛楣,又号竹汀,乾隆进士,官至少詹事。古纽与今纽不同,盖晓徵实首发明之。所著《养新录》外,尚有《声类》、《唐石经考异》、《经典文字考异》、《廿二史考异》、《元史氏族表》、《元史艺文志》、《潜研堂诗文集》等,盖二十余种云。

[21] 案《小戴礼·曲礼篇》首曰:"毋不敬,俨若思,安定辞,安民哉。""哉"、"栽"同音,而与"思"、"辞"为韵,亦古"哉"读如"菑"之证。

[22] 案《经典释文》"渐"本亦作"崭",有"士衔"、"时衔"二切,"士",床纽,"时",禅纽,而皆正齿,据此亦可见古音读"渐"为正齿也。

[23] 案《广韵》九鱼收有二"沮"字。一同"且"声,子鱼切,曰庲复姓,有沮渠氏;一

同"菹"声，侧鱼切，曰人姓，《世本》云："沮诵、仓颉作书，并黄帝时史官。"明上"沮"字为六朝时音，后"沮"字为古音也。

[24] 章炳麟《国故论衡·纽目表》，以"精"、"清"、"从"、"心"、"斜"附之"照"、"穿"、"床"、"审"、"禅"下，盖正齿重于齿头，古音常重，今音常轻，齿头须入正齿，犹轻唇入正唇，舌上入舌头也。其门人黄侃季刚乃谓古声无"照"、"穿"、"床"、"审"、"禅"，而有"精"、"清"、"从"、"心"、"斜"，则于今轻古重之理悖矣。又陈澧《切韵考·外编》取《广韵》切语，于"照"、"穿"、"床"、"审"、"禅"外益以"庄"、"初"、"神"、"山"四纽，"喻"外益以"于"纽，合为四十一纽，其实"庄"、"床"一也，"神"、"审"一也，强生分别，窃所不取。

[25]《国故论衡》有《娘、日二纽归泥说》。如"涅"从日声，而"涅而不缁"，亦为"泥而不滓"，是"日"、"泥"音同；"狃"今在娘纽，而"公山不狃"亦为"不扰"，"扰"今在日纽，古无日纽，是"狃"亦泥纽也。

[26]《国故论衡·纽目表》以"喻"附"影"下，章君无说。而钱竹汀《养新录》有云："影母之字，引而长之，则为喻母。如'于'、'於'同声同义，今以'于'属喻母，'於'属影母。此后来愈推愈密，而古书转多难通矣。"疑章君即据此为表也。

[27] 李登，魏人。吕静，晋人。潘徽《韵纂序》曰："《三苍》、《急就》之流，微存章句；《说文》、《字林》之属，唯别体形。至于寻声推韵，良为疑混。酌古会今，未臻切要。末有李登《声类》，吕静《韵集》，始判清浊，才分宫羽。"据此知《声类》、《韵集》实为韵书之祖。潘序见《隋书·文学传》潘本传。《三苍》谓秦李斯作《仓颉篇》，汉扬雄作《训纂篇》，后汉贾访作《滂喜篇》，合之为《三苍》，郭璞为之注。《字林》，晋吕忱撰。并见《隋书·经籍志》。

[28] 陆法言《切韵序》，历举吕静《韵集》、夏侯该《韵略》、阳休之《韵略》、周思言《音韵》、李季节《音谱》、杜台卿《韵略》，谓其各有乖互。其人盖皆先法言。

[29] 案《切韵》五卷为陆法言与刘臻、颜之推、魏渊、卢思道、李若、萧该、辛德源、薛道衡八人同撰集。观陆序可见。故今《广韵》卷首题陆法言撰本，下并列刘臻等八人名。陆本名慈，今《唐书·经籍志》、《新唐书·艺文志》皆之陆慈《切韵》五卷。书成于仁寿元年，唐长孙讷为之笺注。

[30] 唐天宝中，陈州司马参军孙愐，就《切韵》旧本，重为刊定，改名《唐韵》。今《广韵》首列有愐序。《新唐书·艺文志》亦有孙愐《唐韵》五卷。案《广韵》首列增加新字者九人，而愐居其一。愐序谓前后总加四万二千三百八十三言，盖并注文计之，今《广韵》才二万六千一百九十四字耳。《切韵》、《唐韵》，今俱有残本。

[31] 宋真宗时以《切韵》传写多漏,注解未备,命陈彭年、邱雍等为之刊益。景德四年书成。明年大中祥符元年,改赐新名,曰《大宋重修广韵》,计增多一万四千卅六字,凡二万六千一百九十四字,平声五十七韵,上声五十五韵,去声六十韵,入声卅四韵,凡二百六部。以今敦煌石室所见《切韵》残本较之,惟平声之"歌戈"、"寒桓"、"真谆",入声之"质术"、"末曷",分合稍有出入,余无异也。然此十韵,古本可通,则知《广韵》除增字外,固一仍《切韵》之旧者也。案今《广韵》注有"同用"、"独用",此盖起自唐初,以当时应试之士,每苦分韵太细,故许敬宗等详议,取其韵窄者奏准合而用之,于是韵有"同用"、"独用"之别。事见唐封演《闻见记》。戴震有《考定广韵同用独用声表》,见后。其以入声配阳声,似不若顾氏、王氏、江氏以入声配阴声之当。又案今传《广韵》有二本,其一注多,其一注少。注多者,有张士俊刻本,即所谓泽存堂本。注少者有明刻本、顾亭林刻本。又有曹栋亭刻本,前四卷与张本同,第五卷注少,而与明本、顾本又不同。要之以张本为最善。《四库书目提要》谓注多者为陈彭年等重修本,注少者为重修以前旧本,或出严宝文、裴务齐、陈道固等之手。然未敢信其必然也。

[32] 才老名械,建安人,宋重和进士,官泉州通判。著有《韵补》,就《广韵》注其古通某,古转声通某,或古通某转入某,所论虽疏,然考定古韵之异,则实才老开其端也。又著《诗补音》、《楚辞释音》、《书裨传》,并佚。

[33] 见朱子《诗集传》。《关雎》"寤寐思服","服"下注"叶蒲北反","左右采之","采"下注"叶此礼反","琴瑟友之","友"下注"叶羽已反"之类。案梁沈重作《毛诗音》,于《燕燕》首章"远送于野"句云:"协句,宜音时预反。"二章"远送于南"云:"协句,宜音乃林反。"此云"协句"即"叶音",《集传》疑本乎此。乃说者谓朱子用才老《诗补音》而为叶音,不知才老初无叶音之说,则此言盖未可信也。

[34] 说见明陈第《毛诗古音考・序》。第,字季立,号一斋,连江人,以诸生从戎,官至游击将军,所著有《毛诗古音考》、《屈宋古音义》等。

[35] 痒有《古音辨》,书已佚。其所分六部,为阳、支、先、虞、尤、覃,阴阳各三,入声归阳声。见戴震《六书音均表序》及夏炘《古韵表集说》。

[36] 顾炎武,字宁人,号亭林,昆山人,明末诸生,入清不仕,有《音论》、《诗本音》、《易音》、《唐韵正》、《古音表》,合为《音学五书》。其分古韵为东、支、鱼、真、萧、歌、阳、庚、蒸、侵十部,又入声质、屋、沃、缉四部,质、支、屋、鱼、沃、萧、缉、侵各相配合。虽江氏议其考古功多,审音功少,然清代言古韵要不能不

奉顾氏为大宗也。顾著书甚多，又有《天下郡国利病书》、《日知录》、《亭林文集》等若干种。

[37] 江氏十三部，见《古韵标准》。系由真部分出寒，由萧部分出尤，由侵部分出谈，又入声八部，屋合于尤，质合于真，月合于寒，药合于鱼，麦、职合于支，缉合于侵，盍合于谈。与亭林亦有出入。

[38] 段氏于支部分出脂、之，真部分出谆，尤部分出侯，共十七部，见所著《六书音均表》。案段氏学出戴震。震撰《声类表》，真、谆不分，尤、侯不分，而由脂部分出泰，共十六部，又入声九部，合为九类。戴书成在段氏后，与段复不同。

[39] 孔广森，字㧑约，号㧑轩，曲阜人，乾隆进士，官检讨，亦尝受学于戴震。所著《诗声类》，分古韵为十八部，阳声九，原、丁、辰、阳、东、冬、侵、蒸、谈，阴声九，歌、支、脂、鱼、侯、幽、宵之合，而谓阴阳相配，可以对转，以入声分隶于阴声支、脂诸部，惟合为闭口音，自主一部。案字音收声有入鼻者，有不入鼻者，入鼻者谓之阳声，不入鼻者谓之阴声。孔氏以入声本出于阳，当收鼻音，而因为音短促，遂转似阴声，故入声居阴阳之间，阴阳入得以通转，其枢纽盖如是。对转之理，盖实自孔氏发之。孔著书又有《公羊通义》、《大戴礼注》、《经学卮言》等。

[40] 王念孙，字怀祖，号石臞，高邮人，乾隆进士，嘉庆中官永定河道，生河溢罢归。怀祖亦尝受学于戴震。所著有《广雅疏证》、《读书杂志》。其分古韵为二十一部，见其子引之著《经义述闻》。江有诰，字晋三，歙人，诸生，不事举业，闭门著述，著有《音学十书》，曰《诗经韵读》、《群经韵读》、《楚辞韵读》、《先秦韵读》、《汉魏韵读》、《廿一部韵谱》、《谐声表》、《入声表》、《四声韵谱》、《唐韵四声》。分古韵为之、幽、宵、侯、鱼、歌、支、脂、祭、文、真、耕、元、阳、东、中、蒸、侵、谈、叶、缉二十一部。王、江两氏分部几相同，所异者王多一至部而无冬，江多一冬部而无至耳。案王氏二十一部又分两类：东、蒸、侵、谈、阳、耕、真、谆、元、歌十部为一类，皆有平、上、去而无入；支、至、脂、祭、盍、缉、之、鱼、侯、幽、宵十一部为一类，或四声皆备，或有去、入而无平、上，或有入而无平、上、去，而入声则十一部皆有之。盖于有入无入区别至明，江氏《入声表》辨之尤详。王说见《经义述闻》，兹不具引。

[41] 夏炘，字弢甫，一字心伯，当涂人，道光咸丰间官婺源县学教谕。著《古韵表集说》，分古韵为之、幽、宵、侯、鱼、歌、支、脂、至、祭、元、文、真、耕、阳、东、中、蒸、侵、谈、叶、缉二十二部，盖即合王、江两家之说而成之者。

[42] 二十三部者，东、侵、冬、缉、蒸、谈、盍、侯、幽、之、宵、寒、谆、真、青、歌、泰、

队、脂、至、支、阳、鱼也。立有近旁转、次旁转、正对转、次对转等目，而作《成均图》以明之。并见《国故论衡》。

[43]《集韵》首有《韵例》，称："景祐四年，太常博士、直史馆宋祁，太常丞、直史馆郑戬等建言，陈彭年、邱雍等所定《广韵》多用旧文，繁略失当。因诏祁、戬与国子监直讲贾昌朝、王洙同加修定，刑部中、知制诰丁度，礼部员外郎、知制诰李淑为之典领。"书题丁度等撰者盖以此。凡平声四卷，上、去、入声各二卷，共五万三千五百二十五字，视《广韵》增二万七千三百三十一字。其标目与《广韵》稍有异同。尤异者，如二十六严，《广韵》在二十八；二十七咸，《广韵》在二十六；二十八衔，《广韵》在二十七；三十一业，《广韵》在三十三；三十二洽，《广韵》在三十一；三十三狎，《广韵》在三十二。序次先后，亦多窜易。景祐，仁宗年号。

[44]十三处通用者，谓欣通文，隐通吻，焮通问，迄通物，废通队代，严通盐添，俨通琰忝，酽通艳㮇，业通叶帖，凡通咸衔，范通豏槛，梵通陷鉴，乏通洽狎也。

[45]即《壬子新刊礼部韵略》。壬子者，理宗淳祐十二年也。相传为平水刘渊撰，故通称"平水韵"。然钱竹汀曾见元椠本《平水韵略》，有河间许古序，谓平水书籍王文郁撰，后题正大六年己丑，正大为金哀宗年号，疑金人之书，而渊后刻之者也。案宋真宗时，尝诏丁度等删取《切韵》，名曰《韵略》，与《广韵》同时颁行。后仁宗时，复为刊修，改名《礼部韵略》，《礼部韵略》之名盖本乎此。又案刘氏书已不传。

[46]阴时夫名幼遇，奉新人，登宋宝祐九经科，入元不仕，著《韵府群玉》二十卷，盖类书也。其兄幼达，字中夫，为之注。《四库书目提要》云："元代押韵之书皆不传，传者以此书为最古。又今韵称刘渊所并，而渊书亦不传。世所通行之韵，亦即从此书录出。"而钱竹汀谓见王文郁《平水韵略》，已并上声拯部归迥。则时夫之百六部，亦有所本也。案后人多谓刘、阴归并韵部为妄作。窃考《切韵》平声五十七，而上声只五十五，以冬韵之上止有湩、鶫、㣛三字，附入钟韵之上腫韵中，臻韵之上止有榛、莘、龀三字，附入殷韵之上隐韵中，故少二韵也。平韵五十七，去声多祭、泰、夬、废四韵，合之为六十一。此六十一韵中，阴声二十六，阳声三十五。以入声合阳声，则入亦当有三十五韵，而仅得三十四者，以痕韵之入，止有麧、扢、𪗋、纥，搰五字，附入魂韵之入没韵中，故少一韵也。然则以字少者并归旁部，《切韵》已开其端矣。如拯部只六字，岂能独成一部？省而并之，亦简便之法也。但能如湩字之例，注明此为某部之声，则更善耳。

[47] 词韵旧有菉斐轩《词林要韵》、沈谦《词韵略》、李渔《词韵》、《学宋斋词韵》
等，①惟戈氏《词林正韵》为最精确，其书盖以《集韵》为本，故字音先后皆从
《集韵》。顺卿名载，亦字孟博，吴县人，著有《翠薇花馆诗词集》。

[48] 案唐释盖忠《元和韵谱》云："平声哀而安，上声厉而举，去声清而远，入声直
而促。"言四声之别，莫明于此。又平声更有分之为阴阳者，如烘之与红，风
之与逢是，是又名五声。宋李焘作《五音韵谱》，以阳平配商，阴平配角，上声
配宫，去声配徵，入声配羽。又案平声之分阴阳，此阴阳犹言抑扬，与收声入
鼻不入鼻，分阴韵阳韵者有别，宜辨之。

[49] 案《南史·周彦伦传》称著《四声切韵》行于世。又《沈约传》："撰《四声谱》，
以为在昔词人累千载而未悟，而独得胸襟，穷其妙旨，自谓入神之作。"顾炎
武《音论》曰："四声之说，起于永明，定于梁陈之间。"其说盖本此。永明，晋
武帝年号也。

[50] 清赵瓯北《陔余丛考》谓四声实起晋人，不起于沈约，所考甚详，可参考。瓯
北名翼，字耘松，一字云菘，阳湖人，乾隆进士，累官至贵西道，精于史学，有
《二十二史札记》，其诗与袁枚、蒋士铨齐名。

[51] 此段懋堂说，见《六书音均表》、《古四声说》。

[52] 近人多持此说者。

[53] 见夏燮《述均》卷四《论四声》。燮，炘弟，字嗛甫，官知县，所著《述均》外，有
《明通鉴》九十卷。

[54] 并见《述均·论四声》。

[55] 潘耒《类音》曰："初出于喉，平舌舒唇，谓之开口。举舌对齿，声在舌颚之间，
谓之齐齿。敛唇而蓄之，声在颐辅之间，谓之合口。蹙唇而成声，谓之撮
口。"耒，吴江人，字次耕，号稼堂，亭林顾氏门人，所作诗文曰《遂初堂集》。
案韵等有分四等者，有分八等者。四等如潘氏说是。八等则开口、阖口各分
四部，如江永《四声切韵表》、陈澧《切韵考》皆然。章太炎《音理论》辨之，谓：
"同母之声，大别之不过开口、阖口。分齐视阖口而减者为撮口，分齐视开口
而减者为齐齿。依以节限，则阖口为一等，撮口其细也；开口为一等，齐齿其
细也。本则为二，二又为四，此易简可以告童孺者。或谓阖口、开口皆四等，
而同母同收者可分为八，是乃空有名，言其实，使人哽介不能作语。验以见

---

①　"学宋斋词韵"，原作"学宋齐词韵"。考清人吴烺、江昉、吴镗、程名世同辑有《学宋
斋词韵》，此处所指当为此书，据改。

母收舌之音,'昆'、'君'、'根'、'斤'以外,复有他声可容其间耶?"《音理论》
见《国故论衡》。此列四等,亦从章君,未敢附和江、陈也。

[56]见陈澧《切韵考·外篇·序》,曰:"宋人取韵书之字,依字母之次第而为之
图,定为开合四等。纵横交贯,具有苦心。遂于古来韵书切语之外,别成一
家之学。"案此盖指《切韵指掌图》言。

[57]《释名·释天》曰:"风,豫、司、兖、冀,横口合唇言之,风,氾也,其气博氾而动
物也;青、徐,蹴口开唇推气言之,风,放也,气放散也。"熙,字成国,汉北海
人。《释名》二十篇,所同声相谐,推论称名辨物之意,虽或伤于穿凿,然可因
以考见古音。

[58]见《切韵指掌图》。

[59]见《述均》卷七。

[60]《指掌图》有图二十。自第七图以下,皆一开一合。并其开合算之,共十三
类,即隐寓十三摄也。

[61]《四声等子》一卷,不著撰人名氏。惟《切韵指南》有熊泽民序,称古有《四声
等子》,为传流之正宗。则其书先于《切韵指南》可知。故《四库提要》以《切
韵指南》乃因沿此书而作。其十六摄以"江"附"宕",以"假"附"果",以"梗"
附"曾",实仍十三类。意者其即本之《指掌图》欤?又《四声等子》辨内外转
例曰:"内转者唇、舌、牙、喉四音更无第二等字,唯齿音方具足。外转者五音
四声都具足。"而考之其书时有未合,不知当时何以必立此名也。

[62]《经史正音切韵指南》一卷,元刘鉴撰。鉴,字士明,自署关中人。其十六摄
惟"果"、"假"同表,而"江"与"宕"分,"梗"与"曾"分,盖析《四声等子》之十三
为十五矣。

[63]案十六摄之为十二,盖以"臻"作"根","流"作"钩",而并"通"、"曾"、"梗"三
部为"庚",并"江"、"宕"为"冈",并"止"、"遇"为"祗",并"山"、"深"、"咸"为
"干",又分"蟹"为"该"、"傀",分"果"为"迦"、"结"、"歌"。大抵十六摄于今
音古音不无淆乱。如分立"江"、"通"、"宕"三摄,依今韵也,而以"假"入
"果",则又舍今而从古。十二摄中,虽以"江"归"冈",于古不合,然较之十六
摄则精审多矣。

[64]见徐君所著《续音说》,有《十二韵摄分列八部表》,甚详明也。徐君名昂,南
通人,著有《诗经声韵谱》、《声纽通转》、《说文部首音释》、《音说》、《续音说》、
《等韵通转图证》,前四者合为《音学四种》。

[65]《通雅》五十三卷,方以智撰。以智,字密之,桐城人,崇祯进士,官检讨,后从

永历帝于桂,见事不可为,乃为僧,名弘智,字无可,晚号浮山愚者,人称药地和尚。所著书《通雅》外,有《物理小识》、《药地炮庄》等,而《通雅》最号渊博。谜语见第六、七、八卷。案此种谜语,多义存于声,不关形义,若望文生训,必致舛讹。如《书·微子》"草窃奸宄",《伪传》解为"草野窃盗",《诗·民劳》"无纵诡随",《毛传》解为"诡人之善、随人之恶",不知两字合则宛转成语,析则破裂无义,虽在通儒,不免此失。则知声音通于训诂,真不可不学也。

[66] 案《离骚》:"勉升降以上下兮,求榘矱之所同。汤、禹俨而求合兮,挚、咎繇而能调。"亦以同调相协。故或谓调当读同声。然声既相协,不必定求之韵也。徐君益修《诗经声韵谱》,有协声、协韵之分,又杂引《书》、《礼》及他书以明协声之例,见第三卷、四卷,可参考也。

[67] 见周春《杜诗双声叠韵谱括略》。其书专以声律言杜诗,亦前人所未有也。春,字松霭,号黍谷,海宁人,乾隆进士,官知县。所著尚有《尔雅广注》、《十三经音略》、《辽金元姓谱》等。《杜诗双声叠韵谱》原十六卷,继删为十二卷,又删为八卷,是为"括略"云。

[68] 沈约语,见《南齐书·陆厥传》约答厥书。

附　戴氏广韵独用四声表

上平声	上声	去声	入声
东一 独用	董一 独用	送一 独用	屋一 独用
冬二 钟同用	湩鶒字附 见肿韵	宋二 用同用	沃二 烛同用
钟三	肿二 独用	用三	烛三
江四 独用	讲三 独用	绛四 独用	觉四 独用
支五 脂之同用	纸四 旨止同用	寘五 至志同用	
脂六	旨五	至六	
之七	止六	志七	

上 平 声	上 声	去 声	入 声
微 八 独用	尾 七 独用	未 八 独用	
鱼 九 独用	语 八 独用	御 九 独用	
虞 十 模同用	麌 九 姥同用	遇 十 暮同用	
模 十一	姥 十	暮 十一	
齐 十二 独用	荠 十一 独用	霁 十二 祭同用	
		祭 十三	
		泰 十四 独用	
佳 十三 皆同用	蟹 十二 骇同用	卦 十五 怪夬同用	
皆 十四	骇 十三	怪 十六	
		夬 十七	
灰 十五 咍同用	贿 十四 海同用	队 十八 代同用	
咍 十六	海 十五	代 十九	
		废 二十 独用	
真 十七 〇臻同用	轸 十六 准同用	震 二十一 稕同用	质 五 术栉同用
谆 十八	准 十七	稕 二十二	术 六
臻 十九	鳞字附 见隐韵	龀字附 见焮韵	栉 七
文 二十 独用	吻 十八 独用	问 二十三 独用	物 八 独用
欣 二十一 独用	隐 十九 独用	焮 二十四 独用	迄 九 独用

（续表）

上平声	上 声	去 声	入 声
元 二十二 魂痕同用	阮 二十 混很同用	愿 二十五 恩恨同用	月 十 没同用
魂 二十三	混 二十一	恩 二十六	没 十一
痕 二十四	很 二十二	恨 二十七	
寒 二十五 桓同用	旱 二十三 缓同用	翰 二十八 换同用	曷 十二 末同用
桓 二十六	缓 二十四	换 二十九	末 十三
删 二十七 山同用	潸 二十五 产同用	谏 三十 裥同用	黠 十四 鎋同用
山 二十八	产 二十六	裥 三十一	鎋 十五
下平声	**上 声**	**去 声**	**入 声**
先 仙同用	铣 二十七 狝同用	霰 三十二 线同用	屑 十六 薛同用
仙 二	狝 二十八	线 三十三	薛 十七
萧 三 宵同用	篠 二十九 小同用	啸 三十四 笑同用	
宵 四	小 三十	笑 三十五	
肴 五 独用	巧 三十一 独用	效 三十六 独用	
豪 六 独用	皓 三十二 独用	号 三十七 独用	
歌 七 戈同用	哿 三十三 果同用	箇 三十八 过同用	
戈 八	果 三十四	过 三十九	
麻 九 独用	马 三十五 独用	祃 四十 独用	
阳 十 唐同用	养 三十六 荡同用	漾 四十一 宕同用	药 十八 铎同用

下平声	上声	去声	入声
唐 十一	荡 三十七	宕 四十二	铎 十九
庚 十二 耕清同用	梗 三十八 耿静同用	映 四十三 诤劲同用	陌 二十 麦昔同用
耕 十三	耿 三十九	诤 四十四	麦 二十一
清 十四	静 四十	劲 四十五	昔 二十二
青 十五 独用	迥 四十一 独用	径 四十六 独用	锡 二十三 独用
蒸 十六 登同用	拯 四十二 等同用	证 四十七 嶝同用	职 二十四 德同用
登 十七	等 四十三	嶝 四十八	德 二十五
尤 十八 侯幽同用	有 四十四 厚黝同用	宥 四十九 候幼同用	
侯 十九	厚 四十五	候 五十	
幽 二十	黝 四十六	幼 五十一	
侵 二十一 独用	寝 四十七 独用	沁 五十二 独用	缉 二十六 独用
覃 二十二 谈同用	感 四十八 敢同用	勘 五十三 阚同用	合 二十七 盍同用
谈 二十三	敢 四十九	阚 五十四	盍 二十八
盐 二十四 添同用	琰 五十 忝同用	艳 五十五 㮇同用	叶 二十九 帖同用
添 二十五	忝 五十一	㮇 五十六	帖 三十
咸 二十六 衔同用	豏 五十二 槛同用	陷 五十七 鉴同用	洽 三十一 狎同用
衔 二十七	槛 五十三	鉴 五十八	狎 三十二
严 二十八 凡同用	俨 五十四 范同用	酽 五十九 梵同用	业 三十三 乏同用
凡 二十九	范 五十五	梵 六十	乏 三十四

附　古韵源流分合图

郑庠	顾炎武	江永	段玉裁	孔广森	王念孙	江有诰	夏炘	章太炎
六部	十部	十三部	十七部	十八部	廿一部	廿一部	廿二部	廿三部
虞	歌	歌	歌	歌	歌	歌	歌	歌
	鱼	鱼	鱼	鱼	鱼	鱼	鱼	鱼
	庚	庚	庚	丁	耕	耕	耕	青
阳	阳	阳	阳	阳	阳	阳	阳	阳
	东	东	东	东	东	东	东	东
				冬		中	中	冬
	蒸	蒸	蒸	蒸	蒸	蒸	蒸	蒸
尤	萧	萧	萧	宵	宵	宵	宵	宵
			侯	侯	侯	侯	侯	侯
	尤	尤	尤	幽	幽	幽	幽	幽

（续表）

寒——元——元——元——元————先

真——真——真——真——真——真

谆——文——文——谆

侵——侵——侵——侵——侵——侵

缉——缉——缉——缉————合

盍——叶——叶——盍

谈——谈——谈——谈——谈

祭——祭——祭——祭

泰——至——至——脂——脂——覃

队——脂——脂————覃

脂————脂

支——支——支——支——支——支

之——之——之——之——之——支

之——之——之——之

说明

一、顾氏亭林于十部外复立入声质、屋、沃、缉四部，而分隶于支、鱼、萧、侵。兹不另出。

二、江氏慎修、段氏懋堂，以入声盍属之谈部，孔氏㢘轩出之，另立合部，有入而无平、上、去。此表欲明其源流，仍附合于覃部下。

三、孔氏以入声合缉为一部，而江氏永、段氏皆以缉入侵。今附缉于合部下，而亦系于侵部，以见其分合之异。

四、王氏怀祖出祭、至于脂，有去、入而无平、上，江氏晋三合至于脂，夏氏复出之。今并附于脂部下。

第三章　章　句　篇

　　《学记》谓:"学者入学,一年视离经辨志,三年视敬业乐群。"注曰:"离经,断句绝也。"[1]伊川先生曰:"得于辞,不达其意者有矣。未有不得于辞,而能通其意者也。"[2]夫欲求达辞,先知句绝。此章句之学,所以与训诂并重也。

　　且集字而成句,集句而成章。字有形、有声、有义,此字之体也。而及其用也,则部分有判焉,缀次有序焉。古之书,言字体者众矣,而言用者略焉,有之,则自《马氏文通》始。[3]其书于字首分虚实,实字之类五,曰名、曰代、曰动、曰静、曰状,虚字之类四,曰介、曰连、曰助、曰叹。此字之部分之判也。其连而为句也,则有用为起词者焉,有用为谓词者焉,[4]有用为止词者焉,有用为转词者焉。[5]而起谓止转,或先或后,又各有其不易之则。此字之缀次之序也。于是其辞意已全者,则谓之句,未全者,则谓之读。句读之稍长,而中间须有停顿者,则谓之顿。[6]故读顿者,又句之别也。句有长有短,有整有散,或栉比,或珠联,连字以纵送之,叹字以鼓舞之,如群山之起伏,而首尾相接焉,如百川之歧派,而源委一条焉。然后小之则为节,大之则为章。故节者,又章之别也。句之不明,由读、顿之不清也;章之不明,由句、节之不衔

70

也。读还读，顿还顿，而句明矣，斯其道在分析；句归节，节归章，而章明矣，斯其道在贯串。故分析贯串，所以求通章句之术，不可不知也。

云何分析？如昌黎《原道》曰：[7]"古之时，人之害多矣。"此一句也，而古之时则一顿，是不待分析而可知也。而其下曰："有圣人者立，然后教之以相生养之道。为之君，为之师。驱其虫蛇禽兽，而处之中土。寒，然后为之衣；饥，然后为之食。木处而颠，土处而病也，然后为之宫室。为之工，以赡其器用；为之贾，以通其有无；为之医药，以济其夭死；为之葬埋祭祀，以长其恩爱；为之礼，以次其先后；为之乐，以宣其湮郁；为之政，以率其怠倦；为之刑，以锄其强梗。相欺也，为之符玺、斗斛、权衡以信之；相夺也，为之城郭、甲兵以守之。害至，而为之备；患生，而为之防。"此亦一句也。何也？为其并根夫圣人而言也。然而非分析则不可得而明也。盖圣人其起词也，而为之谓词者，则一十有九，其中或单或偶，或正或倒，或有止词焉，或有转词焉，又或有形同一句，而用之如状字者焉。是故"教之以生养之道"，一读也；"为之君，为之师"，一读也；"驱其虫蛇禽兽，处之中土"，一读也；"寒为之衣，饥为之食"，一读也；"颠病而为之宫室"，一读也；"赡其器用"、"通其有无"、"济其夭死"，"长其恩爱"，各一读；"次其先后"，"宣其湮郁"，"率其怠倦"，"锄其强梗"，又各一读也；"信之"一读，"守之"一读；"为之备，为之防"，又一读也。而"立"字须顿，"君"字须顿，"禽兽"字须顿；"寒"字顿，"饥"字顿，"而颠""而病也"顿；"为之工"，"为之贾"，"为之医药"，"为之葬埋祭祀"，俱顿；"礼"、"乐"、"政"、"刑"，俱顿；"相欺也"顿，"相夺也"顿；"害至"、"患生"又顿也。设于顿、读不能分析，则不得通其文也。

云何贯串？如贾生《过秦论》曰：[8]"诸侯恐惧，会盟而谋弱秦，不爱珍器重宝肥饶之地，以致天下之士，合纵缔交，相与为一。当此一时，齐有孟尝，赵有平原，楚有春申，魏有信陵。此四君者，皆明智而忠信，宽厚而爱人，尊贤而重士。约纵离横，兼韩、魏、燕、赵、宋、卫、中山之众。于是六国之士,有宁越、徐尚、苏秦、杜赫之属为之谋,徐明、周最、陈轸、召滑、楼缓、翟景、苏厉、乐毅之徒通其意,吴起、孙膑、带佗、儿良、王廖、田忌、廉颇、赵奢之伦制其兵。尝以十倍之地,百万之众,叩关而攻秦。秦人开关而延敌,九国之师,遁逃而不敢进。秦无亡矢遗镞之费,而天下诸侯已困矣。"此一章也,而凡为大句者十,细分之,且有二十句以上。然从而贯串之,则言诸侯恐惧而谋秦者,一节也;谋秦必有其主谋,一节也;有主谋斯有其僚佐,一节也;有其僚佐斯有其地其众,一节也;谋秦而秦不可谋,一节也;秦不可谋,而诸侯反以自困,又一节也。此句归于节也。又从而贯串之,则此数节者,不过言秦之强,而诸侯之受制于秦而已。故始之以恐惧,而终之以己困。此节归于章也。设于句、节不用贯串,则亦不得通其文也。是故章者,句之衍也,敛约之,则章即句也;句者,章之缩也,扩充之,则句即章也。又不特章而已,一篇犹一章也,犹一句也。诚了然于章句之同而异、异而同,而天下之文无不可通,天下之书无不可读也。

虽然,古书之文,有不可以后世文章之矩范律之者,则又不可不知。如《诗·蓼莪》之篇曰:"欲报之德,昊天罔极。"言父母之德之不可报,而忽及昊天者,盖痛极呼天之辞。"昊天"二字,初不与"罔极"相属也。后之解者乃曰:"是言父母之恩,如天无穷。"[9]添一"如"字,则后世之文,非《诗经》之文也。《周书·无逸》之篇曰:"君子所其无逸。""所其无逸"者,犹曰"其无逸"耳。"所",语词,羡无实义者也。而后之解者,乃以"所其无逸"与"王敬作所"同释,曰:"'所',犹处所也,君子以无逸为所。"[10]坐实一"所"字,则又后世之文,非《周书》之文也。夫今人之文,介字必在名、代之字之上者,法也。而《荀子》曰:"使天下生民之属,皆知己之所愿欲之举在是于也,故其赏行;皆知己之所畏恐之举在是于也,故其罚威。"[11]则"于是"倒而为"是于"矣。《左传》曰:"谚所谓'室于怒,市于色'者。"[12]则"怒于室"、"色于市",倒而为"室于怒"、"市于色"矣。"奈何"之为表词,法必置于句首者也。而《论衡》

曰："夫胸中不学，犹手中无钱也。欲人君任使之，百姓信向之，奈何也?"[13]则置于语末矣。"焉"之为助词，法必置于句末者也。而《墨子》曰："圣人以治天下为事者也，必知乱之所自起读，焉能治之。譬之如医之攻人之疾者然，必知疾之所自起读，焉能攻之。"[14]则置于句首矣。此以句法言也。至若章节之法，后人更有错会古人者。《孟子·万章篇·舜往于田章》："夫公明高以孝子之心为不若是恝：我竭力耕田，共为子职而已矣，父母之不我爱，于我何哉?"自来解者，皆以"若是恝"与"竭力耕田"以下，分作两橛，不知"竭力耕田"云云，即上"若是恝""若是"二字所括之意。先略提而后详疏之，此古人之例也。[15]《论语·阳货·一章》："怀其宝而迷其邦，可谓仁乎？曰：不可。好从事而亟失时，可谓知乎？曰：不可。"两曰"不可"，解者皆以为阳货问而孔子答，不知乃货自问自答。以问答代解说，此亦古人之例也。[16]僖三十三年《左传》："秦伯素服郊次，乡师而哭曰：'孤违蹇叔，以辱二三子，孤之罪也。'不替孟明。'孤之过也，大夫何罪？且吾不以一眚掩大德。'"解者皆疑其文中有伪脱，不知"不替孟明"为左氏记事之词，"孤之过也"三句，为公对孟明之语。叙事、叙言并行，而略去某某曰字，此亦古人之例也。[17]今人执唐宋以后之文法以论汉魏，与执汉魏以后之文法以论商周，皆不能无方凿圆枘之失。朱子曰："看文字须看他文势语脉。"又曰："读书须是虚心以求本文之意为先。若不得本文之意，则是任意穿凿。"[18]信哉信哉！

《说文》"、"下曰："有所绝止，、而识之也。""し"下曰："钩识也。"[19]似读书用标识，汉人已有之矣。然此但取以助记忆，非曰文章非标点不明也。故自宋人刻书，除为学塾读本者外，率无圈点。岂非以中夏文字自有语助，其句读之断续，正言反语之同异，皆可于助字得之，而无取于别为之符号耶?[20]迨及有明之季，批书评书之风起，于是作为各式标记，加于文之旁侧。[21]此为初学之徒，易于绝句读，识文义，不为无益，然大雅君子，即未尝不笑其涂抹为多事也。降于晚近，好异者取欧西横行文字乙注之符,强移之于中国直行文字之下,既使字句隔离,亦令文义错乱。夫中外属文,各有沿习,义例迥殊,岂可同论! 他不必言,如中国骈偶之文,往往以文则可断,以义则未完。《秋声赋》曰:"故其为声也,凄凄切切,呼号愤发。丰草绿缛而争茂,佳木葱茏而可悦。草拂之而色变,木遭之而叶脱。"[22]《赤壁赋》曰:"哀吾生之须臾,羡长江之无穷。挟飞仙以遨游,抱明月而长终。知不可乎骤得,托遗响于悲风。"[23]若今新式符号,于"丰草"、"佳木"、"飞仙"、"明月"之句,不知将何以识之? 夫使符号而果有助于文章之分析也,则符号不可废也。符号而无助于文章之分析也,则于符号何取也? 自有新式符号以来,甚者至变易文字以就符号,或改直行为横行,或截全篇为分段,不独贻邯郸丧步之讥,[24]且将有伊川被发之惧。[25]世不乏好学深思之士,其必能辨其非是已。

[1]《礼记·学记》:"比年入学,中年考校。一年视离经辨志,三年视敬业乐群,五年视博习亲师,七年视论学取友,谓之小成。九年知类通达,强立而不反,谓之大成。"注,郑注也。

[2]见程颐《易传序》。颐,字正叔,河南人,仕终直秘阁。与兄明道先生颢,同师周茂叔敦颐,传其学,学者称伊川先生。所著《易传》外,有《春秋传》、《文集》、《语录》。《宋史》在《道学传》。

[3]《马氏文通》,清马建忠作。建忠,字眉叔,丹徒人,尝留学法国,精法律之学,官至道员。《文通》共十卷:第一卷,正名;第二、三、四、五、六卷,皆说实字;第七、八、九卷,说虚字;第十卷,句读。

[4]并见《马氏文通》卷十。但"谓词",马氏原书曰"语词",嫌与古人所谓"语助词"语词者相混,故窃易为"谓词"。严几道复译《名学》,亦尝用是名也。

[5]亦见《马氏文通》卷十。

[6]亦见《文通》卷十。

[7]韩愈,字退之,昌黎人,《旧唐书》卷一百六十有传。《新书》作邓州南阳人,盖误也,观李翱作公行状可证。有《文集》四十卷,又《外集》十卷。《原道》文见《集》中。

[8] 贾谊《过秦论》，见《贾子新书》及《史记·始皇本纪·赞》。《新书》十卷，《四库》入儒家。

[9] 见朱子《诗集传·小雅·蓼莪篇》传。案《诗》郑《笺》曰："欲报父母是德，昊天乎，我心罔极。""罔极"盖顶"德"字言，郑益"我心"二字，尚未的。然以"昊天"别为句，则实得诗人之意。大抵汉人学有师承，得之口授，故章句犹多不失古。又如《大雅·民劳》末章："王欲玉女，是用大谏。"郑《笺》云："王乎，我欲令女如玉然，故作是诗，用大谏正女。"则"王"字当一读。案之《序》言"召穆公刺厉王"，郑氏说是也。《集传》谓"王欲以女为玉，我用王意，谏正于女"，分"王"与"女"为二人，乃改《序》说而以为"同列相戒之辞"，此不明章句之过也。又《小雅·四月》首章："先祖匪人，胡宁忍予？"此呼先祖，犹《蓼莪》之呼天，《民劳》之呼王也。当释云："先祖乎！我宁非人乎？何为忍于我，而使我当此乱世乎？"郑《笺》乃云："我先祖非人乎？"以"先祖"直接"匪人"为句，则郑亦失读矣。《诗》郑《笺》见后《六艺篇》。朱子与《诗集传》见后《汉宋异同篇》。

[10] 见蔡沈《书集传·无逸篇》注。沈与《书集传》见《汉宋异同篇》。案蔡注盖本之吕祖谦《书说》，曰："君子以无逸为所，如鱼之于水，鸟之于林，有不可得而离者焉。"陈栎《书传纂疏》曰："'所其无逸'，与'王敬作所'，朱子皆不欲以处所安居之意释之，惧其巧也。然吕说尽可喜。"则朱子亦以吕说为未妥矣。然郑康成《书注》即谓"所，犹处所也"，是其误自汉人已然。"王敬作所"，《周书·召诰篇》语。

[11] 见《荀子·富国篇》。荀子见后《诸子篇》。

[12] 昭十九年《左传》："令尹子瑕言蹶由于楚子，曰：'彼何罪？谚所谓"室于怒，市于色"者，楚之谓矣，舍前之忿，可也。'乃归蹶由。"俞樾《古书疑义举例·一》引此以为倒句例。樾，字荫甫，号曲园，德清人，道光进士，提督河南学政，免官归，主讲杭州诂经精舍，光绪末卒。所著曰《春在堂全书》，凡五百余卷，《古书疑义举例》其一也，今坊间有单行本。

[13] 见《论衡·量知篇》。《论衡》，后汉王充作，见《诸子篇》。

[14] 见《墨子·兼爱篇上》。旧多读"焉"字属上句，误也，说详孙诒让《墨子间诂》。案《间诂》之说，盖本之王引之《经传释词》。《释词》卷二："焉犹于是也，乃也，则也。"下引《墨子》此文为证。窃意"于是"乃"焉"之正训。其置于句末，则为助字，置于句首或句中，则为状字，其实一也。故《西周策》"君何患焉"，《史记·周本纪》即作"君何患于是"。中国文字助字、状字有可通者，殆难以执一言也。《经传释词》共十卷，沪上有翻刻本，初学者宜一读也。

75

[15] 见《孟子·万章篇》第一章。《孟子》中此种句法颇有之。如《梁惠王下·庄暴见孟子章》曰："吾王之好鼓乐，夫何使我至于此极也？父子不相见，兄弟妻子离散。""父子"两句，即上"此极"二字之注脚。《公孙丑下·孟子去齐尹士语人曰章》曰："予岂若是小丈夫然哉？谏于其君而不受，则怒，悻悻然见于其面，去则穷日之力而后宿哉？""谏于其君"以下，即上"若是然"三字之注脚。又如《万章·问象日以杀舜为事章》："仁人固如是乎？在他人则诛之，在弟则封之。""在他人"二句，即上"如是"之注脚。盖先以"若是"等字虚提，而后再从而疏之，不独于文可简，亦使眉目清楚不乱也。此等处，前人鲜有能见及者。

[16] 《论语·阳货第十七》："阳货欲见孔子，孔子不见，归孔子豚。孔子时其亡也，而往拜之。遇诸涂。谓孔子曰：'来！予与尔言。'曰：'怀其宝而迷其邦，可谓仁乎？曰：不可。好从事而亟失时，可谓智乎？曰：不可。日月逝矣，岁不我与。'孔子曰：'诺，吾将仕矣。'"《古书疑义举例·二》引此以为一人之辞而加曰字例。案《孟子·告子篇·无惑乎王之不智也章》末曰："为是其智弗若与？曰：非然也。"与此一例。其为自问自答，以问答代解说，甚明也。

[17] 见僖三十三年《左传》。《古书疑义举例·三》引此以为叙论并行例。案《书·尧典》："眚灾肆赦，怙终贼刑。"下继之以"钦哉钦哉，惟刑之恤哉"。"钦哉"二句，实为舜言，而并不冠以"舜曰"、"帝曰"。司马迁《史记·屈原列传》："故忧愁幽思而作《离骚》。'离骚'者，犹'离忧'也。"下忽接"夫天者，人之始也；父母者，人之本也"一段，而后乃接叙"屈平既绌，其后秦欲伐齐，齐与楚从亲，惠王患之"云云。夫"天者"一段，亦不曰"太史公曰"。叙论并行，正亦如此。《古书疑义举例》一书，于古今文例不同处，辨之甚详。学者既读《马氏文通》，宜并读此书。

[18] 见《朱子读书法》。书为宋张洪、齐𤞤同编，盖因朱子门人辅广原本，重为补订者。今《四库》本定著为四卷，在子部儒家。

[19] 见《说文》第五卷、第十二卷。

[20] 《文心雕龙·章句篇》有曰："'夫'、'惟'、'盖'、'故'者，发端之首唱；'乎'、'哉'、'矣'、'也'者，送末之常科。""发端"、"送末"，各有语助为之起迄，自无虞于上下混淆。中国文字之无需于符识者，此也。如"学而时习之，不亦说乎"，不必用叹符，而人知其有咏叹之意也。"叟，不远千里而来，亦将有以利吾国乎"，不必用问符，而人知其为叩问之辞矣。故中国文字非无符号标点，其文字即符号标点也。至引他人之言，而恐涉及下文，有头绪不清之失，则

下加"云云"二字,亦未尝不疆界分明。今之公文有"等因奉此"、"等因准此"等程式,亦即此类。然则符号标点之在中国文字,即谓之赘疣可耳。《文心雕龙》,梁刘勰撰,见后《文章体制篇》)。

[21] 案元程端礼《读书分年日程》中引"馆阁校勘法",有"侧点为句,中点为读"之语,则句读于校勘时用之,非常用,可见也。又引"勉斋批点《四书》例·点抹例",其点抹有"红中抹"、"红旁抹"、"红点"、"黑点"之别。勉斋为黄榦之号,盖朱子门人也。其批书仅用点抹,犹是昔人丹黄旧例,非有各种标记也。清康熙中越人唐彪著《读书作文谱》,列"书文标记圈点评注法",有"◎◎◎",曰"书文纲领与归重处用此";有"•••",曰"书文根因处用此";有"○○○",曰"照应处用此";①有"一",曰"书文大界限大段落用此";有"-",曰"书文大小节次下用此";有"丨",曰"地名用此";有"‖",曰"官名用此";有"|",曰"人名用此";有"[]",曰"年号用此"。此则明人所立各式,彪书引用之者。《读书分年日程》三卷,《四库书目》在儒家,中有"勉斋句读例"、"续补句读例",论句读之别,甚为详明,别附于后。

[22] 宋欧阳修永叔作,见本集。

[23] 宋苏轼子瞻作,见本集。

[24] 《庄子·秋水篇》:"且子独不闻寿陵余子之学行于邯郸与? 未得国能,又失其故行矣,直匍匐而归耳。"

[25] 僖二十二年《左传》:"初,平王之东迁也,辛有适伊川,见被发而祭于野者,曰:'不及百年,此其戎乎! 其礼先亡矣。'秋,秦、晋迁陆浑之戎于伊川。"

附 《读书分年日程》引黄勉斋句读例又续补句读例

勉斋句读例

句

举其纲,文意断。

读

"者"、"也"相应,文意未断,覆举上文。

上反言而下正,上有呼下字,下有承上字。

---

① 核对唐彪《读书作文谱》原书,曰"照应处用此"者所用符号,非"○",而是"ᔡ"。

实勉斋例

举其纲为句。

　　如："大学之道，在明明德，在亲民，在止于至善。"_句

文意断为句。

　　如："此对小子之学言之也。"_句

"者"、"也"相应为读。

　　如："大学者_读，大人之学也。"

文意未断为读。

　　如言："既自明其明德_读，又当推以及人，使之亦有以去其旧染之污也。"

覆举上文为读。

　　如曰："然则此篇所谓'在明明德，在亲民，在止于至善'者_读，亦可得而闻其说之详乎？"

上反言而下正为读。

　　如："不亲其亲，不长其长_读，则所厚者薄，而无以及人之亲长。"

上有呼下字为读。

　　如："《中庸》何为而作也_读？子思子忧道学之失其传而作也。"

下有承上字为读。

　　如："德者本也_读，财者末也。"

续补句读例（并以朱子门人以下诸儒所点修之。）

　　一、"曰"字是作本书者记当时对面答问之辞者，并作句。"曰"字是援引他书、他日、他人之言，止作"言"字说者，并无点。有句长欲读者，宁读于上文，仍以"曰"字连下文。

　　一、凡呼"小子"，或"二三子"，或"参乎"，对面呼之，而欲重其听者，皆为句。

　　一、纲在上而目在下者，纲为句，目为读，目尽为句。目在上而纲在下者,诸目皆读,目尽为句,纲独为句。或下是缴语、解语,意短急者,目尽为读。

一、无纲之目,并为读,目尽为句。

一、无纲之目,每目自有抑扬及自解者,解尽为读,目尽为句。如《易》三陈九卦则可,《中庸》《九经》则不可。更详文义所宜。

一、有纲之目,每目自有抑扬及自解者,解尽为读,目尽为句。同前例。

一、上段正,下段反,或上段反,下段正,短者可读。若是长段反正,有"然"字转者,及有大转语辞者,当为句。

一、引用他书、他人语,上有"所谓"字,下有"者"字,急缴归主意者,所引句下"者"字为读,缴语尽为句。

一、凡引他书、他人、他日及覆举上文之辞者,其中未尽之语为读,至所引辞尽为句。如所引他书语及事实太长,如《孟子》引齐景公、晏子答问,各以答问尽处为句。

一、凡诗铭韵语,以韵为句,未至韵皆读。此谓特意全载者。若经传中引者,如引书,例至引尽处方为句。更详文义所宜。《诗经》自依章句。

一、凡议论体,自然读多句少。

一、凡叙事体,自然句多读少。意未尽者,或为读亦可。

一、提解经文训诂,"某者,某也"之下,意尽者以"也"字为句。如贴解本意未尽者,虽"也"字亦为读,至意尽方为句。某也下,如插见章旨者也字,别为句。更详文意所宜。

一、注文释经训诂,就兼见章旨,以义已明,不再通说,经文后即以大圈断之者,其中章旨未尽,小句皆读,意尽为句。如止释训诂,欲人自玩味经文者,不当拘此。

一、以"言"字通叙贴解一段经文大意者,并读,意尽方为句。亦有无"言"字而意实贴解段意者,并同。

一、叙论发明文义,本意已尽为句。其下有缴归章旨,及别贴赞

79

叹劝勉之辞以结者,别为句。

一、上发明所以然,下以"此"字或"是"字再指上段,缴归所当然,或缴归主意者,"此"字、"是"字上并为句。下段如文意短急者,"此"字、"是"字上为读。

一、上发明所以然,下以"故"字缴归所当然者,"故"字上为读。如上是长段,"故"字下发意又长者,"故"字上为句。

一、《或问》中问目之末,"何也"、"若何而用力邪"、"奈何"、"亦可得而闻其说之详乎"、"如之何"之类,"何也"之上并读。或"何也"之上无"者"字者及短句者,不读。或大段内自提问己意"何者"、"何哉"、"何则也"之类,[①]又自发大段意者,"何者"之上并句。案此《或问》言即谓朱子《大学中庸或问》之书也。

第四章 六艺篇

《汉书·儒林传》谓："古之学者,博学乎六艺之文。"[1]考夫子之言曰："不学诗,无以言。不学礼,无以立。"[2]曰："兴于诗、立于礼,成于乐。"[3]曰："假我数年,五十以学《易》,可以无大过矣。"[4]则六艺之学,由来久矣。《礼·王制》言："乐正崇四术、立四教,顺先王诗书礼乐以造士。春秋教以礼乐,冬夏教以诗书。"[5]韩宣子之聘鲁也,观书于太史氏,得见《易象》与《鲁春秋》。曰："周礼尽在鲁矣。"[6]是故六艺者,周公之旧典,而王官之所守。孔子叙《书》、传《礼》、删《诗》,正《乐》,因鲁史而作春秋,晚而喜《易》,序《彖》,系《象》,《说卦》,《文言》,[7]而曰："述而不作,信而好古。"[8]曰："郁郁乎文哉,吾从周。"[9]明其因周公之教,而渊源之有自也。然周道之衰,官师失守,六艺之学,散而不收,得孔子而表章之,因以不坠于地。太史公曰："中国言六艺者折中于夫子。"[10]则虽以六艺为孔门一家之学可也。遭秦之乱,书籍散佚。汉兴,除挟书之禁,[11]于是学者始稍稍兴于学,而古书多有出者。然家法不同,违异亦起。兹略述各家传授本末,以见汉人弥缝掇拾之功。渊明诗曰："区区诸老翁,为事诚殷勤。如何绝世下,六籍无一亲。"[12]经术不修,于今为烈。每念渊明此言,况也永叹矣。

六艺以《易》为最古。《系辞传》曰："古者庖牺氏之王天下也，仰则观象于天，俯则观法于地，观鸟兽之文，与地之宜，近取诸身，远取诸物。于是始作八卦，以通神明之德，以类万物之情。"此《易》之始也。说者谓文王重八卦为六十四。[13]而观周官太卜掌三《易》之法，一曰《连山》，二曰《归藏》，三曰《周易》。其经卦皆八，其别皆六十有四。[14]则重卦不自文王始矣。朱子以《易》为卜筮之书，到孔子方说从义理去。[15]考之《易·系》，亦未尽合。《系》曰："《易》有圣人之道四焉。以言者尚其辞，以动者尚其变，以制器者尚其象，以卜筮者尚其占。"若谓孔子以前《易》纯为卜筮设，则庖牺之通德类情者何在？而佃渔之取诸离，耒耨之取诸益，舟楫之取诸涣，弧矢之取诸睽，[16]又将何以说之？孔子曰："絜静精微，《易》教也。"[17]又曰："《易》者，易也，变易也，不易也。管三成德，为道苞籥。"[18]是故读之韦编三绝，铁挝三折。[19]则《易》道深矣。自商瞿受《易》夫子，而五传至田何。[20]汉兴言《易》，皆本之田生。有施雠、孟喜、梁丘贺、京房四家，皆列于学官。[21]而房受《易》于焦延寿，托之孟氏，孟氏弟子翟牧、白生皆不肯。[22]则京氏盖《易》之别传，与三家不侔矣。其时民间又有费直、高相二家之说。[23]费氏本以古字，号古文《易》。东汉重古文，费氏学兴。陈元、郑众，皆传费氏《易》，其后马融亦为其传。融授郑玄，玄作《易》注。荀爽又作《易》传。[24]及魏王弼注《易》，亦本费氏。晋永嘉乱后，各家皆亡，惟郑氏、王氏注行于世。[25]至唐定《五经正义》，黜郑崇王，而郑学亦微矣。[26]王弼略象数而明义理，学者每病其浮虚。然观汉初人《易》说，见于《淮南》、《说苑》诸书者，亦皆主义理、切人事。[27]其后《易》道猥杂，乃有卦气、爻辰、纳甲、世应等说，[28]支离缪葛，纷然并作。辅嗣一举而廓清之，不啻拨云雾而见天日。故陈兰甫称其以十篇说经，独存费氏家法，[29]诚有见之言也。今郑、荀各注，虽有辑本，然窥豹一斑，终非全体。辅嗣之书，要为近古。以言学《易》，舍此固莫由入也已。

　　古者右史记言，左史记事。事为《春秋》，言为《尚书》。[30]故《书》

者,古史之遗也。孔子删录,断自唐虞,下迄秦穆,《典》、《谟》、《训》、《诰》、《誓》、《命》之文,凡百篇。曰:"《尧典》可以观美,《禹贡》可以观事,《咎繇》可以观治,《鸿范》可以观度,《六誓》可以观义,《五诰》可以观仁,《甫刑》可以观诫。通斯七观,《书》之大义举矣"[31]又曰:"疏通知远,《书》教也。"[32]秦燔书禁学,博士济南伏生壁藏之,得以不绝。然已亡数十篇,独得二十九篇而已。汉兴,以教于齐鲁之间。传其学者,有欧阳生、张生。欧阳生授倪宽,宽复授欧阳生子。世世相传,至曾孙高为博士,作《尚书章句》,于是有欧阳氏之学。张生授夏侯都尉。都尉传族子始昌,始昌传族子胜,胜又事倪宽门人简卿,有《尚书章句》二十九卷,于是有大夏侯氏之学。胜授从兄子建,建又事欧阳高,复从《五经》诸儒,问与《尚书》相出入者,牵引以次章句,于是有小夏侯氏之学。[33]三家皆立于学官。是为《今文尚书》。景武之际,鲁共王坏孔子故宅,欲以广其宫。于壁中得《尚书》、《礼》、《论语》、《孝经》数十篇,皆古文也。孔安国者,孔子后也,悉得其书。以考二十九篇,得多十六篇,以传于家。是为《古文尚书》。[34]《古文尚书》终汉世不立于学。而中兴,扶风杜林于西州得漆书《古文尚书》一卷,宝爱之,以传东海卫宏、济南徐巡,由是古文乃行于世。[35]迨于晋乱,经籍道消,欧阳、夏侯、孔氏之学并绝,而《古文尚书》亦亡。[36]其后元帝时,豫章内史梅赜奏上孔传《古文尚书》。亡《舜典》一篇,取王肃注尧典,从"慎徽五典"以下,分为《舜典》以续之。[37]至齐明帝建武四年,吴兴人姚方兴,谓于大航头买得孔传古文《舜典》,复多"曰若稽古帝舜"以下二十八字。隋开皇中,遂用之以补《舜典》。[38]而以《舜典》为完书矣。然梅赜古文,实较伏生所传多二十五篇,与《艺文志》称多十六篇者不合。[39]而马融、郑玄皆兼传古文,为之作传注解。[40]其书唐时犹存。今见于《经典释文》者,惟二十九篇有其说,余多二十五篇,并不见马、郑只字。[41]是汉人之传古文,亦只就二十九篇者,订其文字,异其说解。其十六篇,则相视以为逸书,而莫之传也。故自宋以来,如吴才老,朱晦翁,皆疑

《书孔传》为不可信。[42]及明旌德梅鷟，作《尚书谱》、《尚书考异》，明考其伪。[43]逮于有清，阎百诗之《尚书古文疏证》，惠定宇之《古文尚书考》，相继偕出。[44]梅氏之伪，乃铁证如山，莫可移易矣。虽然，其书非真，而采掇补苴，亦未尝无其所自，古籍坠湮，借此存者什二。[45]又其传多本之王肃，颇足匡马、郑之不及。[46]故阳湖孙氏《今古文注疏》二十九篇，除《泰誓》用《史记》外，余仍主古文。而刘氏《今古文集解》，亦兼采《孔传》。[47]然则如毛西河必护古文非伪，诚可不必；[48]而以其有伪也，欲尽举而废之，即亦未见其然也。至于今人疑其所不当疑，或以《尧典》为孔门托古之书，或以《禹贡》为周末传闻之作，浅识瞽谈，更不足辩已。

《书》曰："诗言志，歌咏言。"[49]盖哀乐之心感，而歌咏之声发，所以舒情性，导和平。故移风易俗，莫近乎《诗》。而孔门之教，亦以声诗为首。孔子取周诗，兼殷，采鲁，凡三百五篇。而《关雎》以为《风》始，《鹿鸣》以为《小雅》始，《文王》以为《大雅》始，《清庙》以为《颂》始。[50]曰："温柔敦厚，诗教也。"[51]又曰："诗可以兴，可以观，可以群，可以怨。迩之事父，远之事君。多识于鸟兽草木之名。"[52]当时洙泗之间，弦歌之音，盖洋洋乎其盈耳焉。遭战国秦项之乱，雅颂之声绝。汉兴，仅传其辞。鲁申公为《诗》训故，以教，号曰《鲁诗》。齐人辕固生作《诗传》，号曰《齐诗》。燕人韩婴推诗人之意，作内外传，号曰《韩诗》。并立于学官。[53]《毛诗》者，出自毛公，河间献王好之，毛公为河间献王博士。以不在汉朝，故不列于学。[54]《毛诗》为古文，齐鲁韩三家为今文。及后汉郑众、贾逵传《毛诗》，马融继之作《毛诗注》，郑玄作《毛诗笺》，并申明毛义。《毛诗》行，而三家之诗遂废。[55]今存者，《韩诗外传》而已。《诗》、《书》皆有序，而序亦不尽同。《书》有马、郑、伪孔之序，有《史记》之序，一不同也。[56]郑序次第，于伪孔或有先后，二不同也。[57]此《书序》之难尽信也。《诗》有《毛传》之序，有三家之序，一不同也。三家序又各有出入，二不同也。[58]此《诗序》之难尽信也，故朱子于《书序》、《诗序》，皆致其疑。及作《诗集传》，即屏《诗序》不用。[59]盖《诗》有本谊，有太师乐章之谊，有孔子删定之谊，又有赋诗断章之谊。[60]序者各就所见以为说，是以不能尽协。则解诗与其迁就旧序，委屈穿凿，固不如涵咏本文，以意逆志，犹为不失尺寸也。然可思而得者文意事类，难强而推者时世人氏。序虽不出孔门，其间亦有传授。如《黍离》之诗，无序何以知其为闵周？[61]《于田》二诗，无序何以知其为叔段？《诗》有因序而晦，亦有赖序以明。不过四家得失不齐，要在善为抉择。若竟以序为可废，则事无据依，都凭臆测，向壁之失，更将过于墨守耳。

礼教之设远矣。孔子曰：“夏礼，吾能言之，杞不足征。殷礼，吾能言之，宋不足征。”[62]又曰：“殷因于夏礼，周因于殷礼。”[63]明礼不始于周也。然周公居摄，制礼作乐，礼经三百，威仪三千。[64]周之礼盖尤彬彬焉。自周之衰，诸侯恶其害己，皆灭去其籍。[65]孔子反鲁，乃始考定，以教弟子。曰：“恭俭庄敬，礼教也。”[66]经战国交争，秦焚《诗》、《书》，惟《礼》经崩坏为甚。汉兴，有鲁高堂生传《士礼》十七篇。迄孝宣世，后苍最明。戴德、戴圣、庆普，皆其弟子。三家立于学官。[67]又《礼》古经者，出于鲁淹中及孔氏，与十七篇文相似，多三十九篇及《明堂》、《阴阳》、《王史氏记》，多天子诸侯卿大夫之制。[68]然自康成注《礼》，即鲜称引。或以为逸《礼》。[69]则此多三十九篇者，亦犹逸书之十六篇，经师或私相传授而已。此《礼经》也。[70]经之外有记。《艺文志》礼古经五十六卷，经十七篇，后列《记》百三十一篇。《六艺论》曰：“戴德传《记》八十五篇，则《大戴礼》是。戴圣传《记》四十九篇，则《礼记》是。”[71]刘向《别录》，亦有《礼记》四十九篇之目。[72]《汉志》于二戴所传不别出，殆以其略具于百三十篇《记》中也。[73]以今《小戴礼记》四十九篇考之，《中庸》是子思作，《缁衣》是公孙尼子作，[74]《乐记》亦公孙尼子次撰，[75]盖大抵七十子之徒所论，[76]孔门言礼之书，略具于是矣。此《礼记》也，西汉传授，仅此二者。故当时礼学虽微，醇而不杂。至王莽时，刘歆立《周官》，以为《周礼》。[77]中兴郑众传之。历马融而逮郑玄，玄作《周官注》，又本习《小戴礼》，以古经校之，取其义长者，为郑氏学，又注小戴所传《礼记》四十九篇，通为《三礼》。[78]而古文今文之学，始糅杂矣。然自是言《礼》者，必以郑学为宗。夫礼制虽代有变通，礼义则古今不易。故曰："礼之所尊，尊其义也。失其义，陈其数，祝史之事也。"[79]又曰："礼也者，义之实也。协诸义而协，则礼，虽先王未之有，可以义起也。"[80]后之学者，不能推明古圣制作之精意，而惟争辨于器物度数之陈迹。于是礼者，在朝廷徒为聚讼之端，在民间亦只浮文之饰。迄于晚近，殚残圣法，尽抉堤防，遂乃并其迹之仅存者，一扫而尽之，几于返诸夏为蛮夷，同人道于鸟兽，是亦礼学不明之过也。若乃《周官》一书，实出六国时人之手。[81]其间设官分职，委曲纤细，欧美之治，略有似之。又《天官》多言理财，所补《考工记》，详于序器成物，近人颇乐称引之。然亦仅剟其肤末，鲜能通其条贯。荀子曰："礼者法之大分，类之纲纪也。"[82]《周官》体大思精，纲目毕举，今不于大分纲纪处求之，区区撷拾其一事一节之微，欲以见经纶天下之道，殆犹以指测河，以戈舂黍，乌能有得乎哉？

礼、乐之情同，[83]故其于教亦并重。子曰："吾自卫反鲁，然后乐正。"曰："乐其可知也。始作，翕如也。从之，纯如也，皦如也。绎如也。以成。"[84]又曰："广博易良，乐教也。"[85]经秦及汉，高皇帝诛项籍，引兵围鲁，鲁中诸儒，弦歌之音不绝。[86]则乐之为教长矣。然乐道精微，节在音律，不可具于书。故汉兴，制氏以雅乐声律，世在乐官，颇能纪其铿锵鼓舞，而已不能言其义。[87]《艺文志》载《乐记》二十三篇，今《小戴礼记》有《乐记》一篇。孔疏曰："案郑目录，盖十一篇合为一篇。刘向校书，得《乐记》二十三篇，著于《别录》。今《乐记》所断取十一篇，余十二篇，其名犹在。"[88]故张守节《史记正义》以《乐记》为公孙尼子次撰，殆亦本于《别录》也。孔门言乐之书，仅赖此篇之存。观其言曰："治世之音安以乐，其政和。乱世之音怨以怒，其政乖。亡国之音哀以思，其民困。声音之道与政通。"又曰："志微噍杀之音作，而民思忧。啴谐慢易、繁文简节之音作,而民康乐。粗厉猛起、奋末广贲之音作,而民刚毅。廉直劲正庄敬之音作,而民肃静。宽裕肉好顺成和动之音作,而民慈爱。流辟邪散狄成涤滥之音作,而民淫乱。"非深通于声音之道,乌能言之剀切著明如是乎?呜呼!乐者古以平心,今以助欲,古以宣化,今以长怨。[89]乐之不讲,而欲至治者,远矣。

《春秋》鲁史也。孔子修《春秋》,而王者之大法备焉。故曰:"知我者,其惟《春秋》乎。罪我者,其惟《春秋》乎。"[90]又曰:"吾欲托之空言,不如见之行事之深切著明也。"[91]又曰:"属辞比事,《春秋》教也。"[92]当时有所褒讳贬损,不可书见,口授弟子。弟子退而异言,口说流行。于是有公羊、穀梁、邹氏、夹氏之《传》。邹、夹,汉时已不显,惟公、穀立于学官。[93]及平帝时,刘歆好左氏,而左氏乃立。[94]公、穀为今文学,左氏为古文学。汉时今古文学之争,惟《春秋》为甚。如刘歆请立左氏,博士即以左邱明不传《春秋》抵之。韩歆请立左氏,范升又以左氏不祖孔子抵之。[95]何休难二《传》,作《公羊墨守》、《左氏膏肓》、《穀梁废疾》。郑康成即《针膏肓》、《发墨守》、《起废疾》。[96]平情论之,公、穀长于理,左氏详于事。故啖助曰:"左氏叙事,能令百代之下,颇见本末,因以求意,经文可知。二传传经,密于左氏,穀梁意深,公羊辞辨。"[97]胡安国曰:"事莫备于左氏,例莫明于公羊,义莫精于穀梁。"[98]斯皆不刊之论。自唐修《正义》,主左氏以黜二家。于左,又守杜注以排余说。[99]而春秋之旨,缺而不完。甚者至知有传而不知有经,知有左氏而不知有仲尼。本末颠倒,滋以惑矣。及于清季,公羊之学盛。张皇三世,一本何休。指左传为伪书,谓麟经为托古。谬悠之谈,远于事实。斯又其弊也。昔者范武子为穀梁作解,有曰:"传以通经为主,经以必当为理。至当无二。而三传异说,庸得不弃其所滞,择善而从乎?既不俱当,则固容俱失,庸得不并舍以求宗,据理以通经乎?"[100]范君之言,可谓允当者也。又近言《春秋》者,好称董仲舒《春秋繁露》,以为深于公羊之学。[101]吾观《繁露》书,言五行,言天人,实不尽《春秋》

之传，盖伏生《大传》、《韩诗外传》之类，于六艺为支流，故《四库书目》置之《春秋》附录。若《汉志》春秋家，有公羊董仲舒《治狱》十六篇，是则真董生《春秋》之学之所在，而惜其不传也。

六艺亦曰六经。《庄子·天运篇》谓"治《诗》、《书》、《礼》、《乐》、《易》、《春秋》六经"是也。曰艺者，学者之所必习。曰经者，则言人道之所不易也。然自《乐经》不传，六存其五。故自汉以来，每称五经。或三礼、三传，分而名之，则曰九经。[102]其实仍五也。《汉书·艺文志》于六艺之后，附列《论语》、《孝经》二家，又以《尔雅》列《孝经》下。《论语》者，孔子应答弟子、时人，及弟子相与言而接闻于夫子之语也。当时弟子各有所记。夫子既卒，门人相与辑而论纂，故谓之《论语》。《孝经》者，孔子为曾子陈孝道之作。[103]《尔雅》则古训诂之书也。此三者，实皆六艺之门径。而《论语》、《孝经》，尤孔子之道之所托。子尝曰："吾志在《春秋》，行在《孝经》。"[104]则以此系之六艺，未为过也。是故《开成石经》，三传之后，并镌《孝经》、《论语》、《尔雅》。[105]及宋时程、朱诸儒出，进《孟子》以配《论语》。元明因之。而国子监刻经即并《论语》、《孝经》、《尔雅》、《孟子》同刻，于是有十三经之名。[106]或以《孟子》合之《论语》，与《礼记》中之《大学》、《中庸》，谓之《四书》，与《五经》并论。此则自朱子《四书集注》起。[107]案《汉书·艺文志》，有《中庸说》二篇，《隋书·经籍志》，有戴颙《中庸传》、梁武帝《中庸讲疏》，则《中庸》单行久矣。盖《礼记》一书，本非成于一人之手。其中精要，自可分篇析出，不独《大学》、《中庸》为然。明黄道周作《表记》、《坊记》、《缁衣》、《儒行》集传，[108]即亦于四十九篇中，独取四篇。斯并无不可者也。至龚定庵，谓六艺之名，由来久远，不可以肌曾益。后世以传记为经，以子为经，乱圣人之例，淆圣人之名实。[109]其辞诚甚正。然沿习已久，必欲以经还经，以传还传，以子还子，于势实有未可。学者但能明于其先后增附之故，知传记与子皆出于经，以传记为阶梯，而以经为宗汇，则庶乎其不舛矣。

［1］见班固《汉书·儒林传·序》。颜师古注曰："六艺谓《易》、《礼》、《乐》、《诗》、《书》、《春秋》。"案《史记·滑稽列传》引孔子曰："六艺于治一也。《礼》以节人，《乐》以发和，《书》以道事，《诗》以达意，《易》以神化，《春秋》以道义。"则班固以《诗》、《书》、《礼》、《乐》、《易》、《春秋》为六艺，正遵孔门之说。《史记》、《汉书》，并见后《目录篇》。

［2］见《论语·季氏第十六》"陈亢问于伯鱼"章。

［3］同上《泰伯第八》。

［4］同上《述而第七》。

［5］见《小戴礼记·王制第五》。注：乐正，乐官之长，掌国子之教。

［6］《左传·昭公二年》："春，晋侯使韩宣子来聘，且告为政而来见，礼也。观书于太史氏，见《易象》与《鲁春秋》，曰：'周礼尽在鲁矣。吾乃今知周公之德与周之所以王也。'"

［7］见司马迁《史记·孔子世家·序》。象者谓《彖辞》。曰序者，言次序之也。系象者谓大象、小象。曰系者，言系于爻卦之下也。史公自序引同归殊涂、一致百虑，谓之《易大传》，不曰《系辞传》，则此不数《系辞》可知也。张守节《正义》以序为《序卦》、系为《系辞》，合之为十翼，盖未考。《系辞》、《序卦》及《杂卦》，疑出孔子后。

［8］见《论语·述而第七》。

［9］同上《八佾第三》。子曰："周监于二代，郁郁乎文哉。吾从周。"

［10］《史记·孔子世家》赞中语。太史公，迁自谓也。或曰：迁述其父司马谈之言，故曰太史公，盖谓谈也。

［11］孝惠帝四年，除挟书之禁。见《资治通鉴》。

［12］陶诗《饮酒》第二十首。陶潜，字元亮、一字渊明，柴桑人。《晋书》、《宋书》、《南史·隐逸传》并有传。有集八卷。

［13］《汉书·艺文志》："至于殷周之际，纣在上位，逆天暴物。文王以诸侯顺命而行道，天人之占，可得而效。于是重《易》六爻，作上下篇。"

［14］见《周礼·春官·太卜》下。

［15］见《朱子语类》卷六十五。《语类》一百四十卷，宋黎靖德编。

［16］《系辞传》曰："作结绳而为网罟，以佃以渔，盖取诸离。"又曰："斲木为耜，揉木为耒，耒耨之利，以教天下，盖取诸益。"又曰："刳木为舟，剡木为楫，舟楫之利，以济不通，致远，以利天下，盖取诸涣。"又曰："弦木为弧，剡木为矢，弧矢之利，以威天下，盖取诸睽。"

[17]见《小戴礼记·经解第二十六》。

[18]出《易·乾凿度》，见清孙星衍辑《孔子集语》。

[19]见《抱朴子·祛惑篇》。《抱朴子》见后《诸子篇》。

[20]《汉书·儒林传》序："自鲁商瞿子木，受《易》孔子，以授鲁桥庇子庸。子庸授江东馯臂子弓，子弓授燕周丑子家，子家授东武孙虞子乘，子乘授齐田何子装"。

[21]《汉书·艺文志》："汉兴，田何传之。迄于宣元，有施、孟、梁丘、京氏，列于学官。"又《儒林传》："丁宽梁人也，事田何。学成东归，何谓门人曰：《易》已东矣。"宽授砀田王孙。王孙授施雠、孟喜、梁丘贺。由是《易》有施、孟、梁丘之学。案施雠、孟喜、梁丘贺、京房，《汉书》并在《儒林传》。而京房又别有传。

[22]《汉书·儒林传》："京房受《易》梁人焦延寿。延寿云尝从孟喜问《易》。会喜死，房以为延寿《易》即孟氏学。翟牧、白生不肯，皆曰非也。"又，孟喜，东海兰陵人也。从田王孙受《易》。喜授同郡白光少子沛、翟牧子兄。皆为博士。

[23]《艺文志》，民间有费、高二家之说。又陆德明《经典释文·叙录》："宣帝立施、孟、梁丘之《易》"。元帝又立京氏《易》。费高二家不得立，民间传之。后汉费氏兴，而高氏遂微。案费直、高相并在《儒林传》。

[24]见《后汉书·儒林传·孙期传》后。

[25]《经典释文·叙录》："永嘉之乱，施氏、梁丘之《易》亡。孟、京、费之易，人无传者。唯郑康成、王辅嗣所注行于世。"案郑、王皆传费氏《易》。陆氏谓费《易》无传，尚未考。永嘉晋怀帝年号。永嘉五年，刘曜、石勒破洛阳，帝被执，史称永嘉之乱。《郑玄传》在《后汉书》六十五卷。王弼《三国志》附《钟会传》。

[26]《旧唐书·儒学传》："太宗以经籍去圣久远，文字多讹谬，诏前中书侍郎颜师古考定《五经》，颁于天下。又以儒学多门，章句繁杂，诏国子祭酒孔颖达，与诸儒撰定《五经义疏》，凡一百七十卷，名曰《五经正义》，令天下传习。"又《新唐书·孔颖达传》："初颖达与颜师古、司马才章、王恭、王琰，受诏撰《五经义训》百余篇，其中不能无谬冗，博士马嘉运驳正其失，诏更令裁定，未就。永徽二年，诏中书门下，与国子、三馆博士、弘文馆学士考正之，书始布下。"《四库全书·周易正义·提要》云："颖达等奉诏作疏，专崇王注，而众说皆废。故《隋志·易类》称郑学浸微，今殆绝矣。盖长孙无忌等作志之时，在《正义》既行之后也。"案郑玄《易注》，宋王应麟有辑本。清惠栋因王本重为补正，名曰《新本郑氏周易》，共三卷，收入《四库》。又唐李鼎祚《周易集解》，采录汉魏以来虞翻、荀爽之注三十余家，其书亦可匡王注之不逮。

[27]清皮锡瑞《经学通论·易通论》有《论汉初说〈易〉皆主义理切人事不言阴阳

术数》一篇,引《淮南》、《说苑》诸书,言之甚详。

[28] 并见惠栋撰《易汉学》。栋字定宇,号松崖,吴人。研精汉易,所著《易汉学》外,有《易例》、《易微言》、《周易述》。

[29] 陈澧《东塾读书记》卷四:"《汉书·儒林传》云费直以《彖》、《象》、《系辞》十篇、《文言》解说上下经,此千古治《易》之准的也。孔子作十篇,为经注之祖;费氏以十篇解说上下经,乃义疏之祖。"费氏之书已佚,而郑康成、荀慈明、王辅嗣皆传费氏学。此后诸儒之学,凡据十篇以解经者,皆得费氏家法者也。其自为说者,皆非费氏家法也。

[30]《礼记·玉藻》:"动则左史书之,言则右史书之。"注曰:"其书,《春秋》、《尚书》,其存者。"《汉书·艺文志》作"左史记言,右史记事,事为《春秋》,言为《尚书》",疑左右字互舛。

[31] 见伏生《尚书大传》。伏生名胜,济南人。《史记·儒林传》有传。《尚书大传》四卷又补遗一卷,郑玄注。

[32] 见《礼记·经解》。

[33] 见《汉书·儒林传》及《经典释文·叙录》。

[34]《艺文志》:"武帝末,鲁共王坏孔子之宅,欲以广其宫,而得古文《尚书》及《礼记》、《论语》、《孝经》,凡数十篇,皆古字也。共王往入其宅,闻鼓琴瑟钟磬之音,于是惧,乃止不坏。孔安国者,孔子后也,悉得其书。以考二十九篇,得多十六篇。安国献之。遭巫蛊事,未列于学官。"《经典释文·序录》:"《古文尚书》者,孔惠之所藏也。鲁恭王坏孔子旧宅,于壁中得之。并《礼》、《论语》、《孝经》,皆科斗文字。博士孔安国,以校伏生所诵,为隶古写之。增多伏生二十五篇,又伏生误合五篇,凡五十九篇,为四十六卷。"陆氏据伪古文,故谓多二十五篇。当以《汉志》为正。按《家语》云:"孔腾,字子襄,畏秦法峻急,藏《尚书》、《孝经》、《论语》于夫子旧堂壁中。"世家有子襄而无惠,不知德明何据。安国,孔子十二世孙。《史记》谓安国早卒,又献书在巫蛊前,则共王坏孔子宅,不得在武帝末。疑武帝为景帝之误,故窃易为景、武之际。

[35] 见《后汉书·杜林传》。林字伯山,扶风茂陵人。

[36]《隋书·经籍志》:"永嘉之乱,欧阳、大小夏侯《尚书》并亡。"阎若璩《尚书古文疏证》谓:"《古文尚书》之亡,实亡于永嘉。"盖据此而言。

[37]《经典释文·序录》:"江左中兴,元帝时,豫章内史梅赜,奏上孔传《古文尚书》。亡《舜典》一篇,购不能得,乃取王肃注《尧典》'慎徽五典'以下,分为《舜典》以续之"。注:赜字仲真,汝南人。惠栋《古文尚书考》据《世说》作梅颐。

[38] 见孔颖达《尚书正义·舜典》下。

[39] 案今增多二十五篇者，一《大禹谟》、二《五子之歌》、三《胤征》、四《仲虺之诰》、五《汤诰》、六《伊训》、七八九《太甲》三篇、十《咸有一德》、十一十二十三《说命》三篇、十四十五十六《泰誓》三篇、十七《武成》、十八《旅獒》、十九《微子之命》、二十《蔡仲之命》、廿一《周官》、廿二《君陈》、廿三《毕命》、廿四《君牙》、廿五《冏君》。而据康成《注书序》，则增多十六篇。一《舜典》、二《汨作》、三《九共》九篇、四《大禹谟》、五《益稷》、六《五子之歌》、七《胤征》、八《典宝》、九《汤诰》、十《咸有一德》、十一《伊训》、十二《肆命》、十三《原令》、十四《武成》、十五《旅獒》、十六《冏命》。不独篇次不同，即篇名亦有异。足见今之古文，非郑所注解之古文矣。郑《注书序》见《尚书正义·尧典》下。又案伏生传二十九篇，一《尧典》、二《皋陶谟》、三《禹贡》、四《甘誓》、五《汤誓》、六《般庚》、七《高宗肜日》、八《西伯戡黎》、九《微子》、十《太誓》、十一《牧誓》、十二《鸿范》、十三《金縢》、十四《大诰》、十五《康诰》、十六《酒诰》、十七《梓材》、十八《召诰》、十九《雒诰》、二十《多士》、廿一《无逸》、廿二《君奭》、廿三《多方》、廿四《立政》、廿五《顾命》、廿六《费誓》、二七《吕刑》、二十八《文侯之命》、廿九《秦誓》。《史记·周本纪》有《太誓》，当即本之伏生。皮锡瑞《经学通论》谓伏生廿九篇无《太誓》，而从《顾命》中分出《康王之诰》，以足十九篇之数。非也。《顾命》、《康王之诰》分为二篇，惟伪古文则然耳。又案：康成《注书序》古文多十六篇中，《益稷》篇当为《弃稷》之讹。

[40] 《后汉书·儒林传·杨伦传》后云："扶风杜林传《古文尚书》，林同郡贾逵为之作训，马融作传，郑玄注解。"

[41] 见《经典释文·尚书音义》。

[42] 吴才老已见前《声韵篇》。才老著有《书裨传》，已不传。其言有曰："安国所增多之书，今书目具在，皆文从字顺，非若伏生之书倨曲聱牙，至有不可读者。夫四代之书，作者不一，乃至二人之手而遂定为二体乎，其亦难言矣。"《朱子语类》卷七十八曰："《尚书孔安国传》，此恐是魏晋间人所作，托安国为名。与毛公《诗传》大段不同。今观序文，亦不类汉文章。"又《文集·书临漳所刊四经后》曰："汉儒以伏生之《书》为今文，而谓安国之《书》为古文。以今考之，则今文艰涩，而古文反平易。或者以为今文自伏生女子口授晁错时失之，则先秦古书所引之文，皆已如此。或者以为记录之实语难工，而润色之雅词易好，则暗诵者不应偏得所难，而考文者反专得其所易。是皆有不可知者。"

[43]《四库书目提要》,梅鷟《尚书考异》五卷。鷟谓孔安国序,并增多之廿五篇,悉杂取传记中语以成文,指摘皆有依据。又鷟别有《尚书谱》,大旨略同。今别存其目,不复录。

[44]百诗名若璩,太原人。康熙中尝应博学鸿词,报罢。所著《尚书古文疏证》八卷。定宇名栋,已见前,所著《古文尚书考》二卷。惠书入《皇清经解》,阎书入《续经解》。又程廷祚有《晚书订疑》,丁晏有《尚书余论》,亦皆考订《古文尚书》之伪者。

[45]"古籍坠湮什之八,借伪书存者什之二。"清庄存与语,见《龚定庵文集·礼部侍郎武进庄公神道碑》。又其言曰:"《大禹谟》废,人心、道心之旨,杀不辜宁失不经之诫亡矣;《太甲》废,俭德永固之训坠矣;《仲虺之诰》废,谓人莫己若之诫亡矣;《说命》废,股肱良臣启沃之谊丧矣;《旅獒》废,不宝异物贱用物之诫亡矣;《冏命》废,左右前后皆正人之美失矣。"庄于《书》本传山右阎氏之学,而于伪古文即主不可废,可谓持平。

[46]清江都焦理堂循《尚书补疏序》言之甚详。伪孔传本之王肃,见丁晏《尚书余论》。但晏以为即王肃作伪,则未敢信。《尚书补疏》亦入《清经解》。

[47]孙星衍《尚书今古文注疏》三十卷,入《经解》。刘逢禄《尚书今古文集解》三十卷,入《续经解》。孙,阳湖人,字渊如,乾隆进士,官山东督粮道。刘,武进人,字申受,嘉庆进士,官礼部主事。

[48]毛奇龄,字大可,萧山人。康熙中,召试鸿博,授检讨。因阎百诗《尚书疏证》攻古文,作《古文尚书冤词》八卷,意谓为《古文》鸣冤也。

[49]《书经·尧典》:"诗言志,歌永言,声依永,律和声。"

[50]见《史记·孔子世家》,是谓《诗》之四始。

[51]见《礼记经解》。

[52]见《论语·阳货第十七》。

[53]见《汉书·儒林传》。

[54]《汉书·艺文志》:"毛公之学,自谓子夏所传。"《经典释文·序录》徐整云:"子夏授高行子,高行子授薛仓子,薛仓子授帛妙子,帛妙子授河间人大毛公,为《诗古训》传于家,以授赵人小毛公。小毛公为河间献王博士,以不在汉朝,故不列于学。"一云:"子夏传曾申,申传魏人李克,克传鲁人孟仲子,孟仲子传根牟子,根牟子传赵人孙卿子,孙卿子传鲁人大毛公。"案陆玑《毛诗草木虫鱼疏》,大毛公名亨,小毛公名苌。陆玑、徐整,并三国吴人。

[55]《经典释文·序录》:"后汉郑众、贾逵传《毛诗》,马融作《毛诗注》,郑玄作《毛

诗笺》,申明毛义难三家,于是三家遂废矣。"案:《郑笺》与《毛传》实不尽合,故《六艺论》云:"注《诗》宗毛为主。毛义若隐略,则更表明。如有不同,即下己意,使可识别。"后魏王肃亦申毛难郑。兹言郑申明毛义者,大概言之也。

[56]《史记·夏本纪》:"有扈氏不服,启伐之。大战于甘。将战,作《甘誓》。""帝太康失国,昆弟五人须于洛汭,作《五子之歌》。"此即用《书序》,然与《孔序》多异。《经典释文·叙录》曰:"《书》者本王之号令,右史所记,孔子删录,断自唐虞,下迄秦穆。《典》、《谟》、《训》、《诰》、《誓》、《命》之文,凡百篇,而为之序。"以序为孔子作,殊不足信,疑战国时儒者为之。

[57]《尚书正义·尧典第一》下,百篇次第,于序孔、郑不同。

[58]如《关雎》,《毛序》曰:"后妃之德也。"三家以为康王晏起,毕公作刺,第一篇说即不同。又如《商颂》,《毛序》谓"正考父得于周之太师",则是商诗。《史记·宋世家》曰:"襄公之时,其大夫正考甫美之,故追道契汤高宗,殷所以兴,作《商颂》。"此本三家说,则《商颂》实宋诗也。又如《采薇》、《出车》、《杕杜》,《毛序》以为文王时诗,三家则谓宣王时诗。此皆其不同之大者。旧说《诗序》为子夏作,亦无明征。皮锡瑞《诗经通论》有《论诗序与书序同有可信有不可信》一篇,言之甚详。然皮于《诗》系主今文者,于今文多偏袒,又不可不知。

[59]朱子有《诗序辨》,曰:"诗序之作,说者不同。唯《后汉书·儒林传》以为卫宏作。然郑氏又以为诸序本自合为一编,毛公始分以置诸篇之首。则是毛公之前,其传已久,宏特增广而润色之耳。但今考其首句,则已有不得诗人之本意,而肆为妄说者。况沿袭云云之误哉。"案此专指《毛序》言。

[60]清龚橙有《诗本谊》一书,分析乐章之谊、删定之谊、断章之谊甚详。橙字公襄,号石袍,后以字行,更号孝拱,龚自珍子也。

[61]案此用《毛序》之说。刘向《新序·节士篇》曰:"卫宣公子寿,闵其兄伋之且见害,作忧思之诗,《黍离》之诗是也。"向习《鲁诗》,则此为《鲁诗》说。依《鲁诗》,当入邶、鄘、卫,非王《风》也。此亦《鲁诗序》与《毛诗序》之大不同者。

[62]见《论语·八佾第三》。

[63]见《论语·为政第二》"子张问十世可知也"章。

[64]《汉书·艺文志》:"至周,曲为之防,事为之制。故曰礼经三百,威仪三千。"

[65]同上,"及周之衰,诸侯将逾法度,恶其害己,皆灭去其籍"。

[66]见《礼记·经解》。

[67]见《汉书·艺文志》。

[68] 同上，原文作"学七十篇"，文相似。刘敞曰："学七十篇，当作与十七篇。"五十
六卷，除十七，正多三十九也。案：《志》"礼古经五十六卷"，刘氏说是，今从之。

[69]《礼记·奔丧第三十四》，《正义》曰："案郑《目录》云：'名曰奔丧者，以其居他
国闻丧奔归之礼，此于《别录》属丧服之礼矣，实逸《曲礼》之正篇也。'郑云逸
礼者，《艺文志》云：'汉兴，始于鲁淹中得古礼五十七篇。'其十七篇，与今《仪
礼》正同。其余四十篇，藏在秘府，谓之逸礼。其《投壶礼》，亦此类也。"案：
此云五十七篇，较《汉志》多一篇，疑孔氏之误。

[70] 案：汉所谓《礼》，即《士礼》十七篇。或曰《礼经》，不曰《仪礼》也。自康成并
注《三礼》，又其注《礼器》"经礼三百，曲礼三千"，以《周礼》为经礼，《仪礼》为
曲礼，于是《士礼》乃有《仪礼》之名。而《周官》亦自刘歆后，改称《周礼》。皮
锡瑞《三礼通论》欲正名《仪礼》为《礼经》，以《大戴礼记》、《小戴礼记》附之，
而别出《周官》自为一书，谓如此则经学分明，而礼家少聚讼。其言甚当。

[71]《六艺论》，郑玄所作，已佚。今马氏《玉函山房辑佚书》有辑本。《大戴》八十
五篇，佚者大半，今仅存三十九篇。盖自郑注《小戴》，唐修《正义》，《大戴》之
书，学者已不传。清《四库》书系自《永乐大典》录出，有北周卢辩注，编目时
竟入之附录，殊未允也。孔广森有《大戴礼补注》，王聘珍有《大戴礼解诂》，
并为《大戴》注善本。

[72]《礼记·乐记正义》："《别录》：《礼记》四十九篇，《乐记》第十九。"《别录》者，
刘向所作。班固《汉书·艺文志》盖本之刘歆《七略》，而歆之《七略》则本之
其父之《别录》。

[73] 案：清陈寿祺《左海经辨》谓："二戴所传《记》，《汉志》不别出，以其具于百三
十一篇《记》中也。"而依郑《目录》，则《奔丧》、《投壶》，皆出《礼》古经。《月
令》、《明堂位》，出《明堂阴阳》。《明堂阴阳》三十三篇，《汉志》别列。《乐记》
出《乐记》二十三篇中，《汉志》在"乐家"。由此观之，大戴、小戴之书，多已杂
揉，非尽本之《记》百三十一篇也，故窃改曰"略具于百三十篇"，不尽依陈说
也。寿祺字恭甫，号左海，闽县人，嘉庆进士，官翰林院编修。所著《左海经
辨》外，有《五经异义疏证》、《左海文集》，并收入《清经解》。

[74] 见《经典释文·叙录》。

[75] 见后《乐》下。

[76]《艺文志·礼家》"《记》百三十一篇"，注曰"七十子后学者所记也"。

[77]《经典释文·叙录》："王莽时，刘歆为国师，始建立《周官经》，以为《周礼》。"

[78] 见《后汉书·儒林传》。

[79]《礼记·郊特牲篇》文。

[80]《礼记·礼运篇》文。

[81] 案：此何休语。皮锡瑞《三礼通论》有《论周官当从何休之说，出于六国时人，非出于周公，亦非刘歆伪作》一篇。

[82] 见《荀子·劝学篇》。

[83]《礼记·乐记篇》文。

[84] 见《论语·子罕第九》与《八佾第三》。

[85] 见《礼记·经解》。

[86] 见《汉书·儒林传》。

[87] 见《汉书·艺文志》。

[88] 见《礼记·乐记正义》。

[89] 语见《周子通书·乐上第十七》。

[90] 见《孟子·滕文公下》"公都子曰外人皆称夫子好辩"章。

[91] 见《史记·太史公自叙》。

[92] 见《礼·经解》。

[93]《汉书·艺文志》："末世口说流行，故有公羊、穀梁、邹、夹之传。四家之中，公羊、穀梁立于学官，邹氏无师，夹氏未有书。"《经典释文·叙录》注："公羊名高，齐人，子夏弟子，受经于子夏。穀梁名赤，鲁人，糜信云，与秦孝公同时，《风俗通》云，子夏门人。"案：《穀梁传》后每称"一传曰"，或"一曰"，其"一传曰"、"一曰"即公羊说。穀梁既见公羊之书，必在公羊后。糜信之言当可信。若《风俗通》所云，疑出传闻，未足据也。《公羊》有何休《解诂》。《穀梁》有范宁《集解》。休字邵公，樊人，《后汉书·儒林传》有传。宁字武子，南阳顺阳人，《晋书》附其父注传。

[94]《经典释文·叙录》："汉初，立《公羊》博士，宣帝又立《穀梁》，平帝始立《左氏》。"《汉书·儒林传》："言左氏者，本之贾护、刘歆。"案：汉初，北平侯张苍及梁太傅贾谊皆修《春秋左氏传》。谊为《左氏传训故》，授赵人贯公，为河间献王博士。则《左氏》之传久矣。旧说以左氏即左丘明，唐啖助、宋郑樵皆辨之，谓左氏为六国人，非丘明，朱子亦云"左氏不必解是丘明"，《四库书目》仍定为丘明作，然终为疑案也。杜预有《左传集解》。预字元凯，杜陵人，《晋书》有传。

[95] 见《汉书·刘歆传·让太常博士书》及《后汉书·范升传》。歆，向子，字子骏，后改名秀。《汉书》，向、歆并附《楚元王传》。

[96] 见《经典释文·叙录》。

[97] 唊助,字叔佐,赵州人,善《春秋》,《新唐书·儒学传》有传。其学传于赵匡、陆淳。淳有《春秋集传纂例》、《春秋微旨》、《春秋集传辨疑》,皆述唊说,今并存。

[98] 胡安国,字康侯,崇安人,《宋史》有传。所著《春秋传》三十卷,其书于高宗十年进御,多借以托讽时事,于经义盖不尽相符也。

[99] 《春秋正义·序》:"晋世杜元凯为《左氏集解》,专取丘明之传,以释孔氏之经。所谓子应乎母,以胶投漆。虽欲勿合,其可得乎?今校先儒优劣,杜为甲矣。"《四库提要》:"杜注多强经以就传。孔疏亦多左杜而右刘。"案:隋刘炫有《规过》,多纠杜失。孔皆祖杜以驳刘,故《提要》云然。

[100] 见《穀梁集解·序》。

[101] 皮锡瑞《春秋通论》有《论董子之学最醇,微言大义存于董子之书》及《论存三统明见董子书,并不始于何休》二篇。案:三世谓据乱、升平、太平,三统谓绌夏、新周、故宋。合之内其国、外诸夏,内诸夏、外夷狄,公羊家谓之三科。

[102] 并见《艺文志》。

[103] 案:王应麟《玉海》曰:"唐明经取士,以《礼记》、《春秋左传》、《诗》、《周礼》、《仪礼》、《易》、《尚书》、《春秋公》、《穀》为《九经》。国朝方以三传合为一,又舍《仪礼》,而以《易》、《诗》、《书》、《周礼》、《礼记》、《春秋》、《论语》、《孝经》、《孟子》为《九经》。"据此,则宋以前、宋以后,《九经》又各不同。王应麟见后《诸子篇》。

[104] 出《孝经纬·钩命诀》,见《孔子集语》。案:谢承《后汉书》言:"赵典学孔子《七经》。"蜀汉秦宓《与王商书》曰:"蜀本无学士。文翁遣相如东受《七经》,还教吏民,于是蜀学比于齐鲁。"此谓《七经》,并指《五经》与《孝经》、《论语》,则以是二者为经久矣。

[105] 开成,唐文宗年号,刻石在西安,见顾炎武《金石文字记》。又冯登府有《唐石经考异》,入《清经解续刻》。登府字柳东,嘉兴人,嘉庆进士,官宁波府教授。

[106] 见顾炎武《日知录》卷十八《十三经注疏》条。案:明国子监刻《十三经》,有南监、北监二本。南监所集,原多宋元旧本,至正德中,其板犹存。其后嘉靖时,闽中李元阳用南监本重刻,是为闽本。北监本,则旧历中又依闽本而重刻者也。详见阮元刻《十三经注疏》卷首元《附记》。今以阮刻本为最佳。

阮别有《校勘记》，今附书各卷后，然不若单行者为详备。阮元见后《汉宋异同篇》。

[107] 朱子作《大学章句》、《中庸章句》、《论语集注》、《孟子集注》，后人统称之，则曰《四书集注》。案：宋尊《孟子》，始于王安石经义取士，以《孟子》、《论语》并列。后程朱诸儒，尤表章《孟子》，不遗余力。考赵岐《孟子注》，其题辞云"汉文帝时，以《论语》、《孝经》、《孟子》同置博士"，则隮《孟子》于论语，自汉已然。

[108] 并见《四库书目》。道周字幼元，号石斋，漳浦人，《明史》有传。

[109] 见《定庵集补编·六经正名》。

第五章　诸　子　篇

　　诸子之兴,盖在春秋战国之间。然其渊源,则甚远矣。班固袭刘歆《七略》而为《艺文志》,叙诸子为十家,曰:"其可观者,九家而已。皆起于王道既微,诸侯力政,时君世主,好恶殊方。是以九家之说,蜂起并作。各引一端,崇其所善。以此驰说,取合诸侯。"[1]又曰:"合其要归,亦六经之支与流裔。"[2]是诸子之学,当在官师失守,六艺分崩之后矣。然其于道家,首列伊尹、太公;于墨家,首列尹佚;于杂家,首列孔甲、盘盂。此与道家之有《黄帝四经》、《黄帝君臣》,阴阳家之有《黄帝泰素》,小说家之有《黄帝说》、《天乙》,置之六国时作者之内,明其为后人依托者,义例显别。[3]且其于《太公》二百三十七篇注曰:"吕望,为周师尚父,本有道者。或有近世又以为太公术者所增加也。"但曰增加,未尝斥其非原书也。《孔甲·盘盂》二十六篇下注曰:"黄帝之史,或曰夏帝孔甲,似皆非。"虽疑其人,亦未尝断其必为伪作也。由此论之,则百家之说,且与六艺并起。故刘氏谓:"儒家出于司徒之官,道家出于史官,阴阳家出于羲和之官,法家出于理官,名家出于礼官,墨家出于清庙之守,从横家出于行人之官,杂家出于议官,农家出于农稷之官,小说家出于稗官。"[4]至于清时,学者遵守其说不废。然既谓出于某

99

官，又云"合其要归，亦六经之支与流裔"，即刘、班自说，前后亦微有不侔矣。近人胡适作《诸子不出于王官论》，指刘、班诸儒为附会揣测，而昧于学术隆替之迹，其见殆有过人者。[5]而不知某家出于某官云云，亦但穷其滥觞之始，至夫波澜壮阔，固当胜在下流。[6]胡氏泥而求之，以为成周小吏之圣知，不能远过于孔丘、墨翟，甚乃谓古代之王官定无学术可言。[7]庄周之书有曰："未有子孙而有孙子可乎？"[8]固宜其为识者所不取也。要之诸家自有所本，而如刘氏之言，即亦未可过拘。故或谓诸子皆周史小宗，[9]或谓百家皆出于礼经。[10]道本相通，固无妨于各成其说矣。

前乎刘、班诸儒者，有司马谈之《论六家要旨》，曰："阴阳、儒、墨、名、法、道德，此务为治者也。直所从言之异路，有省不省耳。"谈"学天官于唐都"，"习道论于黄子"。其分剖各家，而申言其得失，要非无根之论。[11]然如《庄子·天下篇》，《荀子·非十二子篇》，所举墨翟、禽滑厘、宋钘、尹文、彭蒙、田骈、慎到、关尹、老聃、惠施、桓团、公孙龙、它嚣、魏牟、陈仲、史鳅之伦，可谓众矣，而多道其名，未始有某家某家之称也。盖诸子之学，实有非流派所可律者。如管子在《汉志》为道家，而《弟子职》一篇，则为儒家言，其言轻重权谋，又纯乎法家。两属既难，而以儒、法之谈侪于道德，又非其实。此其不可，一也。[12]禽滑厘受业于子夏，而转入墨家。韩非学于荀卿，而转入法家。归之墨、法，则师传无得而见；归之于儒，则宗派将无以分。此其不可，二也。道家之后，流为形名。形名之用，乃在于法。故尹文为名家，而言"道不足以治则用法，法不足以治则用术"。[13]韩非为法家，而有《解老》、《喻老》之作，[14]亦曰："用一之道，以名为首。名正物定，名倚物徙。故圣之轨一以静，使名自命，令事自定。"又曰："不知其名，复修其形。"[15]若斯之类，何以判别。此其不可，三也。不独此也。今之所号，除小说家外，仅有九家。而如《孟子》中之杨朱、告子、陈仲子，[16]《荀子》中之史鳅，[17]《尸子》中之皇子、料子，[18]使其书若在，固当有出九家之外者矣。且屈原之《骚》，上称帝喾，下道齐桓，中述汤武之事，明道德之广崇，治乱之条贯，靡不毕具。[19]此岂可仅以辞赋目之，使不得侪于九流之林哉！至于兵家，出古司马之职，与儒、道之出于司徒、史官者，曾何以异？特以校于步兵校尉任宏之手，亦遂别为一目，尤嫌分合无据者矣。[20]是故司马六家之称，刘、班九种之论，扬搉流别，信乎秩然有纪，然究不若庄周、荀卿之论其人而不强立家法之为得当也。

诸子之说虽殊，而其源实出于一。故班《志》之论诸子，则曰："其言虽殊，譬犹水火相灭，亦相生也。"太史公之论六家，则曰："天下一致而百虑，同归而殊涂。"而《庄子·天下篇》尤发愤于百家之往而不反，道术之为天下裂，曰："天下大乱，贤圣不明，道德不一，天下多得一察焉以自好。譬如耳目鼻口，皆有所明，不能相通。犹百家众技也，皆有所长，时有所用，虽然，不该不遍，一曲之士也。"荀子亦伤人之"蔽于一曲而暗于大理"，乃作《解蔽》，曰："墨子蔽于用，而不知文。宋子蔽于欲，而不知得。慎子蔽于法，而不知贤。申子蔽于势，而不知知。惠子蔽于辞，而不知实。庄子蔽于天，而不知人。故由用谓之，道尽利矣。由欲谓之，道尽嗛矣。由法谓之，道尽数矣。由执谓之，道尽便矣。由辞谓之，道尽论矣。由天谓之，道尽因矣。此数具者，皆道之一隅也。夫道者，体常而尽变，一隅不足以举之。曲知之人，观于道之一隅，而未之能识也，故以为足而饰之。内以自乱，外以惑人。上以蔽下，下以蔽上。此蔽塞之祸也。"[21]综此诸说观之，百家分合得失之故，盖可见矣。是故言其分，则儒家务民义而远鬼神，与阴阳家之舍人事而任鬼神异。墨家之兼爱，与法家之伤恩薄厚异。杂家漫羡而无所归心，与道家秉要执本异。农家君臣并耕、悖上下之序，与名家名位不同、礼亦异数异。[22]然以言其合，则墨之强本节用，即百家弗能废。儒之列君臣父子之礼，序夫妇长幼之别，即百家弗能易。法家之尊主卑臣，分职不得相逾越，即百家弗能改。而杂家兼儒、墨，合名、法，以见王治之无不贯。道家因阴阳之大顺，采儒、墨之善，撮名、法之要，亦能与时迁移，应物变化。[23] 盖天下之道，不分，则无以极其精微；不合，亦无以得其博大。故班孟坚曰："观九家之言，舍短取长，则可以通万方之略。"[24] 可谓明达之论者也。自秦始用李斯之言，燔百家语，诸子之学，一时中绝。汉兴，掇拾煨烬之余。虽稍稍复出，而多断烂讹脱，不可卒晓。故成帝时，诏刘向父子领校秘书，讲诸子。[25] 后汉安帝永初中，又诏刘珍校定东观诸子等书。[26] 顺帝永和元年，又诏伏无忌与议郎黄景校定诸子百家艺术。[27] 致力可谓勤矣。虽武帝建元，丞相绾尝奏所举贤良或治申、商、韩非、苏秦、张仪之言，请皆罢，奏可。[28] 然特不以之取士，非谓尽禁天下百家之说也。故观《汉书·艺文志》知儒家之河间献王《对上下》以至扬雄所序，[29] 道家之《捷子》、《曹羽》、《郎中婴齐》，[30] 纵横家之《邹阳》、《主父偃》、《徐乐》、《庄安》、《待诏金马聊苍》，[31] 杂家之《淮南内外》、《东方朔》、《伯象先生》、《臣说》，[32] 皆并武帝时，或在武帝后。而元朔五年，且诏诸子传说皆充秘府矣。[33] 是故诸子之学，汉时颇有可观。[34] 降至六朝，斯风未改。如王弼之注《老》，[35] 郭象、向秀之注《庄》，[36] 梁武、简文之老庄讲疏，[37] 鲁胜之《墨辩注》，[38] 皆超超玄箸，不让作者。他若王充《论衡》、[39] 仲长《昌言》、[40] 荀悦《申鉴》、[41] 徐幹《中论》、[42] 葛洪《抱朴》、[43] 王通《中说》、[44] 之推《颜氏家训》、[45] 思勰《齐民要术》，[46] 亦皆能成一家之言，传之后世。诸子之歇，其在隋唐以后乎？儒学独尊，百家皆折入于儒，一也。兼资傍骛，不欲拘于一家，于是流为杂学，二也。文集制兴，虽有著述，一归专集，三也。语录流行，片言可以析理，不复论其篇制，四也。然自是在宋，如濂溪之《通书》、[47] 横渠之《正蒙》、[48] 五峰之《知言》、[49] 容斋之《随笔》、[50] 水心之《习学记言》、[51] 伯厚之《困学纪闻》，[52] 在明，如阳明之《传习录》、[53] 心吾之《呻吟语》、[54] 庐山之《衡齐》、[55] 琼山之《学的》，[56] 在清，如亭林之《日知录》、[57] 梨洲之《待访录》、[58] 石庄之《绎志》、[59] 船山之《黄书》，[60] 或精深而屡理，或博赡而切事。拟之于古，即何莫非诸子之俦乎？盖学术随时世为转移，有古盛而今衰,亦有古无而今有。若必谓周秦以后,百家渐微,学术远不逮古,此则拘墟之谈,而非通方之论也。

虽然诸子之学,周秦固其大宗也。今传于世者,惟儒、道数家,家不过数人。则承学者急其先务,断宜自周秦始。儒家首推孟、荀。而孟子自宋以后,已阶之经籍。是子部之儒,《荀子》一书而已。荀子言性恶,与孟子殊科,颇为宋儒所不取。然其论礼之精,虽七十子亲及孔门者,不能过也。故昌黎韩氏谓荀子大醇而小疵,[61]可云笃论。迨于汉世,如贾谊、董仲舒、刘向、扬雄,[62]亦皆儒门之隽矣。道家老子之下,惟庄与列。庄子洸洋自恣,正言若反,[63]读者鲜能通其意。以吾观之,其在儒家,亦孟轲之俦也。《列子》一书,东晋始出。其间伪托,所不能免。然文简而义精,又杨朱"为我"之说赖之以传,不可废也。[64]墨家只《墨子》一书。近人于《经》上下,《经说》上下,颇多钻研。要非墨子之宗旨所在。所当读者,但《尚贤》《尚同》《兼爱》《非攻》、《天志》《明鬼》十数篇而已。[65]法家,《管子》之书较杂,亦较难理。然犹足见周家经制之大意。盖管之用齐,多袭周官,而变通其法。观其作内政以寄军令,即成周乡遂之制,可以见也。[66]申、商之书已不全。商书犹可见大概。其言刻深,略如其人。[67]次则韩非,实集法家之大成。苟善用之,亦足以起颓废而致盛强。太史公所言百家弗能改者,如非之说是已。[68]余若兵家之《孙子》,[69]杂家之《吕览》《淮南》,[70]亦古今不朽之作。学者能先读此数书,其于学术之源流本末,当可得其大略。然而勿附会、勿割裂。附会则失真,割裂则不全。是又不得不望之于能知其意者矣。

[1]见《汉书·艺文志》。一儒家、二道家、三阴阳家、四法家、五名家、六墨家、七从横家、八杂家、九农家、十小说家,曰:"诸子十家,其可观者九家而已。"不数小说。又注曰"出蹴鞠一家二十五篇",蹴鞠家今附兵家技巧。案:"诸侯力政","政"与"征"通,谓以力相征也。

［2］亦见《艺文志》。

［3］《艺文志》,道家《黄帝四经》四篇,《黄帝君臣》十篇,在《鹖冠子》后。《黄帝君臣》下注曰:"起六国时,与《老子》相似也。"阴阳家《黄帝泰素》二十篇,在《杜文公》后。注曰:"六国时,韩诸公子所作。"小说家《天乙》三篇、《黄帝说》四十篇,在《宋子》十八篇后。《天乙》下注曰:"天乙谓汤。其言非殷时,皆依托也。"《黄帝说》下注曰:"迂诞依托。"按《汉书》注有"师古曰"者,为颜师古注。如"应邵曰"、"如淳曰",则颜所引。例举其名,无"某某曰"者,即固自注。

［4］并见《艺文志》。

［5］附见胡氏所作《中国哲学史大纲》后。

［6］《荀子·子道篇》:"昔者江出于岷山,其始出也,其源可以滥觞。及其至于江之津也,不放舟、不避风,则不可涉也。非维下流水多邪?"《韩诗外传·三》略同。

［7］并《诸子不出于王官论》中语。

［8］见《庄子·知北游篇》,为孔子答冉求之言。

［9］龚自珍《古史钩沉论》之说如此,论见《定庵文集》。

［10］近人陈钟凡作《诸子通谊》,其《原始》一篇有曰:"六经皆古之典礼。百家者,礼教之支与流裔也。"其说盖本之其师刘师培。

［11］见《史记·太史公自序》。

［12］《隋书·经籍志》,《管子》列在法家,即不遵《汉志》。

［13］见《尹文子·大道上》。《艺文志》,《尹文子》一篇,注曰:"说齐宣王,先公孙龙。"

［14］《韩非子》五十五篇,《解老》第二十,《喻老》第二十一。

［15］见《韩非子·扬权第八》。案:"倚"与"畸"通,"名倚物徙"谓君不正则物移也。

［16］孟子曰:"杨朱、墨翟之言盈天下。"又曰:"天下之言,不归杨,则归墨。"则杨朱在当时实一大家。其书已不存,惟《列子》中有《杨朱》一篇,中载朱弟子孟孙阳与禽滑厘问答。禽曰:"以子之言问老聃、关尹,则子言当矣。以吾言问大禹、墨翟,则吾言当矣。"是杨朱之学出于道家老子。然提"为我"为宗,与道家即不尽合。告子亦无书,而《孟子》有《告子》一篇,犹可见其仿佛。

［17］《荀子·非十二子篇》:"忍情性,綦谿利跂,苟以分异人为高,不足以合大众、明大分,然而其持之有故,其言之成理,足以欺惑愚众,是陈仲、史鳅也。其忍情性似墨,其分异人又似杨。"

[18]《尸子》二十篇,《汉志》在杂家。注曰:"名佼,鲁人。秦相商君师之。鞅死,佼逃入蜀。"其《广泽篇》有曰:"皇子贵衷,料子贵别囿。"与墨子贵兼、孔子贵公、田子贵均、列子贵虚,相提并论,明别是一家矣。案:田子即田骈,《汉志》列道家,书二十五篇,今亦不存。

[19]《史记·屈原列传》中语。《艺文志》诗赋百六家,首屈原赋二十五篇。

[20]《艺文志》兵书五十三家,曰:"兵家者,盖出古司马之职。王官之武备也。"案:《志》"成帝时,以书颇散亡,使谒者陈农求遗书于天下。诏光禄大夫刘向校经传诸子诗赋,步兵校尉任宏校兵书,太史令尹咸校数术,侍医李柱国校方技。每一书已,向辄条其篇目,撮其指意,录而奏之。会向卒,哀帝复使向子侍中奉车都尉歆,卒父业。歆于是总群书而奏其《七略》。故有《辑略》、有《六艺略》、有《诸子略》、有《诗赋略》、有《兵书略》、有《术数略》、有《方技略》"。然则《七略》之名,亦因校者之非一人,而姑为是区别云尔,非必有深意存也。

[21] 宋子,宋钘也,孟子作宋牼,无书。慎子,名到,《汉志》在法家,书四十二篇,今不全。申子,名不害,相韩昭侯,亦法家,书六篇,佚。惠子,名施,在名家,书一篇,佚。

[22][23] 并太史公《论六家要旨》及《艺文志》中语。

[24] 见《艺文志》。

[25] 已见前。

[26]《后汉书·文苑传》:"刘珍永初中为谒者仆射。邓太后诏使与校书刘騊駼、马融及五经博士,校定东观诸子、传记、百家艺术。整齐脱误,是正文字。"

[27]《后汉书·伏湛传》:"湛玄孙无忌顺帝时为侍中屯骑校尉。永和元年,诏无忌与议郎黄景,校定中书五经、诸子、百家艺术。"

[28]《汉书·武帝纪》:"建元元年,冬十月,诏丞相御史、列侯、中二千石、二千石、诸侯相,举贤良方正直言极谏之士。丞相绾奏:'所举贤良或治申、商、韩非、苏秦、张仪之言,乱国政。请皆罢。'奏可。"

[29] 河间献王,景帝子。自河间献王对,至扬雄所序,凡十四家。详见《艺文志》。扬雄所序三十八篇,内《太玄》十九、《法言》十三、《乐》四、《箴》二。今《太玄》、《法言》并存。

[30]《捷子》二篇,注曰:"齐人,武帝时说。"《曹羽》二篇,注曰:"楚人,武帝时说齐王。"《郎中婴齐》十二篇,注曰:"武帝时。"今并不存。

[31]《邹阳》七篇、《主父偃》二十八篇、《徐乐》一篇、《庄安》一篇、《待诏金马聊苍》

三篇,注曰:"赵人,武帝时。"今并不存。

[32]《淮南内》二十一篇、《淮南外》三十三篇、《东方朔》二十篇、《伯象先生》一篇、《臣说》三篇。注曰:"武帝时所作赋。"按:"赋"字衍。

[33]《艺文志》:"汉兴,改秦之败,大收篇籍,广开献书之路。迄孝武世,书缺简脱,礼坏乐崩。圣上喟然而称曰:'朕甚闵焉。'于是建藏书之策,置写书之官。下及诸子传说,皆充秘府。"按《武帝纪》,《礼坏乐崩朕甚闵焉》之诏,在元朔五年夏六月。

[34]《汉书·杨王孙传》:"学黄老之术。"《艺文志》有刘向说《老子》四篇。《后汉书·耿弇传》:"耿况学《老子》于安邱先生。"《逸民传》:"矫慎少学黄老。"则黄老之学未亡也。《汉书·于定国传》:"少学法于父。"《后汉书·郭躬传》:"郭躬父弘,习《小杜律》。躬少传父业讲授。徒众常数百人。"《阳球传》:"球好申韩之学。"《三国志·诸葛亮传》:"以申、韩教太子禅。"则申韩之学未亡也。盖自汉以来,道德、名、法,已渐与儒相混。儒者不必皆治诸子,而治诸子,则无不儒者矣。

[35]王弼见前《六艺篇·易》下。

[36]《隋书·经籍志》:"《庄子》二十卷,晋散骑常侍向秀注。"又:"《庄子》三十卷,目一卷,晋太傅主簿郭象注。"案:《世说新语》称象攘窃向秀注。今向书虽佚,而以陆德明《庄子释文》所引向注互校,郭之取向,灼然可见。但象亦有所补缀改定,谓之全窃,亦未允也。

[37]《隋书·经籍志》:《老子讲疏》六卷,梁武帝撰。《庄子讲疏》十卷,梁简文帝撰。今并不存。

[38]《晋书·隐逸传》:"鲁胜,字叔时,代郡人。其著述为世所称。遭乱遗失,惟注《墨辩》存。序曰:'墨辩有上、下经。经各有记,凡四篇,与其书众篇连第。今引说就经,各附其章。疑者阙之。'"书今不存。

[39]王充,字仲任,上虞人,《后汉书》有传。著《论衡》八十五篇,《四库》入杂家杂说。

[40]仲长统,字公理,高平人,与王充、王符合传。有《昌言》三十四篇,今惟《理乱》、《损益》、《法诫》三篇见传中。王符,字节信,临泾人。有《潜夫论》三十余篇,《四库》入儒家。

[41]荀悦,字仲豫,颍阴人,《后汉书》附其祖淑传。书五卷,明黄省曾注,《四库书目》入儒家。

[42]徐幹,字伟长,北海人,《三国志·魏书》附《王粲传》。然幹没后四年,魏始受

106

禅。则幹实汉人也。书二卷,凡二十篇,《四库》收入儒家。

[43] 葛洪字稚川,句容人,《晋书》有传。抱朴子,其自号也。书内外篇,共八卷,《隋志》以内篇入道家,外篇入杂家,《四库书目》全入道家。

[44] 王通,字仲淹,隋龙门人。隋唐书皆无传。书十卷,宋阮逸注,《四库》入儒家。

[45] 颜之推,字介,临沂人。《北齐书》、《北史》、《文苑》并有传。书二卷,《唐书·艺文志》、《宋史·艺文志》,俱列儒家,《四库书目》入杂家。案:书当以入儒家为当。又之推没于隋,应作隋人。而其书则北齐时所作,故旧题为北齐人。

[46] 贾思勰,北魏人。书十卷,农家。案:《艺文志》云:"农家者流,盖出农稷之官。及鄙者为之,以为无所事圣王,欲使君臣并耕,悖上下之序。"则农家者流,盖如许行之属是也。贾书专详于农圃衣食之法,与古农家盖不侔矣。

[47] 《通书》四十章,今入《周子全书》。周子,名敦颐,字茂叔,道州人,学者称濂溪先生。

[48] 《正蒙》十七篇,今入《张子全书》。张子名载,字子厚,郿县人。《通书》、《正蒙》,朱子皆有注。周子、张子,《宋史》并在道学传。

[49] 五峰,胡宏仁仲也。崇安人。有《知言》十五篇。《宋史》附其父安国传。

[50] 容斋,洪迈景庐也。鄱阳人。有《随笔》十六卷、《续笔》十六卷、《三笔》十六卷、《四笔》十六卷、《五笔》十卷。《宋史》附其父皓传。

[51] 叶适,字正则,号水心,永嘉人。有《习学记言》五十卷。《宋史》在《儒林传》。

[52] 王应麟,字伯厚,庆元人。有《困学纪闻》三十卷。《宋史》在《儒林传》。

[53] 《传习录》,盖阳明门人薛侃等所纂述,今入《阳明全集》,当时则单行也。阳明,王守仁伯安别号。守仁本余姚人,居山阴,尝筑室阳明洞,自号阳明山人。《明史》有传。

[54] 心吾,吕坤,字叔简,宁陵人。《呻吟语》,今六卷,盖清陈宏谋所节录也。《四库·儒家》有《呻吟语摘》二卷,谓坤晚年所自刊削者。而原书六卷,则入《存目》。坤《明史》有传。

[55] 庐山,胡直,字正甫,泰和人。其书专伸阳明之学,共八卷。

[56] 琼山,邱濬,字崇深,琼山人。《学的》一书,盖采集朱子之语,凡二十篇,以比《论语》。朱子之书甚繁,其辑录之本亦不少,而惟此为得其要。濬《明史》有传。

[57] 《日知录》三十二卷。《四库书目》,与《容斋随笔》、《困学纪闻》并入杂家

杂考。

[58] 梨洲,黄宗羲,字太冲,余姚人,学于刘宗周。鲁王时,尝一为左金都御史。入清,荐修史,举鸿博,皆不出。所著除《明夷待访录》二十一篇外,有《宋元学案》《明儒学案》《南雷文定》等。

[59] 石庄,胡承诺,字君信,天门人,明崇祯举人。入清,隐居不出。所著《绎志》六十篇,又《自叙》一篇,共三十余万言。

[60] 船山,王夫之,字而农,又号姜斋,衡阳人,明崇祯举人。桂王时,尝官行人。寻归,筑室石船山居之,学者称船山先生。所著《黄书》七篇,今入《船山全书》。亦有以《黄书》并其所著《思问录》《俟解》《噩梦》合刊者,号曰《船山四种》。

[61] 见《昌黎集·读荀子》。《荀子》三十二篇,其注以王先谦《集解》最善。

[62] 贾谊有《新书》十卷,董仲舒有《春秋繁露》,已见前。刘向有《新序》十卷,《说苑》二十卷。扬雄有《法言》十卷。谊、仲舒、雄《汉书》并有传。按《汉志》,儒家贾谊五十八篇,今《新书》仅五十三篇,而以《汉书》谊本传之文相校,又多错乱不合,疑经后人窜易,非其旧矣。又儒家董仲舒百二十三篇,而本传则云:"仲舒所著,皆明经术之意,及上疏条教,凡百二十三篇。而说《春秋》事得失,《闻举》《玉杯》《蕃露》《清明》《竹林》之属,复数十篇。"今书八十二篇,既以《春秋繁露》名,自属后者。但所说又不尽《春秋》得失。岂有百二十三篇之书屡入其间乎?《四库书目》附之《春秋》之后,似不如列入儒家为较当。

[63] 《史记·老子韩非列传》,庄子"善属书离辞","其洸洋自恣以适己"。又老子《道德经·任信七十八》,"正言若反"。《庄子》三十三篇,注者不下数百家。惟陆西星《南华副墨》,徐廷槐《南华简钞》,宣颖《南华经解》,能得其大意。至于训诂明达,则郭庆藩《庄子集释》,王先谦《庄子集解》,皆可观。

[64] 今《列子》八篇,《杨朱》第七,晋张湛注。

[65] 《墨子》七十一篇,亡十篇,又阙者八篇,注本以孙诒让《墨子间诂》最善。

[66] 《管子》八十六篇。分《经言》《外言》《内言》《短语》《区言》《杂篇》。其《心术》《白心》诸篇,实道家言。《法禁》《法法》诸篇,则法家语。而《弟子职》,又儒家之教也。故曰《管子》较杂也。其书又多讹舛。清戴望有《管子校正》,甚善。"作内政以寄军令",见《管子·小匡篇》。"乡遂之制",见《周礼·地官·大司徒》。

[67] 《申子》,《玉函山房》有辑本。《商君书》,《汉志》二十九篇,今存二十四篇,而

字多讹脱。

［68］《韩非子》五十五篇。王先谦《韩非子集解》甚善。

［69］《孙子》一卷,《史记·孙武子列传》,载武之书十三篇,是也。

［70］《吕览》,一曰《吕氏春秋》,二十六卷,秦相吕不韦宾客所集也。有《十二纪》、《八览》、《六论》共百六十篇。《淮南子》,二十一卷,《四库书目》谓即《汉志》所称《淮南内篇》之二十一篇。然《汉志》颜师古注,谓内篇论道,外篇杂说。今书如《说山训》、《说林训》,皆杂说之类,不当在内篇,疑内、外篇已羼杂。其书一名《鸿烈》,高诱注曰:"鸿,大也。烈,明也。以为大明道之书也。"近人刘文典《淮南鸿烈集解》甚善。

第六章　目　录　篇

　　自刘向父子撰《七略》，班固因之而成《汉书·艺文志》，典籍始有分类。后经董卓之乱，献帝西迁，一时图书，扫地俱尽。[1]三国分争，不遑文献。司马代魏，始渐采掇遗亡。秘书监荀勖，总括群书，粗分四部：一曰甲部，有六艺及小学等书；二曰乙部，有古诸子家、近世子家、兵书、术数；三曰丙部，有史记、旧事、皇览簿、杂事；四曰丁部，有诗赋、图赞、汲冢书。[2]但录题及言，至于作者之意，无所论辩，远非《七略》之比。然四部之名，则此其权舆也。历晋而南北朝，宋秘书丞王俭有《七志》之作：一曰经典志，纪六艺、小学、史记、杂传；二曰诸子志，纪今古诸子；三曰文翰志，纪诗赋；四曰军书志，纪兵书；五曰阴阳志，纪阴阳、图纬；六曰术艺志，纪方技；七曰图谱志，纪地域及图书。而道、佛之书附见，合九条。作九篇条例，编乎首卷之中。[3]梁处士阮孝绪，博采宋齐以来，王公之家，凡有书记，参校官簿，更为《七录》：一曰经典录，纪六艺；二曰纪传录，纪史传；三曰子兵录，纪子书、兵书；四曰文集录，纪诗赋；五曰技术录，纪数术；六曰佛录；七曰道录。[4]其分部题目，颇有次序矣。迨至《隋书·经籍志》，则仍以四部为纲，更分细目。虽大体本之阮氏，而甄别源流，辨章学术，上推本于史官，下兼采于诸录，[5]

刘、班以后，殆未之有。故其序云："远览马《史》、班《书》，近观王、阮《志》、《录》，挹其风流体制，削其浮杂鄙俚，离其疏远，合其近密。虽未能研几探颐，穷极幽隐，庶乎弘道设教，可以无遗阙焉。"[6] 盖非夸辞也。《唐书·经籍》，一同《隋志》。甲部则经类十二，乙部则史类十三，丙部则子类十七，丁部则集类三，所谓四库是也。[7] 由是而宋，而明，大体相沿不改。清乾隆中修纂《四库全书》，[8] 仍以经、史、子、集提纲，而分目益加审密：经部分十类，曰易类、曰书类、曰诗类、曰礼类、曰春秋类、曰孝经类、曰五经总义类、曰四书类、曰乐类、曰小学类；史部十五类，曰正史类、曰编年类、曰纪事本末类、曰别史类、曰杂史类、曰诏令奏议类、曰传记类、曰史钞类、曰载记类、曰时令类、曰地理类、曰职官类、曰政书类、曰目录类、曰史评类；子部分十四类，曰儒家类、曰兵家类、曰法家类、曰农家类、曰医家类、曰天文算法类、曰术数类、曰艺术类、曰谱录类、曰杂家类、曰类书类、曰小说家类、曰释家类、曰道家类；集部分五类，曰楚辞类、曰别集类、曰总集类、曰诗文评类、曰词曲类。于是天下学者，凡言典册，莫不称四部焉。考《七略》变而为四部，盖有数因。史部日繁，不能悉隶以《春秋》家学，则不得不别立门户，一也。[9] 名、墨诸家，后世不复有其支别，则不得不从而并省，二也。[10] 文集炽盛，不能定百家九流之名目，则不得不以书类人，三也。[11] 笔记体兴，不能辨其义类，则不得不一入于杂家，四也。[12] 凡此皆势之必不容已，所谓穷则变，变则通者也。而或者必尊《七略》而抑四部，以为四部之分，不能不以书籍乱部次，欲明其流别，通之大道，仍当治之以刘氏《七略》之法。他不必论，姑以专集而言，如韩愈归之儒家、柳宗元归之名家、苏轼归之纵横家、王安石归之法家，[13] 此以拟其文体则似矣，而谓能尽概其人之学，则未也。而况韩、柳、苏、王之外，文集浩如烟海，能一一究其文章之所出乎？惜乎其知笃古而未能通方也。

虽然，目录之作，欲人即类求书，因书究学者也。四部虽有子目，而为类广漠，学者于此既有向洋之叹，[14] 不免擿埴之苦。[15] 故郑渔仲即讥其类例不明，[16]而盛推《七略·兵家》分权谋、形势、阴阳、技巧四种，以为编书惟细分难，非用心精微，则不能也。[17]然于此有一焉，可以济四部分类太略之失，为学者导之先路，则解题提要是也。解题提要之制，昉自刘向《别录》。[18]今《别录》虽亡，而如《管子》、《战国策》诸书，向之叙录尚存，是即《别录》之遗，可考见也。《四库全书》目录类所收书目，以宋王尧臣等《崇文总目》为最古，次则晁公武《郡斋读书志》、尤袤《遂初堂书目》、陈振孙《直斋书录解题》。《读书志》、《直斋书录》并于每书之下，各有考释。《遂初堂书目》，原无叙释。《崇文总目》则旧有论说，而今失之。[19]故《四库提要》谓："宋人官私书目存于今者四家。晁氏、陈氏二目，诸家借为考证之资。而《遂初堂书目》及《崇文总目》则若存若亡，几希湮灭。"以为是即有说无说之明效。[20]盖部次甲乙，纵极详委，终不如阐明一书之指要，并列叙著者之姓氏里居、生平事迹，为学者之所便也。是以《四库》书成，既编制目录，更为之提要。每书先列作者之爵里，次考本书之得失，以及文字增删，篇帙分合，靡不详为订辨。[21]凡为《总目》二百卷。又以《总目提要》卷帙过繁，翻阅不易，别为《简明目录》二十卷。[22]虽其时与役诸臣，囿于风气，牵于禁忌，论断间有未公，甄裁亦多未广，[23]然在承学之士，固已挹之不尽，沾溉靡穷矣。初学者苟能于《简明目录》涉其樊篱，更参之以《提要》，正之于通人，循序求之，触类长之，则于读书向学之方，亦可不迷于趋向。若嫌《简明目录》尚为繁冗，则有张南皮之《书目答问》在，[24]虽语焉不详，而择之甚精，又其编录诸书，为修《四库》书时所未有者十之三四，《四库》有其书而校本、注本晚出者，亦十之七八，[25]盖不可不备也。若夫晚近时流，亦时有书目之辑。惟学问本无根柢，读者又自不多，涂抹掇凑，不成统系，或且滥及说部，傍涉俚词，所谓以其昏昏，使人昭昭，贻误来者，只益过耳。

学者通经之后，莫急治史。《四库书目》史部十五类，共五百六十一部，二万一千三百六十六卷，而存目者不计。故一言及史，其不望而却步者鲜矣。然十五类实亦只正史、编年、纪事本末三类为要。唐刘知几作《史通》谓："载笔之体,惟有丘明《左传》、马迁《史记》。后来继作,不能逾此。"[26]盖《左氏春秋》系日月而为次,列世岁以相续,中国外夷,同季共世,莫不备载其事,敷衍成文,是所谓编年体也。史公因《世本》而为《史记》,纪以包举大端,传以委曲细事,表以序其年爵,志以总括遗漏,是所谓纪传体也。[27]编年之长,在于事有先后,一目可了;其短则隐显殊迹,兼综为难,往往不遗纤芥,而反弃丘山。纪传之长,在于经纬区分,洪纤靡失;其短则同为一事,分在数篇,往往断续相离,而莫由贯通。既长短各异,故非并存二体,不足称史官之全也。自是班《书》、陈《志》,继马《史》之流风;[28]荀、袁二《纪》,追迹左之前轨。[29]后之作者,遂亦各守一家。然譬之鸟翼车轮,不能废一。降及赵宋,司马光以十九年之岁月,合四五人之精力,成《资治通鉴》一书,上起周烈王,下迄五代,共二百九十四卷,编年之书,斯为盛矣。[30]然自《隋书·经籍志》,以《史记》以次,至于陆琼《陈书》、牛弘《周史》,谓之正史;《汲冢纪年》,以至王劭《齐志》,谓之古史。后世论史籍者,必以正史居前,而编年居后,左、马二体,遂分轩轾。窃尝考之,亦无他义,特以班、马旧裁,历朝继作,编年一体,则或有或无。综史之全,不能使时代有间,其不以编年为正而独取纪传者,职是故也。虽清时徐乾学、毕沅有《通鉴后编》、《续通鉴》之作,[31]编年时代,已成前后相衔,而目次既定,终莫能改也。又宋袁枢依《通鉴》旧文,改比其次第,取每事为篇,而详其终始,命曰《通鉴纪事本末》。[32]于是编年、纪传之外,又多一体。是故以时为经者,编年之史也;以人为经者,纪传之史也;以事为经者,纪事之史也。当袁书之出,通纪传、编年而为一,使千载事迹,节目前后,了然分明,说者诧为前古未有。然以今思之,要亦史中原有之例。且以马迁《史记》而论,本纪、世家、列传,此以人为经也;年表、月表,此以时为经也;八书、《滑稽》、《货殖》等传,此以事为经也。若机仲者,亦不过专取此体,成为一史耳。今正史,汉司马迁《史记》一百三十卷,班固《汉书》一百二十卷,宋范蔚宗《后汉书》一百二十卷,晋陈寿《三国志》六十五卷,唐房玄龄等《晋书》一百三十卷,梁沈约《宋书》一百卷,萧子显《齐书》五十九卷,唐姚思廉《梁书》五十六卷、《陈书》三十六卷,北齐魏收《魏书》一百十四卷,唐李百药《北齐书》五十卷,令狐德棻《周书》五十卷,魏徵等《隋书》八十五卷,李延寿《南史》八十卷、《北史》一百卷,后晋刘昫等《旧唐书》二百卷,宋欧阳修等《新唐书》二百二十五卷,薛居正等《旧五代史》一百五十卷,欧阳修《新五代史》七十五卷,[33]元托克托等《宋史》四百九十六卷、《辽史》一百六十卷、《金史》一百三十五卷,[34]明宋濂等《元史》二百十卷,[35]清张廷玉等《明史》三百三十六卷,所谓廿四史者,共三千二百四十八卷。而自唐以下,官修之史,卷袟益繁,事实益杂。除《明史》外,可称者盖鲜矣。纪事本末,自袁枢后,明陈邦瞻有《宋史纪事本末》、《元史纪事本末》,[36]清高士奇有《左传纪事本末》,[37]李有棠有《辽史纪事本末》、《金史纪事本末》,[38]张鉴有《西夏纪事本末》,[39]谷应泰有《明史纪事本末》,[40]杨陆荣有《三藩纪事本末》,[41]所谓九种纪事本末者,共六百四十卷。而正、续《资治通鉴》,则五百一十四卷,合之金履祥《通鉴前编》十八卷,[42]夏燮《明通鉴》九十卷,亦不过六百余卷。故吾恒言,读史应以《通鉴》为主;如读至一事,其原委有未详,可翻纪事本末;读至一人,其关于当时者至巨,须一悉其生平,则翻各史本传。亦以三体之中,惟《通鉴》较易卒业。然温公当时已谓:"读其书终卷者,惟王胜之一人。他皆尽数卷,便舍去。"[43]于今日而欲学者读近三百卷书之《通鉴》,吾固知其难矣,况益之以《续通鉴》、《明通鉴》乎?虽然,世有好学者,亦必不以难而自沮也。

集部五类,而首楚辞,以其为文章之祖也。然观屈平《离骚》,既上称帝喾,下道齐桓,中述汤武,治乱之条贯,靡不毕具。而《远游》一章所云"毋滑而魂,后将自然。壹气孔神,于中夜存。虚以待之,无为之先",又颇与老庄相类。要之屈子亦诸子之流,今仅取其文辞,亦后世之失也。别集之名,始于东京,[44]建安以来,日以滋广。虽在晋人,已若览之劳倦,故挚虞采摘诗赋以下,各为条贯,合而编之,谓之《文章流别》,[45]厥后《昭明文选》出,[46]操觚之士,莫不宗焉。故《四库书目》总集以《文选》弁首,推为文章渊薮。而唐李善之注,搜辑各书,皆成今日考证之资,尤足贵矣。[47]诗文评类,自以梁刘勰《文心雕龙》为第一,自古论文之精,未有能过之者。然隋唐以降,诗文之体制日繁,迨于宋元,词曲复作,故诗话、词话之类接踵而起,是又《文心》所未及也。[48]自来论诗论文,各有好尚,学者读书稍多,宜知自择,故今仅述其分类大概如此。若夫目录专门之学,则未暇及也。

[1]《隋书·经籍志》:"董卓之乱,献帝西迁,图书缣帛,军人皆取为帷囊。所收而西,犹七十余载。两京大乱,扫地皆尽。"

[2]《隋书·经籍志》:"魏氏代汉,采掇遗亡,藏在秘书、中、外三阁。魏秘书郎郑默,始制《中经》。秘书监荀勖,又因《中经》,更著《新簿》,分为四部,总括群书。"按《经籍志·史部·簿篇》,有《晋中经》十四卷,荀勖撰。《晋书·勖传》:"武帝受禅,勖拜中书监。俄领秘书监,与中书令张华,依刘向《别录》,整理记籍。"则《中经新簿》之著,实在晋代,《志》称《晋中经》是也。观其丁部有汲冢书,汲冢发于晋太康元年,去魏晋之禅且十余年,如魏时部分群书,安得有此耶? 是知《志序》所云,未见明晰,当于"秘书监"上,加一"晋"字,则庶无舛误矣。

[3]见《隋书·经籍志》。

[4]见《隋书·经籍志》。案《隋书·经籍志》,其书或存或亡,即据《七录》为本。又是《七略》以来,所录皆中秘之藏,《七录》传采王公之家,实为私家目录之始。

[5]《隋志·史部·簿录篇》录《七略》、《别录》至《正流论》,凡三十部,除末数种外,皆经籍之目录也。其小序曰:"汉时刘向《别录》、刘歆《七略》,剖析条流,各有其部。自是之后,不能辩其流别,但记书名而已。博览之士,疾其浑漫,故王俭作《七志》,阮孝绪作《七录》,并皆别行。大体虽准向、歆,而远不逮矣。"是知《经籍》一志,盖曾参稽诸录而后作也。《四库书目提要》谓"《经籍志》编次无法","在十志中为最下",实非笃论。

[6]见《隋志》。按《志》曰:"今考见存,分为四部,合条为一万四千四百六十六部,有八万九千六百六十六卷。"则此盖唐初所存书数。又案刘知几《史通·古今正史篇》曰"太宗以梁、陈及齐、周、隋氏并未有书,乃命学士分修,仍以

秘书监魏徵总知其务。始以贞观三年创造,至十八年方就,合为《五代纪传》,并目录凡二百五十二卷。书成,下于史阁。惟有十志,①断为三十卷。寻拟续奏,未有其文。又诏左仆射于志宁、太史令李淳风、著作郎韦安仁、符玺郎李延寿同撰。太宗崩后,刊勒始成。② 其篇第编入《隋书》,其实别行,俗呼为《五代史志》"云云。是当时梁、陈、齐、周、隋五史,本连为一书。《礼仪》、《音乐》、《律历》、《天文》、《五行》、《食货》、《刑法》、《百官》、《地理》、《经籍》十志,盖为五史而作,故亦通括五代。其编入《隋书》,特以隋于五史居末,非专属隋也。后五史各行,十志遂专称《隋志》,实非其旧矣。

[7]《旧唐书·经籍志》甲部,经录十二家:易类一,书类二,诗类三,礼类四,乐类五,春秋类六,孝经类七,论语类八,谶纬类九,经解类十,诂训类十一,小学类十二;乙部,史录十三家:正史类一,编年类二,伪史类三,杂史类四,起居注类五,故事类六,职官类七,杂传类八,仪注类九,刑法类十,目录类十一,谱牒类十二,地理类十三;丙部,子录十四家:儒家类一,道家类二,法家类三,名家类四,墨家类五,纵横家类六,杂家类七,农家类八,小说类九,天文类十,历算类十一,兵书类十二,五行类十三,杂艺术类十四,类事类十五,经脉类十六,医术类十七;丁部,集录三类:楚词类一,别集类二,总集类三。《新书·艺文志》甲部十一类,并诂训入小学,余悉同。又《新》、《旧》二书,皆以释氏书附之道家,不另立类。案《唐书·经籍志》实本之毋煚等《四部都录》。③ 煚等撰集,诸书随部,皆有小序,发明其指。刘昫诸人以为序述相沿,无出前修,又小序及注,卷轴繁多,乃并略之,但纪部帙而已。《唐志》不及《隋志》者,在此。又煚取《四部都录》,略为四十卷,名为《古今书录》,新、旧《唐书》皆著录。宋《崇文书目》有《开元四库书目》四十卷,以卷数与年代考之,当即此书,惜绍兴后亡之矣。煚,《旧唐书》附见《韦述传》,《新书》附见《儒学·马怀素传》。

[8]按编订《四库全书》本末,具见《四库总目》首卷所载历次谕旨。始于乾隆三十七年,诏求海内遗书。既以明《永乐大典》所收各书,颇多罕见,但经割裂散于韵目之下,首尾不贯,乃命择取缮写,还自为书,并选儒臣董理其事。分存书、存目两类。存书者,写录其书;存目者,但著其目。定名《四库全书》。编制目录,为之提要。至乾隆四十七年,凡历十年,而全书始成。统计写录

---

①　"十志",原作"一志",据刘知几《史通》卷十二《古今正史第二》改。
②　"刊勒",原作"刊敕",据刘知几《史通》卷十二《古今正史第二》改。
③　"毋煚",原作"母煚",据《旧唐书》卷一百〇二、《新唐书》卷二百《毋煚传》改。

之书，十六万八千余册，而存目者不与焉。

[9]《汉书·艺文志》，《春秋》家后，列《国语》、《世本》、《战国策》、《楚汉春秋》、《太史公》、《汉箸记》、《汉大年纪》，凡十一家。《隋书·经籍志》曰："班固以《史记》附《春秋》，今开其事类，别为史部。"案班《志》"太史公百三十篇"，即《史记》也。今《四库》，《史记》入史部正史类，《国语》、《战国策》入史部杂史类。

[10]《四库提要》子部杂家类小序曰："衰周之季，百氏争鸣。立说著书，各为流品。《汉志》所列备矣。或其学不传，后无所述，或其名不美，人不肯居，故绝续不同，不能一概著录。后人株守旧文，于是墨家仅《墨子》、《晏子》二书，名家仅《公孙龙》、《尹文子》、《人物志》三书，纵横家仅《鬼谷子》一书，亦别立标题，自为支派，此拘泥门户之过也。黄虞稷《千顷堂书目》于寥寥不能成类者，并入杂家，变而得宜，于例为善，今从其说。"案古杂家，合儒、墨、兼名、法。今以名、墨家入杂，则后世所称杂家，与旧杂家不侔矣。黄虞稷，泉州人，居江宁，康熙中举鸿博，未能试，后充《明史》、《一统志》纂修官，以藏书之富称于世。今《千顷堂书目》尚存。

[11]郑樵《通志·校雠略》有《不类书而类人论》，曰："古之编书，以人类书，何尝以书类人哉？《唐志》一例大书，遂以书类人。且如《令狐楚集》百三十卷，当入别集类，《表奏》十卷，当入奏集类，如何取类于令孤楚，而别集与奏集不分？诗自一类，赋自一类。陆龟蒙有诗十卷，赋六卷，如何不分诗、赋，而取类于陆龟蒙？"案名之曰集，本不专名一门。如一人之文，有解经，有说史，有可入子者，有可入辞赋者，何从一一别之？夹漈此说，亦泥而不通矣。

[12]《四库书目》杂家分类：一杂学，二杂考，三杂说，四杂品，五杂纂，六杂编。杂考后案语曰："其说大抵兼论经、史、子、集，不可限以一类。今汇而编之，命曰杂考。"杂说后案语曰："其说或抒己意，或订俗讹，或述近闻，或综古义。后人沿波，笔记作焉。大抵随意录载，不限卷帙之多寡，不分次第之先后。自宋以来，作者至夥。今总汇为一类。"又杂纂后案语曰："诸书皆采摭众说以成，编者以其源不一，故悉列之杂家。"案杂考以下，大抵皆笔记之类也。

[13]清章学诚《校雠通义·宗刘第二》曰："唐宋诗文之集，浩如烟海。今即世俗所谓唐宋大家之集论之，如韩愈之儒家，柳宗元之名家，苏洵之兵家，苏轼之纵横家，王安石之法家，皆以生平所得，见于文字，旨无旁出，即古人之所以自成一子者也。因集部之目录而推论其要旨，以见古人所谓言有物而行有恒者，编于叙录之下，庶几辨章学术之一端矣。"又《文史通义·外编·〈和州志·艺文书〉序例》曰："文集非诸子百家，而著录之书，又何不可治以诸子百

家之识职?① 夫集体虽曰繁赜,要当先定作集之人。人之性情,必有所近,得其性情本趣,则诗赋之所寄托,论辨之所引喻,纪叙之所宗尚,掇其大旨,略其枝叶,古人所谓一家之言,如儒、墨、名、法之中,必有得其流别者。曰: 如韩愈之儒家,柳宗元之名家,苏轼之纵横家,王安石之礼家。存录其文集本名,论次其源流所自,附其目于刘氏部次之后,而别白其至与不至焉,以为后学辨途之津逮,则厄言无所附丽,文集之弊,可以稍歇。庶几言有物而行有恒,将由《七略》专家而窥六典遗则乎?”学诚,字实斋,会稽人,乾隆进士,官国子监典籍。所著有《文史通义》、《校雠通义》,合为《章氏遗书》。案实斋长于史学,其书立论,颇多精辟。但以墨守向、歆父子之言,以为古今学术不能出六官、《七略》之外,则殊失之。即如《王安石集》,既以为法家,又以为礼家,一人先后亦不一致,安得谓韩柳皆自成一子,旨无旁出乎? 且荆公亟称孟子、扬雄,其为《原教》,且力诋劬劬于法令诰戒之非是,徒以其行新法,而目之为法家,毋亦皮相之见欤?

[14] 见《庄子·秋水篇》。

[15] “擿埴索途,冥行者已”,②语见《法言·修身篇》。

[16] 《通志·校雠略》有《编次必谨类例论》六篇。樵于《艺文略》分十二类:经类一、礼类二、乐类三、小学类四、史类五、诸子类六、星数类七、五行类八、艺术类九、医方类十、类书类十一、文类十二。经类分九家,礼类分七家,乐类一家,小学类一家,史类分十三家,诸子类分十一家,星数类分三家,五行类分三十家,艺术类一家,医方类一家,类书类一家,文类分二家,下又分若干种。总十二类,百家,四百二十二种。自谓:“散四百二十二种书,可以穷百家之学;敛百家之学,可以明十二类之所归。”破四部而别分类,盖自樵始,然亦即不免琐碎之讥。

[17] 见《校雠略·编书不明分类论》。

[18] 《隋志·史部·簿录》有刘向《七略别录》二十卷。

[19] 《四库提要》“《崇文书目》十二卷,《永乐大典》本。原本每条之下,具有论说。逮南宋时,郑樵作《通志》,始谓其文繁无用。绍兴中,遂从而去其序释”云云。案《提要》盖本之朱彝尊范氏天一阁本跋语。钱大昕《养新录》谓考《续宋会要》,今所传者,乃绍兴中颁下诸州军搜访阙佚之本,有目无释,取其便于寻检。渔仲一闽中布衣,岂因其言而有意删之? 则朱氏之跋,实出一时揣度,未

---

① “可治”,原作“可法”,据章学诚《文史通义》卷六《外篇一·〈和州志·艺文书〉序例》改。

② “擿埴”,原作“摘摘”,据扬雄《法言·修身篇》及本书正文改。

可据也。《郡斋读书志》四卷,《后志》二卷,又《考异》一卷,《附志》一卷。公武,字子止,钜野人。为此书时,方守荣州,故以"郡斋读书"为名。《考异》、《附志》,为赵希弁编。《遂初堂书目》一卷。袤,字延之,无锡人,《宋史》有传。《直斋书录解题》二十二卷。振孙,字伯玉,直斋其号也,安吉人,官至侍郎。马端临《文献通考·经籍考》,盖全以《读书志》、《书录解题》二书为据者。

[20] 见《四库提要》"崇文总目"条。

[21] 见《四库提要·凡例》。

[22] 《简明目录》不及存目诸书,又叙释简略,故卷数只及《提要》十分之一。然其持论,亦有与《提要》不尽同者,不可不知。

[23] 存目类多有可存书者。又当时访进而未收入者,亦不免于遗漏。阮元有《四库未收书目提要》五卷。

[24] 张之洞,南皮人,字香涛,谥文襄,有《广雅堂集》。《书目答问》,其督学四川时所编也,于经、史、子、集外,别列丛书一目,经部分三类,史部分十四类,子部分十三类,集部分四类,与《四库》分目时有出入。

[25] 见《书目答问·略例》注。

[26] 见《史通·内篇·二体篇》。知几,字子玄,以字行,武后时人,新、旧《唐书》并有传。《史通》二十卷,今存四十九篇,亡《体统》、《纰缪》、《弛张》三篇。①

[27] 《汉书·司马迁传·赞》:"司马迁据《左氏》、《国语》,采《世本》、《战国策》,述《楚汉春秋》,接其后事,讫于大汉。"《史记》本纪十二、表十、书八、世家三十、列传并自序七十,凡百卅篇。其著作之意,具于自序。按《世本》纪录黄帝以来,至春秋时帝王公侯卿大夫祖世所出,共一十五篇,见《后汉书·班彪传》。

[28] 班固《汉书》帝纪十二、年表八、志十、列传并叙传七十,凡百篇。陈寿《三国志》不分纪、传,亦无书、表,《魏志》三十卷,《蜀志》十五卷,《吴志》二十卷,凡六十五卷。案《后汉书·班彪传》:"武帝时,司马迁著《史记》,自太初以后,阙而不录。后好事者颇或缀集时事,然多鄙俗,不足以踵继其书。彪乃继采前史遗事,傍贯异闻,作《后传》数十篇。"《班固传》:"固以彪所续前史未详,乃潜精研思,欲就其业。"又《列女传》:"曹世叔妻者,同郡班彪之女也,名昭。兄固著《汉书》,其八表及《天文志》未及竟而卒,和帝诏昭就东观藏书阁,踵而成之。"是《汉书》成于父子兄妹三人之手,非固一人作也。犹《史记》为迁、谈父子之业,而今以《史记》属迁,几不知有谈,以《汉书》属固,几不知有彪与昭矣。

---

① "纰缪",原作"缪纰",据王应麟《玉海》卷四十九"唐史通析微"条所载乙正。

[29] 荀悦《汉纪》三十卷,袁宏《后汉纪》三十卷。悦,字仲豫,《后汉书》附其祖淑
传。宏,字彦伯,《晋书·文苑传》有传。

[30] 胡三省《新注资治通鉴序》曰:"修书分属,汉则刘攽,三国迄于南北朝则刘恕,
唐则范祖禹,各因其所长属之,皆天下选也。历十九年而成。则合十六代一千
三百六十二年行事为一书,岂一人心思之耳目之力哉!"案温公以英宗治平二
年受诏为书,至神宗元丰七年始成,前后共十九年。《资治通鉴》则神宗赐名
也。公又撰《通鉴考异》三十卷、《目录》三十卷、《释例》一卷、《稽古录》二十卷,
并别行。攽,字贡父,新喻人,《宋史》附其兄敞传。恕,字道原,筠州人,《宋
史·文苑》有传。恕又有《通鉴外纪》十卷、《目录》五卷。祖禹,字淳甫,一字梦
得,华阳人,《宋史》附《范镇传》。三省,天台人,字身之,尝馆于贾似道,仕至朝
奉郎,入元不仕。所著《通鉴音注》外,又有《通鉴释文辨误》十二卷。

[31] 徐乾学《资治通鉴后编》一百八十四卷,毕沅《续通鉴》二百二十卷,并起宋太
祖建隆元年,终元顺帝至正二十七年。乾学,字原一,号健庵,昆山人,顾亭
林之甥也,康熙进士,官刑部尚书。修《明史》,修《会典》,乾学皆为总裁。所
著《读礼通考》,颇为礼家所推。沅,字纕蘅,一字秋帆,镇洋人,乾隆进士,官
至湖广总督。案《续通鉴》者,始于宋李焘《长编》。元则有陈桱《通鉴续编》,
明则有薛应旂、王宗沐《宋元通鉴》。乾学之书,多成于万斯同、阎若璩、胡渭
之手。此辑北宋之事,即以李焘《长编》残帙为稿本,亦未能详赅,而草稿甫
成,乾学即下世,以故书多讹缺。今浙江局刻,由富阳夏震武校正,颇可读。
夏君又有《校勘记》十五卷。然究不若毕书之完整也。又续成有明一代编年
之史者,有陈鹤《明纪》六十卷,夏燮《明通鉴》九十卷。夏书后出,较陈为优。

[32] 《通鉴纪事本末》四十二卷,始三家分晋,终周世宗征淮南。虽缀集不出《通
鉴》原文,而去取剪裁,义例极为精密,故朱子亦极称其书。枢,字机仲,建安
人,《宋史》有传。

[33] 案宋、齐八《书》与《南》、《北史》并收,新、旧《唐书》并收,新、旧《五代史》并
收,皆以其为书体例互异,详略不同,未可偏废也。说见《四库》各书提要,可
参阅。又延寿《南》、《北史》,事连数朝,体近《史记》,惜其编次无法,于通史
之中,仍存断代之旧,亦史识不足之过也。

[34] 托克托,《元史》作"脱脱"。三史中,《金史》最佳,盖本之元好问《金史稿》也。
《宋史》殊多阙漏,清陈黄中有《宋史新编》甚详赡,闻稿本尚存。

[35] 《元史》颇疏略。清邵远平有《元史类编》,魏源有《元史新编》,近人柯劭忞又
有《新元史》,《新元史》最完善。

[36] 邦瞻,《明史》有传。《宋史纪事本末》二十六卷,凡分一百九目,辽金之事亦附见焉。先是,临朐冯琦尝为是书,未就而没,后稿归邦瞻,因增订成之。《元史纪事本末》四卷,凡分七十二目。以蒙古诸帝之立、蒙古立国之制已见《宋史纪事本末》,故托始于江南群盗之平,而以诸帅之争终焉。至燕京之破、顺帝北徂诸事,以为宜入《明史》,亦未之及。

[37] 士奇,钱塘人,清康熙中,官至礼部侍郎。《左传纪事本末》五十四卷,盖因宋章冲《左传事类始末》而广之。按冲与袁枢同时人,其为《事类始末》,殆继踵枢作,凡五卷。

[38] 有棠,萍乡人,清光绪间官峡江县训导。《辽史纪事本末》四十卷,《金史纪事本末》五十二卷,各有《帝系考》、《纪年表》,列于卷首。

[39] 鉴,乌程人,清嘉庆中官武义教谕。《西夏纪事本末》三十六卷,别有《年表》、《职方表》、《地图》,列于卷首。案辽、金有专史,而夏无专史,此不独备纪事本末一体,亦夏之专史也。

[40] 应泰,丰润人,清顺治进士,官至浙江提学佥事。《明史纪事本末》八十卷,每篇后各附论断,此与他书不同者。

[41] 陆荣,青浦人,清康熙诸生。《三藩纪事本末》四卷,记明福王、唐王、桂王始末,而鲁王、益王附焉。

[42] 履祥,兰豁人,字吉甫,《元史·儒学》有传。《通鉴前编》自帝尧以下,接于《通鉴》,凡十八卷。又别为《举要》三卷。

[43] 见胡三省《通鉴序》。

[44] 《四库》别集类小叙:“集始于东汉。荀况诸集,后人追题也。其自制名者,始于张融《玉海集》。其区分部帙,则江淹有《前集》、《后集》,梁武帝有《诗赋集》,有《文集》,有《别集》,与王筠之一官一集,沈约之《正集》百卷,又别选《集略》三十卷者,其体例均始于齐、梁。盖集之盛自是始也。”

[45] 见后《文章体制篇》。

[46] 昭明太子萧统,《梁书》有传,《南史》在《梁武帝诸子传》。《文选》六十卷,旧有李善注、五臣注两本。五臣者,吕延济、刘良、张铣、吕向、李周翰也,并唐玄宗时人,合之李善注为六臣注。然五臣注实非善注之比。

[47] 李善,《旧唐书》附《儒学·曹宪传》,《新唐书》附其子邕传。《四库简明目录》谓:“《文选》为文章渊薮,善注又考证之资粮。一字一句,罔非瑰宝。”盖善所引书,今多散佚,或相沿讹舛,据此犹可考订也。

[48] 《四库书目》诗话入诗文评,词话归词曲。

121

附　古今目录分合表

七略	汉书艺文志	四部	七志	七录	隋书经籍志	通志艺文略	文献通考经籍考	四库全书
辑略一	六艺(一)	甲部	条例九首				总序	
六艺略二	(同上)		经典志一	经典录内篇一	经部第一	经类第一	经(一)	经部(一)
一易				一易	一易		一易	一易
二书				二尚书	二书		二书	二书
三诗				三诗	三诗		三诗	三诗
四礼				四礼	四礼	礼类第二	四礼	四礼
五乐				五乐	五乐	乐类第三	十乐	九乐
七论语				七论语	八论语	(经类)	六论语 七孟子	八四书
八孝经				八孝经	七孝经		八孝经	六孝经
九小学				九小学	九小学	小学类第四	十四小学	十小学
							九经解	七五经总义
六春秋		丙部		六春秋	六春秋	(经类)	五春秋	五春秋
				纪传录内篇二	史部第二	史类第五	史(二)	史部(二)

（续表）

七略	汉书艺文志	四部	七志	七录	隋书经籍志	通志艺文略	文献通考经籍考	四库全书
				一正史	一正史		一正史各门总	一正史
							二正史	二编年
					二古史		三编年	三纪事本末
				二注历	五起居注		四起居注	
				三旧事	六旧事		十故事各门总	
							十一故事	
				四职官	七职官		十二职官	十二职官
				五仪典	八仪注			
				六法制	九刑法		十三刑法	十三政书
								六诏令奏议
				七伪史	四霸史		八伪史	四别史
							霸史	
				八杂传	十杂传		七传记	七传记

（续表）

七略	汉书艺文志	四部	七志	七录	隋书经籍志	通志艺文略	文献通考经籍考	四库全书
				九鬼神				
				十土地	十一土地		十四地理	十一地理
				十一谱状	十二谱系		十六谱牒	
				十二簿录	十三簿录		十七目录	十四目录
					三杂史		五杂史各门总	五杂史
							六杂史	
							九史评	十五史评
							史钞	八史钞
								九载记
							十五时令	十时令
诸子略三	诸子(二)	乙部	诸子志二	子兵录内篇三	子部第三	诸子类第六	子(三)	子部(三)
一儒	(同上)			一儒	一儒		一儒	一儒
二道				二道	二道		二道	十四道
三阴阳				三阴阳			十阴阳各门总	
四法				四法	三法		三法	三法

（续表）

七略	汉书艺文志	四部	七志	七录	隋书经籍志	通志艺文略	文献通考经籍考	四库全书
五名				五名	四名		四名	
六墨				六墨	五墨		五墨	
七纵横				七纵横	六纵横		六纵横	
八杂				八杂	七杂		七杂	十杂
九农				九农	八农		九农	四农
十小说				十小说	九小说		八小说	十二小说
兵书略五	兵书（四）		军书志四	十一兵	十兵		十六兵书	二兵
一兵权谋	（同上）							
二兵形势								
三兵阴阳								
四兵技巧								
数术略六	数术（五）		阴阳志五	术技录内篇五				
一天文	（同上）			一天文	十一天文	天文类第七	十一天文	六天文算法
二历谱				二纬纤	十二历数		十二历算	七术数
				三历算	十三五行			

（续表）

七略	汉书艺文志	四部	七志	七录	隋书经籍志	通志艺文略	文献通考经籍考	四库全书
三五行				四五行		五行类第八	十三五行	
四蓍龟				五卜筮			十四占筮	
五杂占				六杂占				
六形法			术艺志六	七形法			十五形法	
方技略七	方技（六）							
一医经	（同上）			八医经	十四医方	医方类第十	十七医	五医
二经方				九经方				
三房中							十八房中	
				十杂艺		艺术类第九	廿二杂艺	八艺术
						类书类第十一	廿一类书	十一类书
						（诸子略）		九谱录
四神仙			道（附见）	仙道录外篇二			十九神仙	
			佛（附见）	佛道录外篇一			廿释氏	十三释
诗赋略四	诗赋（三）	丁部	文翰志二	文集录内篇四	集部第四	文类第十二	集（四）	集部（四）
一屈赋	（同上）			一屈赋	一楚辞	一赋诗	一赋诗	一楚辞

（续表）

七略	汉书艺文志	四部	七志	七录	隋书经籍志	通志艺文略	文献通考经籍考	四库全书
二陆赋				二别集	二别集		二别集	二别集
三荀赋				三总集	三总集		三诗集	三总集
四杂赋				四杂			四歌词	四诗文评
五歌诗							五章奏	五词曲
							六总集各门总集	
			图谱志七			（图谱略）	七总集	
							八文史	

第七章　汉宋异同篇

经术大明于汉,而至东京,即有古今文之争。[1]先是立于学官者,《易》有施氏、孟氏、梁丘氏、京氏四家,《尚书》有大、小夏侯氏、欧阳氏三家,《诗》有鲁、齐、韩三家,《春秋》有公羊、穀梁二家,《礼》有大、小戴氏二家。号为十四博士。[2]而《易》费氏、《礼》周官、《书》孔氏、《春秋》左氏,传于民间,谓之古学,以别异于博士所掌。东京之后,古学遂盛,又目博士为今学。各立门户,相攻无已。及郑氏康成出,网罗众家,注《周易》、《尚书》、《毛诗》、《仪礼》、《礼记》、《论语》、《孝经》。[3]欲注《春秋》,未成,偶与服虔遇于客舍,闻虔在外车上,与人说注《左氏传》意,多与己同,尽以所注与之,遂为服氏注。[4]自是以来,古今之学,合而为一。故范蔚宗称其"删裁繁芜、刊改漏失,学者由是略知所归"。[5]盖"述先圣之元意,整百家之不齐",康成之功,汉儒所未有也。降及魏晋,以至南北朝,儒生迭起,疏注益详。唐人兼综八代,为之定本。太宗时,诏国子祭酒孔颖达,与诸儒撰定《五经正义》。及高宗永徽四年,颁于天下,令明经依此考试。[6]然但有《易》、《书》、《诗》、《礼记》、《左氏春秋》而已。其后贾公彦更撰《周礼》、《仪礼》疏,[7]宋太宗时,邢昺撰《论语》、《孝经》、《尔雅》疏。又与孙奭等被命校定诸经义疏。[8]于是后人刻经,《易》则魏王弼、晋韩康伯注,唐孔颖达等正义;《书》则汉孔安国传,唐孔颖达等正义;《诗》则汉毛亨传郑玄笺,唐孔颖达等正义;《周礼》、《仪礼》则汉郑玄注,唐贾公彦疏;《礼记》则汉郑玄注,唐孔颖达等正义;《春秋左氏传》则晋杜预注,唐孔颖达等正义;《公羊传》则汉何休解诂,唐徐彦疏;[9]《穀梁传》则晋范宁集解,唐杨士勋疏;[10]《论语》则魏何晏集解,宋邢昺疏;《孝经》则唐玄宗御注,宋邢昺疏;《尔雅》则晋郭璞注,[11]宋邢昺疏;《孟子》则汉赵岐注,宋孙奭疏。[12]世所称《十三经注疏》者也。而宋元以来,程颐有《易传》,[13]朱熹有《周易本义》、《诗集传》,[14]蔡沈有《书集传》,[15]胡安国有《春秋传》,[16]陈澔有《礼记集说》。[17]又朱熹之《论语孟子集注》、《大学中庸章句》,并于明永乐中,定以为科举试士之书。逮于有清,沿而不改。康乾以来,学者重张汉学之帜。乃诋程朱诸儒以空言说经,驰性道之虚无,忘经训之实在。主由声音、文字以求训诂,由训诂以求义理。于是言经术者,于今古文外,又多一汉宋之争矣。大抵汉宋之分,汉人考训诂、重家法,宋人谈义理、重心得。谈义理虽或入于影响,考训诂亦时失之烦艰。《汉书·艺文志》谓:"后世经传既已乖离,博学者又不思多闻阙疑之义,而务碎义逃难,便辞巧说,破坏形体,说五字之文,至于二三万言。后进弥以驰逐。故幼童而守一艺,白首而后能言。"《后汉书·郑玄传论》亦言:"守文之徒,滞固所禀。异端纷纭,互相诡激。遂令经有数家,家有数说。章句多者,或乃百余万言。学徒劳而少功,后生疑而莫正。"夫章句训诂之弊如此,其不能不有待于后人之廓清者,势也。故魏王弼注《易》,即已专言义理。虽论者讥其援引老庄,开后来玄虚之渐。然辟榛芜而就坦道,反之乾坤简易之旨,不其相合乎。且即以汉人而言,杨子云少而好学,不为章句。[18]王仲任好博览,不守章句。[19]非皆如许慎、郑玄说《五经》同异,必有所本者也。[20]盖有经生之学,有学人之学。必守章句训诂者,经生之学也。通其义理者,学人之学也。有宋程朱诸儒,本躬行之心得,发先圣之微旨。虽名物考据之细,容有未当。学者循其言而求之，亦内足以修身，外足以明理致用。曾子不云乎："君子所贵乎道者三。动容貌，斯远暴慢矣；出辞气，斯远鄙倍矣；正颜色，斯近信矣。笾豆之事，则有司存。"[21]名物考据，亦有司笾豆之事也。知之固为博识，阙其不知，即亦何害？清人弃程朱之大善，而摘其小疵，岂能餍后世论学者之心乎？

　　清人之所攻击者，尤以朱子为甚。朱彝尊《道传录序》曰："宋元以来，言道学者必宗朱子。以言《诗》、《易》，非朱子之传义，弗敢道也。以言《礼》，非朱子之《家礼》，弗敢行也。推是而言，《尚书》、《春秋》，非朱子所授，则朱子所与也。道德之一，莫逾于此时矣。然杜其聪明，见者无仁智之殊，论者少异同之辨，习者莫有温故知新之义，不能无敝焉。"[22]夫圣人之道，著于经籍。一师之言，岂能包举无漏。专宗朱子，此亦一时之过。然以此而蔽罪朱子，何异于今之无识小生，以汉武之表章六经罢黜百氏，为孔子之咎者乎。且清人所为尊汉儒而抑朱子者，以训诂有象而可据，而义理茫渺而易托也。故戴震曰："以理为学，以道为统，以心为宗，探之茫茫，索之冥冥，不如反而求之《六经》。"[23]钱大昕曰："训诂者，义理之所从出，非别有义理出乎训诂之外也。"[24]然朱子即未尝不致力于训诂。其《序论语训蒙口义》云："本之注疏以通其训诂，参之《释文》以正其音读，然后会之于诸老先生之说，以发其精微。"[25]《答黄直卿书》云："近日看得后生，且是教他依本子认得训诂文义分明为急。今人多是躐等妄作，诳误后生。其实都晓不得也。"[26]《答李公晦书》云："先儒训诂，直是不草草。"[27]《语类》云："某寻常解经，只要依训诂说。"[28]观此云云，岂离训诂而言义理者乎。抑朱子虽作《四书集注》，而亦未始令人废旧有注疏而不观也。其《论语要义序》曰："邢昺《论语疏》，集汉魏诸儒之说，于章句训诂名物之际，详矣。学者读是书，其文义名物之详，当求之注疏，有不可略者。"[29]又《论孟集义序》曰："汉魏诸儒，正音读、通训诂、考制度、释名物，其功博矣。学者苟不先涉其流，则亦何以用力于此。"[30]然则朱子自通训诂,亦教人通训诂。但不如汉人以通训诂为了事。更须进而反之身心,以求至当之归耳,夫以此为学,岂非合内外、赅体用之道哉。且汉学者之所尊,莫过于康成。《朱子语类》云:"郑康成是个好人,考理名数,大有功。事事都理会得,如汉《律令》亦皆有注,尽有许多精力。"[31]又曰:"东汉诸儒煞好,庐植也好,康成也可谓大儒。"[32]又曰:"使郑康成之徒制作,也须略成个模样。未说待周公出制作。"[33]又:"或问:'《礼记》古注外,无以加否?'曰:'郑注自好。'"[34]朱子推重康成如此,岂有异于言汉学之诸公哉。而戴、钱诸人,必谓朱子注经,乱汉人之旧法,讼之惟恐不力。宜乎方植之《汉书商兑》一书,斥其私心求胜也。[35]开有清一代汉学之风者,厥惟黄宗羲、顾炎武二氏。黄氏以南宋以后,讲学家空谈性命,不论训诂,教学者说经则宗汉儒。[36]顾氏《论明嘉靖之议诸儒从祀》,有曰:"弃汉儒抱残守缺之功,而奖末流论性谈天之学。语录之书,日增月益。《五经》之义,委之榛芜。"[37]盖皆鉴于明人末流之失,束书不观,游谈无根,故思以汉人朴实之学矫之。然黄氏说经则宗汉儒,立身则宗宋学,顾氏尤服膺朱子,未尝必与宋学为敌也。故江藩作《汉学师承记》,犹病二人多骑墙之见,依违之言。[38]自从东吴惠氏士奇,专标汉帜,[39]休宁戴氏震,厉禁言理。[40]遂举宋元儒者之说,尽推翻之。而祖述之者,益为之推波助澜,丑诋谩骂。于汉学未必有所得,但以攻讦宋儒自张其门户。此与宋元末学之士,托名理学,掩其空疏虚诞之迹,又何以异乎?阮氏元之言曰:"圣人之道,譬若宫墙。文字训诂,其门径也。门径苟误,跬步皆歧,安能升堂入室乎?学人求道太高,卑视章句,譬犹天际之翔。出于丰屋之上,高则高矣。户奥之间,未尝窥也。或者但求名物,不论圣道。又若终年寝馈于门庑之间,无复知有堂室矣。是故正衣尊视,恶难从易,但立宗旨,即居大名,此一蔽也。精校博考,经义确然,虽不逾闲,便于出入,此又一蔽也。"[41]其指汉学、宋学之失,为两边救敝之辞,可谓不易者矣。然刻《皇清经解》千四百余卷,而如李安溪、方望溪,[42]皆以其近于宋学,至所著述,一字不收,又安在为能持其平者乎?

抑清之汉学,其端未尝不自宋人开之。清人推重许书,而始校定《说文》者,则徐鼎臣铉,始为《说文》作传者,则徐楚金锴。[43]二徐,宋人也。清人辨正古韵,而首言古今韵有别者,则吴才老棫。[44]棫亦宋人也。清人攻伪《古文尚书》,而辨古文之伪,自吴才老、朱晦翁始。清人考经传多语词,[45]而释《诗》以"诞"为发语词,释《书》以"粤若"为发语词,亦自晦翁始。[46]清人以金石校定文字,而金石之学,肇自宋之欧、赵。[47]清人研求目录,而目录之学,首推宋之晁、陈。[48]清之论经,必存古本,而《易》之有《古周易》,则晁说之所录也。[49]清人搜辑古注,而《易》之郑注,则王应麟所辑也。[50]清人斥《河图》、《洛书》,[51]而不知欧公、薛士龙即曾辨之。[52]清人争《诗序》,而不知吕伯恭、马贵与已早发之。[53]由是观之,清人虽以汉学为标榜,又何尝不渊源于宋学哉!然则世之尊清儒而卑宋学者,不独不知宋学,即于清人学术之所自出,亦未之考矣。

要之上穷性命,反身为己者,宋学之长也。博稽名物,施于实用者,汉学之长也。孔子言博文约礼,汉得其博,宋得其约。学者苟能合汉宋而一之,撷其精英,去其支离,庶几有体有用,彬彬之君子矣。[54]至若假之以为盗名之资,托之以为藏身之固。无间汉宋,皆足贻误。学者志切为己,当自能辨之。

[1]详见《六艺篇》。清邵阳魏默深源有《两汉经师今古文家法考》,其序谓:"郑学行,遂至《易》亡施、孟、梁丘,《书》亡夏侯、欧阳,《诗》亡齐、鲁、韩。《春秋》邹、夹、公羊、穀梁,半亡半存,亦成绝学。西京微言大义之学,坠于东京。"今文学家多以今学之亡,蔽罪于康成,然殊非事实。

[2]《后汉书·儒林传·序》:"十四博士,春秋有严、颜二家,皆公羊,无穀梁。"而后又言:"前书齐胡毋子都传《公羊春秋》,授东平嬴公,嬴公授东海孟卿,孟卿授鲁人眭孟,眭孟授东海严彭祖、鲁人颜安乐。彭祖为《春秋》严氏学,安乐为《春秋》颜氏学。又瑕丘江公传《穀梁春秋》。三家皆立博士。"考《穀梁》

立于宣帝时,史无停废之文,则博士中安得无穀梁。盖序云十四博士,不及穀梁者,特东汉之初,儒雅初出,未及遍立。非西京之制也。学者不得据此遂生疑议。又赵岐《孟子题辞》言"孝文皇帝欲广游学之路,《论语》《孝经》、《孟子》《尔雅》,皆置博士。后罢传记博士,独立《五经》而已"。是博士有置有废,亦无定制。

[3]见《后汉书》玄本传及《儒林传》。玄字康成,北海高密人,学于马融。

[4]《世说新语·文学第四》:"郑玄欲注《春秋传》,未成。时与服子慎遇,宿客舍。先未相识。服在外车上与人说己注传意。玄听之良久,多与己同,就车与语曰:'吾久欲注,尚未了。听君向言,多与吾同。今当尽以所注与君。'遂为服氏注。"

[5]《后汉书》玄传赞中语。

[6]《文献通考·选举考》有唐制取士之科,科目不一。士族所趣向,惟明经、进士二科而已。又明经,先帖文,然后口试经问大义十条,答时务策三道。以上上、上中、上下、中上凡四等为及第。永徽四年,颁《五经正义》于天下,令明经依此考试。见《旧唐书·高宗本纪》。

[7]公彦,永年人,官至太学博士。《旧唐书·儒学传》有传。

[8]昺,济阴人。奭,博平人。《宋史·儒学》并有传。《昺传》:"咸平初,改国子祭酒。二年,始置翰林侍讲学士,以昺为之。受诏与杜镐、舒雅、孙奭、李慕清、崔偓、佺等校定《周礼》《仪礼》《公羊》《穀梁春秋传》《孝经》《论语》、《尔雅》义疏。及成,并加阶勋。"

[9]彦疏,《唐书·艺文志》不载。至宋仁宗景祐间编《崇文总目》,始著录,而不著撰人名氏。曰:"或云徐彦。"董逌《广川藏书志》亦云:"世称徐彦,不知时代。意其在贞元长庆之后。"案逌宋徽钦时人。贞元唐德宗年号,长庆唐穆宗年号也。

[10]士勋、理居事迹不见于史,无可考。惟孔颖达《左传正义序》称"与故四门博士杨士勋参定",则士勋与颖达同时,亦贞观中人。

[11]璞,字景纯,闻喜人。《晋书》有传。

[12]《孟子正义》,旧题宋孙奭撰。《朱子语录》则谓"邵武士人假托,蔡季通识其人"。今《四库》有奭《孟子音义》二卷,可以证疏之出于伪托。但以传讹已久,故仍旧名录之。

[13]颐见前《章句篇》。《易传》四卷,经文用王弼本,惟解《上》《下经》《彖》、《象》及《文言》,亦与弼同。

[14] 熹字元晦，一字仲晦，号晦庵，婺源人。《宋史》亦在《道学传》。案：晦庵之书，最受清儒攻击者为《诗集传》。然平心论之，以郑卫多淫奔之诗，自系误解"郑声淫"之过。至不信《诗序》，则《诗序》本难尽信。宋人敢于疑古，正宋人之胜于汉儒处。今人一面标榜疑古，而一面又崇汉学、贬宋儒，亦可谓进退失据者矣。又《易本义》用古本，并谈象数，此与伊川《易传》不同者。

[15] 沈，建阳人，字仲默，号九峰，与其父元定同为朱子门人。《宋史》附元定传。沈作《书传》，本于朱子之命。文序称二《典》三《谟》，经晦庵点定。然晦庵命沈为此书，在庆元己未，而翌年即卒。虽曰大义得之平日口授，要必参以己见，不尽晦庵之教，可知也。

[16] 安国，字康侯，崇安人。《宋史》在《儒林传》。

[17] 澔，字可大，号云庄，都昌人。按元时科举之制，《易》、《书》、《诗》、《春秋》，皆以宋儒新说，与古注疏相参。至《礼记》则专用古注。明初独然。洪武十七年定制，《书》则古注疏、蔡沈集传并立，《春秋》则左氏、公、穀、安国传、张洽集注并立，《礼记》则主古注疏。其后《书》独用蔡传，《春秋》独用胡传，《礼记》用陈澔集说，盖永乐以后事也。洽，南宋人。其书今在《四库》，《通志堂经解》亦收入。

[18] 见《汉书》雄本传。

[19] 见《后汉书》充本传。

[20] 《后汉书·儒林传》："慎以《五经》传说，臧否不同。于是撰为《五经异义》，传于世。"又郑玄传："玄著《天文七政论》、《鲁礼禘祫义》、《六艺论》、《毛诗谱》、《驳许慎五经异义》、《答临孝存周礼难》，凡百余万言。"《唐书·艺文志》，《五经异义》十卷，许慎撰，郑玄驳，今已佚。仅从他书所引者荟集之，得一卷，又补遗一卷。

[21] 见《论语·泰伯第八》。

[22] 见朱氏《曝书亭集》。彝尊，字锡鬯，号竹垞，秀水人。清康熙中举鸿博，授检讨。与修《明史》，体例多从其议。所辑《经义考》，于治经者裨益最多。《道传录》，为华亭张恒北山著。彝尊之中表也。

[23] 见戴氏《孟子字义疏证》。

[24] 钱氏《经籍纂诂序》中语，见《潜研堂文集》。《经籍纂诂》，阮元所撰。案：义理虽出于训诂，而不得即以训诂为义理。钱氏之说，细案之，不独滞象之谈，抑且同于戏论矣。

[25] 见《朱子大全集》卷七十五。案：晦庵既取诸儒之说以为《论语要义》，又以其

说训诂略而义理详,初学者读之,不免迷眩,乃删录之为《训蒙口义》。

[26] 直卿名榦,号勉斋,已见前《章句篇》注,《宋史》入《道学传》。书见《朱子大全续集》卷一。

[27] 公晦,名方子,亦朱子门人,在《道学传》。书见《大全集》卷五十九。

[28] 见《朱子语类》卷七十二。《语类》一百四十卷,宋成淳中黎靖德编。靖德,永嘉人,尝为沙县主簿,摄县事。

[29] 见《大全集》卷七十五。案:邢昺疏盖本之梁皇侃《论语义疏》。《皇疏》今《古经解汇函》、《知不足斋丛书》中并有之。

[30] 亦见《大全集》卷七十五。案:《集义》原名《精义》,所取二程之说外,有张子、范淳夫、吕原明、吕与叔、谢显道、游定夫、杨中立、侯师圣、尹彦明九家。

[31][32] 并见《语类》卷八十七。案:康成有《汉律注》,故云。

[33] 见《语类》卷八十四。

[34] 见《语类》卷八十七。

[35] 植之,名东树,桐城人,清嘉道间诸生。尝客阮元幕中,年八十卒。《汉学商兑》一书,专为言汉学者攻击宋儒而著,共上中下三卷。

[36] 江藩《汉学师承记》卷八:"宗羲之学,出于蕺山。虽姚江之派,然以慎独为宗,实践为主。不恣言心性,堕入禅门。又以南宋以后,讲学家空谈性命,不论训诂,教学者说经则宗汉儒,立身则宗宋学。"案:蕺山谓刘宗周也。

[37] 见《日知录》卷十四"嘉靖更定从祀"条。黄、顾两先生事迹著作并载在《汉学师承记》。

[38] 见《汉学师承记》卷八附题。藩字子屏,号郑堂,甘泉人,尝为淮安丽正书院山长。所著《汉学师承记》外,又有《宋学渊源记》。

[39] 惠士奇,字天牧,号半农。清康熙中进士,官至侍读。周惕之子,栋之父也。惠氏自周惕至栋,三世皆以经学名。士奇著有《易说》、《礼说》、《春秋说》。周惕字文龙,著有《诗说》。并为说经者所重。

[40] 戴东原作《孟子字义疏证》,以理为分理、条理之名,而曰"以理为'如有物焉,得于天而具于心',盖自宋儒始",力攻程朱言理之非。不知孟子言"理义之悦我心",即以理与义并言。汉朱穆《崇厚论》曰"行违于道,则愧生于心,非畏义也。事违于理,则负结于意,非惮礼也",亦以理与道对言。又《吕氏春秋·离谓篇》曰"辨而不当理则伪,知而不当理则诈。理也者是非之宗也",明以理为是非之主。然则以理为道理之称,由来已久,岂始宋儒乎?

[41] 见阮氏《揅经室集》卷二《拟清史儒林传序》。元字伯元,号芸台,仪征人,清

乾隆进士。道光时,官至体仁阁大学士,加太傅。卒谥文达。

[42] 李光地,字晋卿,安溪人。清康熙进士,累官直隶巡抚,文渊阁大学士。卒谥文贞。所著有《周易通论》等书十余种,文集曰《榕树集》。方苞,字灵皋,号望溪,桐城人。康熙进士,累官礼部侍郎。所著有《周官辨》等十余种,总为《抗希堂全书》,文集曰《望溪集》。

[43] 并见前《六书篇》。案:锴没于南唐。而宋史与其兄同入《文苑传》,又其书亦至宋始行。虽谓之宋人殆无不可。

[44] 见前《声韵篇》。

[45] 如王引之《经传释词》是。先乎《经传释词》者,又有刘淇之《助字辨略》。淇字武仲,一字龙田,确山人,肄汉军旗。其书刊于康熙中,今有翻刻本。

[46] 见《诗集传·生民诗传》及蔡沈《书集传·尧典传》。沈序:"二《典》三《谟》,先生盖尝是正。"故以"粤若"为语词,盖朱子说也。《毛公诗传》:"诞,大也。"《伪孔书传》:"若,顺也。"即马融"顺考古道"之说,皆不如朱注为当。

[47] 赵明诚《金石录》,已见前《六书篇》。欧阳修《集古录》十卷,见《四库书目》,又祠堂本《文忠公全集》亦收入。

[48] 见前《目录篇》。

[49] 《直斋书录解题》:"古周易八卷,中书舍人晁说之以道所录。"案:吕东莱《易音训》,朱子《易本义》,皆据晁氏本。

[50] 已见前《六艺篇》。

[51] 如黄宗炎之《图书辨略》、胡渭之《易图明辨》等是。案:朱子《易本义》前,列是方圆九图,盖出邵子之说。黄、胡所辨,皆指此。但据王懋竑说,九图乃后人以《启蒙》依仿为之,非朱子原书如是。所考甚详。见白田《草堂存稿·易本义九图论》。

[52] 《欧阳文忠全集·易或问》曰:"今之所谓系辞者,是讲师之传,谓之大传。有圣人之言焉,有非圣人之言焉。其曰'《易》之兴也,其于中古乎,作易者其有忧患乎,其文王与纣之事与',若此者,圣人之言也,由之可以见《易》者也。'河出图,洛出书,圣人幽赞神明而生蓍,两仪生四象',若此者,非圣人之言。凡学之不通者,惑此者也。"薛季宣《浪语集·河图洛书辨》曰:"《河图》、《洛书》,乃《山海经》之类,在夏为《禹贡》,周为职方氏所掌,今诸路《闰年图经》、汉司空《舆地图》、《地理志》之比也。其曰河洛之所自出,以川师上之之名也。龟龙之说,果何稽乎。"季宣字士龙,号艮斋。所谓永嘉之学,盖自士龙开之。

[53] 吕祖谦《吕氏读诗记》即尊用《毛序》。其书纲领中引程子之说曰"学《诗》而不求《序》,犹欲入室而不由户也",故朱子为之作序,有"方将相与反复其说,以求真是之归"语。马端临《文献通考·经籍考》论《诗序》曰:"《书序》可废,《诗序》不可废。就《诗》而论之,《雅》、《颂》之《序》可废,而十五《国风》之《序》不可废。"又曰"文公谓《序》者之于诗,不得其说,则一举而归之刺其君。愚亦谓文公之于诗,不得其说,而一举而归之淫谑"云云。端临,宋丞相廷鸾之子。虽卒于元,犹宋人也。

[54] 案:清儒中如许宗彦、黄式三、陈澧、朱次琦,汉宋兼治者甚多。

第八章　文章体制篇

文一而已，而体则百变。文之最古者，莫如《尚书》，而典、谟、誓、诰各有其至，不可相为者，[1]固由时代之使然，亦体制之宜尔也。周秦以来，作者日众，厥体益分。《诗序》曰："诗有六义：一曰风，二曰赋，三曰比，四曰兴，五曰雅，六曰颂。"然则赋与颂者不过《诗》之一义，故班固《两都赋序》曰："赋者古诗之流。"[2]屈原作《橘颂》，亦略与《诗》近。[3]然自荀卿赋《礼》、《智》，[4]而卿之弟子李斯刻石颂秦功德，[5]赋、颂与《诗》画境，昔也附庸，今成大国矣。推此以谈，或名异而实同，或名同而实异，不为明辨，岂曰知文？昔魏文作《典论》，以为"文匪一体，鲜能备善"，"奏议宜雅，书论宜理，铭诔尚实，诗赋欲丽，四科不同"。[6]晋陆机为《文赋》，"述先士之盛藻，因论作文之利害所由"。其言亦曰："诗缘情而绮靡，赋体物而浏亮；碑披文以相质，诔缠绵而凄怆；铭博约而温润，箴顿挫而清壮；颂优游以彬蔚，论精微而朗畅；奏平彻以闲雅，①说炜烨而谲诳。"自谓"观才士之所作，有以得其用心"，又云"他日殆可谓曲尽其妙"。[7]可以见文之为物，其体多姿，铨衡所裁，应绳其当

---

① "闲雅"，原作"困雅"，据陆机《文赋》改。

矣。顾后之作者,鲜能留意于此。苏明允以文章名天下,欧阳公为之铭墓,称一时后生学者,皆学其文以为师法。[8]而其《上田枢密书》,第一语即曰:"天之所以与我者,夫岂偶然哉?"[9]故魏叔子讥其无体,以为书虽文,要与面谈相似,若开口挺然便出议论,直作论耳。[10]是明允复生,不能自解者也。孟子曰:"羿之教人射,必志于彀,学者亦必志于彀。大匠诲人虽必以规矩,学者亦必以规矩。"[11]夫为文有体,亦其彀与规矩也。宋倪思曰:"文章以体制为先,精工次之。"又曰:"秦汉而下,文愈盛;文愈盛,故类愈增;类愈增,故体愈众;体愈众,故辨当愈严。"[12]然则学者于此,又安可忽乎哉!

区类文体之书,莫先于挚虞之《文章流别集》。[13]《晋书·虞传》谓其书三十卷,"各为之论,辞理惬当,为世所重"。①今《艺文类聚》犹有散见,盖分体编录者,然大半佚矣。[14]继此之作,厥为《昭明文选》。然其书三十卷,列文之体凡三十有七:曰赋、曰诗、曰骚、曰七、曰诏、曰册、曰令、曰教、曰文、曰表、曰上书、曰启、曰弹事、曰笺、曰奏记、曰书、曰檄、曰对问、曰设论、曰辞、曰序、曰颂、曰赞、曰符命、曰史论、曰史述赞、曰论、曰连珠、曰箴、曰铭、曰诔、曰哀、曰碑文、曰墓志、曰行状、曰吊文、曰祭文。[15]窃尝考之,骚、七、对问、设论、辞,皆赋也;[16]表、上书、弹事,皆奏也;[17]笺、启、奏记,皆书牍也;[18]册、令、文、教,皆诏命也;[19]史论、史述赞,皆论也;[20]吊、诔,皆哀祭也。[21]但有枝分,未能条贯。同时刘勰作《文心雕龙》,其《论说》一篇谓:"详观论体,条流多品:陈政则与议、说合契,释经则与传、注参体,辨史则与赞、评齐行,铨文则与叙、引共纪。故议者宜言,②说者说话,传者转师,注者主解,赞者明意,评者平理,序者次事,引者胤辞,八名区分,一揆宗论。"[22]以彼例此,整乱殊轨矣。昔者东坡尝恨《文选》编次无法,去取失当,窃怪其言为太苛。及观其论宋玉《高唐》、《神女》二赋:"自'王曰唯唯'以

---

① "惬当",原作"惬富",据《晋书》卷五十一《挚虞传》改。
② "宜言",原作"宣言",据《文心雕龙·论说》改。

前，皆应为赋，而昭明谓之序，大可笑。且相如赋首有子虚、乌有、亡是三人论难，①岂亦序耶？"[23]然后知辨次文体，昭明果不能无失也。[24]自是以后，代有选者，而如《古文苑》、《文苑英华》、《唐文粹》、《宋文鉴》诸书，[25]大率祖其绪余，搜讨加勤，分类滋广，未有起而更正之者。南宋之季，真德秀编《文章正宗》二十卷，总分辞命、议论、叙事、诗歌四类，[26]录《左传》、《国语》以下，至于唐末之作，甄择甚严。虽其大意主于论理而不论文，执理太过，不免亭林之讥，[27]而子目之繁，亦未及厘正。然四类区分，可云精允，以矫昭明之枉，则一得也。下逮有明一代，选本益众，坊刻日增，别类分门，冗滥无当。如吴讷编《文章辨体》五十卷，内集凡四十九体，外集凡五体，[28]至徐师曾因之，撰《文体明辨》八十四卷，乃广正集之目为一百有一，广外集之目为二十有六。[29]贺复徵又以吴书为未备，乃编《文章辨体汇选》七百八十卷，分列各体为一百三十二类。[30]皆苟夸繁富，罕能考核源流。吴则以《北山移文》为古赋，斥律诗为变体。徐则于诸表中，古体之外添唐体、宋体；于碑，正体、变体之外又增一别体。贺则上书之外复收贾山《至言》一篇，为上言之体；既有墓表，又收欧公《泷冈阡表》，为阡表之体；记与纪事之外，复有纪，杂文之外，复有杂著。凡此之类，尤为分合无据者矣。是则搜辑虽勤，门径弥棼，其于学者，益少害多。及有清姚氏《古文辞类纂》出，分类十三，曰论辨、曰序跋、曰奏议、曰书说、曰赠序、曰诏令、曰传状、曰碑志、曰杂记、曰箴铭、曰颂赞、曰辞赋、曰哀祭，[31]而于奏议类则曰："汉以来，有表、奏、疏、议、上书、封事之异名，其实一类。惟对策虽亦臣下告君之辞，而其体少别。"于杂记类则曰："记所纪大小事殊，取义各异。柳子厚纪事小文，或谓之序，然实记之类也。"[32]斯则甄别体例，迥迈前人。其后姚氏弟子上元梅伯言，因《类纂》而为《古文词略》，增入诗歌一类。[33]湘乡曾涤生，杂钞经史百家，列三门十一类：

---

　　①　"首有"，原作"自有"，据苏轼《书文选后》改。

著述门,有论著、词赋、序跋之类,凡三;告语门,有诏令、奏议、书牍、哀祭之类,凡四;记载门,有传志、叙记、典志、杂记之类,凡四。去姚氏之赠序,而增入叙记、典志,以颂、赞、箴、铭附辞赋之下,以碑、志附传志之下。[34] 所列三门,实用西山四类之说,[35] 然要之与姚氏《类纂》不甚相远。是以姚氏之书,于唐宋诸家之后,明则独取归熙甫,清则独取方灵皋、刘才甫,[36] 门庭狭隘,不免为达人所讥,而类次部居,剖晰于神貌同异之间,详审于源流分合之故,则亦著作之权衡,而文章之模范,后贤有作,莫能移易者已。

中国文章,至唐为一大变。《新唐书·文艺传》曰:"唐有天下三百年,文章无虑三变。高祖、太宗,大难始夷,沿江左余风,缔句绘章,揣合低昂,故王、杨为之伯。玄宗好经术,群臣稍厌雕琢,索理致,崇雅黜浮,气益雄浑,则燕、许擅其宗。是时唐已百年,诸儒争自名家。大历、贞元间,美才辈出,擩哜道真,涵泳圣涯,于是韩愈倡之,柳宗元、李翱、皇甫湜等和之,排逐百家,法度森严,抵轹魏、晋,上轨汉、周,唐之文完然为一王法,此其极也。"[37] 盖由秦迄隋,文之体虽屡更,而文之名曾无异。及韩、柳起于唐,乃有古文之目,而号六代之文为骈俪。自是以后,学古文者视骈俪为俳优,而好骈俪者亦嗤古文为粗野,文章轨辙,于焉歧二矣。且《易·系》曰:"物相杂,故曰文。"[38]《易》不能有阴而无阳,文即不能有奇而无偶。故《论语》如:"君子周而不比,小人比而不周。""学而不思则罔,思而不学则殆。"[39] "多闻阙疑,慎言其余,则寡尤;多见阙殆,慎行其余,则寡悔。"[40] "礼,与其奢也,宁俭;丧,与其易也,宁戚。"[41] "知者乐水,仁者乐山;知者动,仁者静;知者乐,仁者寿。"[42] 皆骈偶也。《孟子》如:"未有仁而遗其亲者也,未有义而后其君者也。"[43] "老吾老,以及人之老;幼吾幼,以及人之幼。"[44] "仕者皆欲立于王之朝,耕者皆欲耕于王之野,商贾皆欲藏于王之市,行旅皆欲出于王之涂。"[45] "惟仁者为能以大事小,是故汤事葛,文王事昆夷;惟智者为能以小事大,故太王事獯鬻,勾践事吴。以大事小者,乐天者也；以小事大者，畏天者也。乐天者保天下，畏天者保其国。"[46] 亦皆骈偶也。他若《诗》、《书》、《易》、《礼》，莫不奇偶相间，因以成文。士衡《文赋》所谓"音声迭代，五色相宣"，盖指此也。然则言文必进唐、宋而退齐、梁，右韩、柳而左徐、庾，[47] 岂独于理为不通，不且于文为不备乎？然而好为分别，不独唐后为然，当夫南北之际，已有此论。《文心雕龙·总术篇》云："今之常言，有文有笔。无韵者笔，有韵者文。"又云："颜延年以为笔之为体，言之文也，经典则言而非笔，传记则笔而非言。"[48] 夫经传所异者体，不异者文。《诗》有韵而有时无韵。《周南·葛覃》二章首二句，《豳风·鸱鸮》首章前三句，《大雅·荡》二、三、四、五、七、八章首二句，《桑柔》八章前四句，《周颂·清庙》首二句及第六、七句，[49] 皆是也。《书》无韵而有时有韵。《泰誓》："我武惟扬，侵于之疆，则取于残，杀伐用张，于汤有光。"[50]《洪范》："无偏无陂，遵王之义；无有作好，遵王之道；无有作恶，遵王之路；无偏无党，王道荡荡；无党无偏，王道平平；无反无侧，王道正直。"皆是也。若云经典非笔，则何解于《易》之《文言》？若云笔不言文，又岂得谓文之非笔？[51] 从知以有韵、无韵为文之分疆，与认骈体、古文殊涂而不可合，其蔽一也。夫文之所发，不外情、理、事三。说理欲其显畅，自以散体为胜；情、事贵于描写，骈整亦益多姿。[52] 用有曲宜，未容执一。所以《文心·定势》之论，先之《通变》，而《情采》之章，继以《镕裁》也。[53] 姚氏《类纂》除辞赋外，不取六朝，盖恶其气卑而辞靡。然而镂绘之工，文采之盛，又岂可尽废乎？李兆洛《骈体文钞序》曰："吾甚惜夫歧奇偶而二之者之毗于阴阳也。毗阳则躁剽，毗阴则沉腽。"[54] 学者欲尽相杂迭用之能，而免毗阴、毗阳之失，于姚氏《类纂》、曾氏《杂钞》之外，益之以李氏之《文钞》，其亦可以无过也已。虽然，兹之所论，惟辨体裁，而于神理、气味、格律、声色诸所以为文者，则神而明之，又当存乎其人矣。

[1]《诗序》见前《六艺篇》。

［2］见《昭明文选》卷一班孟坚《两都赋序》："或曰：赋者，古诗之流也。"

［3］《楚辞·九章》第八。

［4］《荀子》卷十八《赋篇》有《礼》、《智》、《云》、《蚕》、《箴》五赋。

［5］见《史记·始皇本纪》，有峄山刻石、琅邪台刻石、之罘刻石、碣石门刻石、会稽刻石，并颂秦德，李斯作。

［6］见《文选》卷五十二魏文帝《典论·论文》，《典论》书已佚，《论文》其一篇也。

［7］见《文选》卷十七。机，字士衡，吴丞相逊之孙，大司马抗之子也，《晋书》有传。

［8］《居士集》卷三十五《故霸州文安县主簿苏君墓志铭》："自来京师，一时后生学者，皆尊其贤，学其文，以为师法。"明允，洵之字也。

［9］见《老泉集》卷十一。

［10］见魏叔子《日录杂说》。叔子名禧，一字冰叔，宁都人，明末诸生，清康熙中以博学鸿词荐，辞疾不出。与兄际瑞、弟礼，号为"宁都三魏"，并有文集行于世。

［11］见《孟子·告子上》。

［12］见吴讷《文章辨体》卷一引。思，字正甫，归安人，乾道进士，历官至礼部尚书，出知镇江府卒，谥文节，《宋史》有传。

［13］《文章流别集》，《隋志》作四十一卷，又《志论》二卷，《唐书》言三十卷，疑唐时已不全。虞，字仲洽，长安人，《晋书》有传。

［14］《艺文类聚》，唐欧阳询等奉敕撰，凡一百卷。

［15］案《文选》赋、诗皆有分类。赋之类，曰京都、郊祀、耕籍、畋猎、纪行、游览、宫殿、江海、物色、鸟兽、志、哀伤、论文、音乐、情，凡十五；诗之类，曰补亡、述德、劝励、献诗、公宴、祖饯、咏史、百一、游仙、招隐、反招隐、游览、咏怀、哀伤、赠答、行旅、军戎、郊庙、乐府、挽歌、杂歌、杂诗、杂拟，凡廿三。自骚以下，不另分类。疏密失齐，即此可见。

［16］案太史公《报任安书》曰："屈原放逐，乃赋离骚。"《艺文志》载屈原赋二十五篇，不别名"骚"。盖《离骚》之不可名"骚"，犹《解嘲》之不可名"嘲"也。《史记·司马相如传》言"景帝不好辞赋"，《汉书·扬雄传》"赋莫深于《离骚》"、"辞莫丽于相如"，则辞、赋一也。《七发》创于枚乘，其后傅毅《七激》、崔骃《七依》、曹植《七启》、王粲《七释》、张协《七命》，仿之者殆十余家。然《九歌》、《九章》、《九辨》不名"九"，则《七发》、《七启》、《七命》亦不得名"七"也。至宋玉《对楚王问》，东方朔《答客难》，扬雄《解嘲》，亦屈原《卜居》、《渔父》之

143

类。《卜居》、《渔父》入骚，何为独设"对问"、"设论"之目乎？故此皆可合，不必分也。

[17] 案《文心》有言："战国以前，君臣同书。"然则言事于王，谓之"上书"，由来尚矣。秦汉而下，古制犹存，故《文选》六臣注曰："三王已前，谓之敷奏。《尚书》云'敷奏以言'，是也。至秦并天下，改为表。总有四品：一曰章，谢恩曰章；二曰表，陈事曰表；三曰奏，劾验政事；①四曰驳，反覆事理。六国及秦、汉兼谓之上书，汉、魏以来都曰表进。诸侯称上疏，魏以前天子亦称上疏。"又《文心》云："魏国笺记，始云'启闻'。奏事之末，②或云'谨启'。自晋来盛启，用兼表、奏。"又按劾之奏，别称弹事。故表、启、上书、弹事，皆奏也。

[18] 《文心》云："书记之用广矣。考其杂名，古今多品，是故有书，有奏记，有启，有简，有状，有疏，有笺，有札，而书记则其总称也。"③故笺、启、奏记皆书牍。

[19] 案秦法，皇后、太子称令。④ 蔡邕《独断》云："诏犹告也，秦始有之。"又云："诸侯言曰教。"又《通考》："汉制取士，作简策难问。"《说文》曰："册，符命也，诸侯近受于王。其札一长一短，中有二编。"故册、令、教、策文皆诏命。

[20] 史家每于纪、传之后，附以论断。其体昉自史公，所称"太史公曰"者是也。班固《汉书》名曰赞。陈寿《三国志》名曰评。至范蔚宗《后汉书》，则名曰论，别于论后造为韵文，谓之曰赞。盖即马《史》、班《书》、《自叙》、《叙传》中体。《文选》所云史述赞者，范《书》不以序入篇，故附之纪、传后耳。然文虽有有韵、无韵之殊，其实亦史后论述之类，故此数者皆论也。若必区别有韵、无韵，则合之颂、铭，别为一类，亦可。

[21] 古者吊生曰唁，吊死曰吊。其有称祭文者，实亦吊也。《文心》曰："诔者，累也。言人死后，累其德行，旌之不朽也。"又曰："哀者，依也。悲实依心，故曰哀也。以辞遣哀，盖不泪之悼。"魏晋以后，哀辞之体与诔相若。故吊、诔、哀、祭一也。

[22] 见《文心雕龙》卷四。案《文心》五十篇，末篇《序志》，即自叙也，故实四十九篇。《原道》、《征圣》、《宗经》、《正纬》、《辨骚》、《明诗》、《乐府》、《诠赋》、《颂赞》、《祝盟》、《铭箴》、《诔碑》、《哀吊》、《杂文》、《谐讔》、《史传》、《诸子》、《论

---

① "劾验"，原作"效验"，据《六臣注文选》卷三十七改。
② "奏事之末"，原作"奏事之云"，据刘勰《文心雕龙·奏启》改。
③ 按此段引文不见于《文心雕龙》，实际出自徐师曾《文体明辨序说》"书记"类。
④ "称令"，原作"称今"。《六臣注文选》卷三十六刘良注任昉《宣德皇后令》曰："秦法，皇后、太子称令。"据改。

说》、《诏策》、《檄移》、《封禅》、《章表》、《奏启》、《议对》、《书记》二十五篇,皆言文体;《神思》、《体性》、《风骨》、《通变》、《定势》、《情采》、《镕裁》、《声律》、《章句》、《丽辞》、《比兴》、《夸饰》、《事类》、《练字》、《隐秀》、《指瑕》、《养气》、《附会》、《总术》、《时序》、《物色》、《才略》、《知音》、《程器》二十四篇,则言文术。

[23] 见《东坡全集》评《文选》去取失当及《五臣注文选》条。

[24] 案与《昭明文选》同时者,尚有任昉撰《文章缘起》一卷,集秦汉以来,"诗"、"赋"、"离骚",至于"势"、"约",凡八十五题,各详其体之所自始。然分析颇疏,如以"表"与"让表",分为二类;"骚"与"反骚",别立两体,崔骃《达旨》,即扬雄《解嘲》之类,而另立"旨"之一名;崔瑗《草书势》,乃论草书之字势,而强标"势"之一目。其淆杂又在《文选》之下。《四库提要》疑为伪托,非无见也。故此不复论列。

[25] 《古文苑》不著编辑者名氏。所录诗、赋、杂文,自东周迄于南齐止,意亦梁人所辑。其间录汉魏诗文,多从《艺文类聚》、《初学记》删节之本,又似出唐人之手,莫能定矣。书共二十一卷。《文苑英华》,宋李昉、扈蒙、徐铉、宋白等奉敕编。其书所录,起于梁末,盖以上继《文选》者。共一千卷。《唐文粹》,宋姚铉编。铉,字宝臣,庐州人,《宋史》有传。书一百卷。《宋文鉴》,吕祖谦编,原名《皇朝文鉴》,共一百五十卷。《四部丛刊》本犹存旧名。

[26] 《文章正宗》二十卷,又《续集》二十卷。《续集》皆北宋之文,阙诗歌、辞命二门,而末一卷又有录无书,盖未成之本,非正集比也。德秀,字景元,一作希元,浦城人,庆元进士,官至参知政事,谥文忠,学者称西山先生。著书甚多,有《大学衍义》、《读书录》、《文集》等,《宋史》有传。

[27] 顾炎武《日知录》曰:"真希元《文章正宗》,所选诗一扫千古之陋,归之正旨。然病其以理为宗,不得诗人之趣。"又曰:"六代浮华,固当刊落。必使徐、庾不得为人,陈、隋不得为代,毋乃太甚,岂非执理之过乎?"

[28] 吴讷,字敏德,号思庵,常熟人,仕永乐、宣德间,官至左副都御史,谥文恪,《明史》有传。《内集》收古文,《外集》收骈文,每体之后,各为之说。程敏政作《明文衡》,特录其叙录,盖当世颇重之。《四库》入总集存目。

[29] 徐师曾,字伯鲁,吴江人,嘉靖中,官吏科给事中。《文体明辨》,纲领一卷,诗文六十一卷,目录六卷,附录十四卷,附录目二卷,共八十四卷。《四库》入存目。

[30] 贺复徵,字仲来,丹阳人。其书每体之首,多引《文心雕龙》及吴讷、徐师曾之

言,参以己说,以为凡例。所录之文,亦多出人耳目之外,故《四库》特录之。

[31]《古文辞类纂》四十八卷。姚鼐,字姬传,又字梦毅,桐城人,乾隆进士,官刑部郎中,充《四库》纂修官,后告归,主讲钟山紫阳诸书院,凡四十年。桐城文派,开于方苞、刘大櫆,而其名则实自姬传始。所著书有《九经说》、《三传补注》、《老子庄子章义》、《惜抱轩文集》等。

[32]见《古文辞类纂序目》。序为记之类者,如王逸少《兰亭序》即如此。然谓之序者,则以其后有诗故也,韩退之《郓州谿堂诗并序》、柳子厚《愚溪诗序》亦然,惟子厚《陪永州崔使君游谳南池序》则无诗而亦曰序。子厚,柳宗元字也。

[33]伯言,名曾亮,清道光进士,官户部郎中。与同里管异之同,皆能绍姚氏古文之传。有《柏枧山房集》。《古文词略》分类十四,共廿四卷。

[34]见曾文正公《经史百家杂钞》。涤生,文正字也。文正公官阶事业,具详王定安所撰《事略》。姚惜抱言学有三,曰义理、曰考证、曰辞章,文正则更益之以经济。其《经史百家杂钞》特添入叙记、典志二类,盖为经济之学设也。

[35]案《经史百家杂钞》之著述门,即《文章正宗》之议论类;告语门,即辞命类;记载门,即叙事类;惟诗歌一类,则别钞十八家为一集,另行。《杂钞》不收赠序,以为其体非古,然古人何尝无赠言之例? 以颂、赞、箴、铭附之辞赋,盖以其用韵,体相若也;然后世哀、祭之文,与《楚辞》之《哀郢》、《大招》、《招魂》,司马相如之《哀二世赋》亦相若,而哀、祭不入辞赋,则颂、赞、箴、铭即亦不得强合也。又以《西铭》、《东铭》入之论辨,以马援《戒子书》、郑玄《戒子书》入之诏令,名实皆不免龃龉,不及姚氏《古文辞类纂》之允当。

[36]归熙甫,名有光,昆山人,《明史·文苑》有传。灵皋,方苞字,已见前。才甫,刘大櫆字。刘又号海峰,以副榜官黟县教谕。

[37]见《唐书》卷二百一。王、杨,王勃、杨炯也,并在《文艺传》。燕、许,张说、苏颋也。说封燕国公,另有传。颋袭父瑰爵许国公,附《瑰传》。韩、柳、李皆另有传。皇甫湜附《韩愈传》。案韩、柳当时并称,其文亦各有至处,兹谓韩倡而柳和,盖宋人重韩之偏见,非笃论也。

[38]见《易·系辞传》。

[39][40]并《论语·为政第二》。

[41]《论语·八佾第三》。

[42]《论语·雍也第六》。

[43][44][45]并《孟子·梁惠王上》。

146

[46]《孟子·梁惠王下》。

[47] 徐陵,字孝穆,郯人,《陈书》、《南史》并有传。庾信,字子山,新野人,《周书》、《北史·文苑》有传。《孝穆集》,《隋志》三十卷,今存六卷。《子山集》,《隋志》二十一卷,《北史》二十卷,今吴兆宜注作十卷,倪璠注作十六卷,已非全本。案信文章与陵齐名,当时称"徐庾体"。

[48]《文心雕龙·总术第四十四》曰:"今之常言,有文有笔,以为无韵者笔也,有韵者文也。夫文以足言,理兼《诗》、《书》,别目两名,自近代耳。颜延年以为笔之为体,言之文也;经典则言而非笔,传记则笔而非言。请夺彼矛,还攻其楯矣。何者?《易》之《文言》,岂非言文?若笔果言文,①不得云经典非笔矣。将以立论,未见其论立也。"案颜之谓笔,即常言之谓文,颜之谓言,即常言之谓笔,名实不同,不可不知也。延年名延之,莘人,《宋书》、《南史》并有传,与谢灵运齐名,江左称曰"颜谢"。

[49] 各见《诗经》本诗。案丁以此《毛诗正韵》以"中谷"谷字连章韵,"鸸鸮"本句自为韵,又"文王曰咨"二句亦连章韵,又"穆"、"庙"为间字韵,"清庙"与后"在庙"韵,几于无字不韵。此知《诗经》用韵之密,而不知其用韵之疏之尤胜也。如此数章在《诗经》中,用韵显是不同。前人谓《周颂》多无韵,岂尽非哉?以此,字竹筠,日照人,尝学于许瀚。先乎丁书,专以韵言《诗》者,尚有甄士林《诗经音韵谱》。士林,字毅庵,汝人,嘉庆进士,尝长临清清源书院。

[50] 此用《孟子》引《汤誓》文。伪古文字有改易,不敢必信。案《易》之有韵不待言。《礼记·曲礼》首四句"毋不敬,②俨若思,安定辞,安民哉!"亦有韵。此外老庄诸子有韵之句亦甚多。

[51] 见上四十八条注。

[52] 案柳子厚云:"文之用,词令褒贬,导扬讽喻而已。词令褒贬,本乎著述者也;导扬讽喻,本乎比兴者也。著述者流,盖出于《书》之谟训,《易》之象系,《春秋》之笔削,其要在于高壮广厚,词正而理备,谓宜藏于简册也。比兴者流,盖出于虞、夏之咏歌,殷、周之风雅,其要在于丽则清越,言畅而意美,谓宜流于谣诵也。"此所谓理欲其显畅,即柳氏之云著述也;情、事贵于描写,即柳氏之云比兴也。然著述、比兴,亦自有不可分者。《皋陶谟》中之《赓歌》,何尝非比兴?《雅》中之《板》、《荡》、《抑》与《桑柔》,何尝非著述?是明其异者,又

① "果",原作"不",据《文心雕龙·总术》改。
② "毋不敬",原作"母不敬",据《礼记·曲礼》改。

不可不会其通也。

[53]《文心雕龙·通变第二十九》,《定势第三十》,《情采第三十一》,《镕裁第三
十二》。

[54]兆洛,字申耆,阳湖人,世所称阳湖派者也。阳湖派始于恽子居敬、张皋文惠
言,而申耆实为之殿。申耆清嘉庆中进士,官凤台知县,集曰《养一斋集》。
《骈体文钞》三十一卷:一铭刻,二颂,三杂飏颂,四箴,五谥诔哀策,六诏书,
七策命,八告祭,九教令,十策对,十一奏事,十二驳议,十三劝进,十四贺庆,
十五荐达,十六陈谢,十七檄移,十八弹劾,十九书,二十论,二十一序,二十
二杂颂赞箴铭,二十三碑记,二十四墓碑,二十五志状,二十六诔祭,二十七
设辞,二十八七,二十九连珠,三十笺牍,三十一杂文。自弹劾以上十八类,
总为之叙曰:"皆庙堂之制,奏进之篇,垂诸典章,播诸金石者也。"自诔祭以
上八类,叙曰:"指事述意之作也。"自杂文以上五类,叙曰:"多缘情记兴之
作。"盖三十一类,又总括为三编。所录文,自秦始,而迄于隋。笺牍、杂文,
则齐梁之篇为尤多焉。

附：国学书目举要

段玉裁《说文解字注》 江苏书局本、湖北书局本

朱骏声《说文通训定声》 浙江书局本、上海积山书局石印本

王筠《说文释例》 家刻本朱氏刊本

《说文通检》 湖北书局本

　　读书必先识字。欲识字，不可不通形声。欲通形声，不可不治《说文》。故举段、朱、王三氏之书，以为学者确立读书基础，庶免望文生义、自欺欺人之失。至《说文通检》则为翻检而设，又治《说文》者所必备也。

刘淇《助字辨略》 上海中国书局翻印本

王引之《经传释词》 同上

吴昌莹《经词衍释》 同上

俞樾《古书疑义举例》 同上

王念孙《读书杂志》 江南书局本

王引之《经义述闻》 原刻本江西刻本

俞樾《群经平议》 俞氏丛书本

俞樾《诸子平议》 同上

《说文》六书之学,而郑夹漈谓其不免为假借所淆,则假借之难明,非若象形、诸声简而有定也。有清汉学诸家,以此经证彼经,复以诸子之书证群经,爬梳二百年,而后假借之用如辟莱芜而见大道。于是向日经之不可解者,今渐可解,而诸子之通于经者,亦无不可解矣。今举此数书,学者读之,通其义例,曲畅旁达,异日研读古籍为助不少。

《朱子近思录江永注》　江南书局本、浙江书局本、湖北书局本

《二程粹言》　吕氏刊本

《朱子语类》　应元书院本

王懋竑《朱子年谱》　原刊本浙江书局补刊本

《象山语录》《象山全集》本

《阳明传习录》　商务书馆铅印本

李颙《二曲集》　通行本

陆世仪《思辨录辑要》　江苏书局本

方东树《汉学商兑》　浙江书局本

方东树《书林扬觯》　盱眙吴氏刊本

陈澧《东塾读书记》　湖南刊本

　　昔姚惜抱谓学有考据之学、义理之学、词章之学,考据、义理,此汉宋之所以分疆也,平心论之,考证、训诂,汉学之长,以言身心,宋学尤切。今日人欲横流,彝伦坠地,因症发药,二程朱子,固当代之卢、扁也。故以此数书举似学者,非仅以为平停汉宋之争,亦欲明示端正本源之鹄。

　　程朱陆王,门户虽异,通其宗旨,非甚相违,如象山之先立其大,阳明之知行合一,皆壁立万仞,足以立懦廉顽,故读程朱书后,宜并读此。方氏治宋学而亦收汉学之长,陈氏治汉学而极称朱学之精,二曲主王而兼取程朱,桴亭学程朱而不排阳明,此其虚心朴学,真学者之所应取法也。今人于古人之学无毫末之得,而专以寻摘古人之瑕疵为能,读此四先生之书,庶自知其失。其中方氏措语稍激,然当汉学风靡之日,为支持程朱

一线之延，赤手孤拳，四面应敌，其不能不稍激者，亦势所迫也。

今日学者病痛，莫过轻于立言、轻于著书，孟子有言，"今以其昏昏，使人昭昭"，始以自欺，终以祸世，及其知悔，已不可追。然后知古人非四十不著书，非过为矜慎也。况学者正在力学之年，忽作留名之想，既以夺志，亦且妨功，故方植之《书林扬觯》一书，诚不可不时以省览也。

章学诚《文史通义》 浙江书局本

万斯同《儒林宗派》 上海国学扶轮社本

王梓材《增补宋元学案》 道州何氏重刻本

黄宗羲《明儒学案》 南昌县学本

江藩《汉学师承记》 通行本

唐鉴《学案小识》 通行本

举此六书，以见古今学术之源流派别，他如各史之艺文、经籍志，儒林、道学传，《文献通考》之《经籍考》，皆宜一读，而《汉书·艺文志》尤要。如此，学者于流派分明，渐可自寻为学途径矣。

晁公武《郡斋读书志》 长沙王氏刊本

陈振孙《直斋书录解题》 江苏书局本

《四库简明目录》 广雅书局小字本、又通行本

《四库书目提要》 同上

《四库未收书目》 即《研经室外集》阮氏刻本石印本

《增订汇刻书目》 北京有益堂翻印本

《续汇刻书目》 罗氏双鱼堂刊本

姚际恒《古今伪书考》 苏州文学山房本

读书人之有书目，犹商人之有各货样本也，故力所能购，总宜购之。若《郡斋读书志》、《直斋书录解题》，阅之可知一书大意，即可为读此一书之先导，尤为有益。但《四库书目提要》卷册太多，或未暇及耳。

书有收入丛书中，无单行本者，故汇刻书目不可不备。

又各家藏书目录印行甚多，但多言板本，非读书者所必要，故不及。

《十三经注疏附校勘记》　阮氏原刻本、江西书局本、点石斋影印本

《宋元人注五经》　江南书局本、江苏书局本、湖北书局本

《四书章句集注》　江南书局本、武昌书局本

读经宜知家法，而却不可墨守一家之言以自画。故汉唐注疏、宋元义理宜兼取焉。

四子书中学时应读过，但此等书实终身读之而受用不尽者，切不可以习见而忽之。

惠栋《易汉学》　经训堂丛书本、单行本

胡渭《易图明辨》　守山阁丛书本、单行本

张惠言《周易虞氏易消息》　茗柯全集本

姚配中《周易姚氏学》　湖北书局本

来知德《易注》　明刊本宁远堂本

阎若璩《古文尚书疏证》　原刊本、吴氏刊本

王鸣盛《尚书后案》　原刊本、皇清经解本

孙星衍《尚书今古文注疏》　平津馆丛书本、皇清经解本

陈奂《诗毛氏传疏》　上海校经山房翻印本

陈启源《毛诗稽古篇》　学海堂本、同文书局石印本

方玉润《诗经原始》　商务印书馆翻印本

《韩诗外传》　吴氏望三益斋本、商务印书馆四部丛刊本

万斯大《周官辨非》　原刊本

方苞《周官辨》　原刊本

孙诒让《周礼正义》　浙江书局本

孙诒让《周礼政要》　通行本

张尔岐《仪礼郑注句读附监本正误石经正误》 通行本

朱彬《礼记训纂》 原刊本

孙希旦《礼记集解》 江苏书局本

孔广森《大戴礼记补注》 江南书局本

《白虎通义》 抱经堂丛书本

梁履绳《左通补释》 原刊本

顾栋高《春秋大事表》 原刊本

董仲舒《春秋繁露》 抱经堂本、影印抱经堂本

刘宝楠《论语正义》 江宁刻本

戴望《论语注》 原刊本

焦循《论语通释》 焦氏丛书本、新印清代学术丛书本

焦循《孟子正义》 同上

戴震《孟子字义疏证》 戴氏遗书本、上海翻印本

真德秀《大学衍义》 江苏书局本

胡泉《大学古本荟参》 原刊本

朱子《四书或问》 通行本

阎若璩《四书释地》 通行本

翟灏《四书考异》 原刊本

吴昌宗《四书经注集证》 通行本

五经《易》最难读，而注家亦最多。难读者，其理微。注家多者，则其道大。苟有所见，皆可牵连而依附之也。明道翦除葛藤，独标正义，廓清之功，同于辅嗣。然《易》曰"观象玩辞"，曰"大衍之数五十，其用四十有九"，全废象数，简易则简易矣，非圣人所以前民用之道也。自康节得河洛图书之传，作《皇极经世》，朱子用以说《易》，制为方圆各图，又与明道异矣。清胡朏明力辨图书之伪，而惠、张诸氏遂以复然郑、虞之灰，下逮仲虞，戛焉独造，然于人益密，其于天也益离，要其得失，正亦难判。大概专治一经，必象数兼研，始穷阃奥，若曰观其大义，

则王注、程传抑亦简而可从也。明来矣鲜崛起蜀中，自矜绝学，虽不无支蔓，要亦独辟蹊径者也，旁通易蕴，或有取尔。

《书》古文之伪，发之于吴才老，至清阎氏、王氏，指证确凿，已同铁案，然竹垞翁谓其言多缀辑遗经，无悖于理，譬之汾阴汉鼎，终可宝贵，持议甚平，故若孙渊如，宗尚今文，而于古文亦复并为疏注，可谓两不失之者矣，读者固宜以此为善本。

朱子误于"郑声淫"之说，于郑卫之诗多解为淫奔，此朱子之失，无庸为讳者也。然墨守毛氏之注，以为只字不可以移易，以此诘朱，诚乃胜之，而说诗如此，其能免于"固哉高叟"之讥乎！方氏《原始》考证诸家，斟之己意，其有未解，一付阙疑，断制之中，犹存矜慎，学诗佳本，莫过于斯。若二陈之《稽古篇》、《毛氏传疏》，专家之学，穷原古训，自可参观。

古传《诗》者，有鲁齐韩三家，鲁齐并逸（马国翰《玉函山房丛书》有辑本，然麟爪而已），韩亦不全，今所存者，《外传》十卷而已，然孟子所谓"不以文害辞，不以辞害志"者，于韩传犹得见之，学《诗》者必不可不读。

《礼》自体国经野之巨，下至饮食酬酢之微，罔不毕载，盖先王所以一上下，定民志也，其制在《周官》、《仪礼》，其义在大小戴，《周官》之书，世多疑为伪托，万充宗辨之详矣。然先后二郑皆言其非伪，通儒授受必有所征，虽其辗转流传，不免有所附益，而以瑕颣之害弃盈尺之璧，亦已过矣。方灵皋《周官辨》分别真伪，足祛疑惑，然以窜乱归之刘歆，其为无征，与万氏一也。孙仲容《周礼正义》考订详明，最为完善，明先王制作之原，此书所宜研读。其《周礼政要》录西法以合古礼，亦通于礼意之作也。《仪礼》自昌黎大儒即称难读，而烦琐委曲，尤苦爬梳，张稷若《句读》于讹文脱字一一勘校，并为之离析句读，皆可上口，故顾宁人称其简当，推挹甚至，今读《仪礼》无过此书。大小二戴，大戴为难，小戴一书，前人注疏甚明，益之朱氏《训纂》、孙氏《集解》，可云详尽，大戴则孔氏《补注》，间犹舛误，要其大体，皆可通晓，张文襄公谓《礼》与《诗》训诂较他经为详，义理较他经为显，故治礼似难而实易，非无见也。《白虎通义》、《三礼总纲》虽说非一家，嫌于庞杂，然汉人之论，犹多近古，未可废弃，故以附之。

《春秋》三传，义则《公》《穀》，事则左邱，然征实迹者难诬，骋虚论者易妄，清嘉道以后，宗尚公羊，至康南海遂有托古改制之说，前无依据，吾无取焉。故《公》《穀》但取注疏，而以左传杜解稍疏救之，以梁氏《通释》至顾复初《大事表》，于疆域人物各为区分，而辨析详明，议论精确，则治《春秋》者之指南也。董氏《繁露》，公羊之学，而颇涉阴阳五行，故后儒颇肆诋谇，然比事属辞，《春秋》之教，其所发挥，时见古义，亦诗之韩《传》、礼之《白虎通义》类也。

《四书》至朱子《章句集注》可谓斟酌至当者矣，其所取舍，义略见于《或问》，而有清汉学诸家犹多病其空言性理，此亦见义理考据实难兼长，故胪举阎、戴、焦、刘诸家之作，以为学者博学反约、执两用中之资，真西山《大学衍义》敷陈治道，推本于诚意正心，而上下古今穷原得失，则学政法之学者尤不可不读也。至大学古本、改本之争，亦朱王二学分歧之点，故又列胡氏《古本荟参》明其同异，孰去孰从，则学者自能择之。

陆德明《经典释文》　江南局本、湖北局本

阮元《经籍纂诂》　原刊本、石印本(此为读经者翻检必备之书，用附于此)

《老子王弼注》　浙江书局本

姚鼐《老子章义》　江南书局本

《庄子郭象注》　浙江局本、湖北局本

郭庆藩《庄子集释》　湖南思贤讲舍本

陆西星《南华副墨》　江苏兴化刊本

宣颖《南华经解》　新建吴氏刊本

焦竑《老子翼　庄子翼》　金陵刻经处本、蒋氏金陵丛书本

《列子张湛注》　浙江局本、湖北局本

《文子缵义》　同上

《管子房玄龄注》　同上

戴望《管子校正》　新印清代学术丛书本

《慎子》　湖北书局本

《商君书》　浙江书局本

《韩非子附识误》　同上

王先慎《韩非子集解》　湖南思贤讲舍本

《邓析子》　湖北书局本

《尹文子》　同上

《公孙龙子》　同上

《墨子》　浙江书局本、湖北书局本

孙诒让《墨子间诂》　原刻本、商务印书馆翻印本

《鬼谷子》　四部丛刊本

《尸子》　浙江书局本

《吕氏春秋》　同上

《淮南子》　同上

刘文典《淮南鸿烈集解》　商务印书馆本

《抱朴子内外篇》　平津馆本、湖北局本

《阴符经》　湖北局本

《孙子》　浙江局本

《齐民要术》　湖北局本

《孔子家语》　同上

《孔丛子》　同上

《荀子》　浙江局本

王先谦《荀子集解》　湖南思贤讲舍本、商务印书馆翻印本

陆贾《新语》 四部丛刊本

贾子《新书》 抱经堂丛书本、浙江局本

《盐铁论》 四部丛刊本

刘向《说苑》 湖北局本

刘向《新序》 同上

扬雄《法言》 浙江局本

王充《论衡》 湖北局本、四部丛刊本

王符《潜夫论》 湖南思贤讲舍重刊本

荀悦《申鉴》 湖北局本

徐幹《中论》 同上

《颜氏家训》 抱经堂本、湖北局本

《文中子》 浙江局本

  诸子之学,战国之际,派别甚明,降及于汉,已难区划,盖始之由合而分,后之由分而合,皆势也。今以其较然彰明者列举于右,若其著述囊括众流,或自为家数者,则别为一类焉。

  道家首称老庄,老如鲁论,文简义赅,庄如孟子,稍益恣肆,而注家以庄为最多,庄之有郭,亦犹老之有王,超超玄言,发人神悟。然当时有言,非郭象注庄,乃庄注郭象,是虽赞语,意含微贬,盖子玄亦未能尽得蒙叟之意也。吾研庄多年,以为陆氏《副墨》、宣氏《经解》循文解义,具有片段,初学读之,最为易入。有清如王怀祖、俞曲园,牵于训诂,偶有校释,于庄意实多隔膜。盖言理非诸公所长,其不能无失,宜也。郭氏《集释》多采其说,读者固宜分别观之,焦弱侯《老庄翼》,魏晋以来诸解所荟,此犹经之各家注疏,泛观博览,所不废也。

  《列子》、《文子》,假托之书,然其间至理名言,往往而有,意谓是皆古昔志传之言,借是以流传不坠者,其足以羽翼老庄,自宜存之。

  《管子》一书,多后人附益,谓其全伪者,盖未之详也。旧列法家,而如《白心》、《内业》诸篇,则宛然道家之说,此又岂独《管子》为然,太史公谓老庄之后，流为申韩，申子已佚，观韩非解老，当知其故矣。慎子之书，亦复规仿道德，庄周有言"道德已明，而仁义次之，仁义已明，而分守次之，守分已明，而形名次之"，道德形名，施有先后，要其为治，一也。商君以农战强秦，合于《管子》之《山海》《军令》，而用法刻深，则韩非定法之所由绍述。凡此诸家，治政法者，尤宜详究，但体用本末之际，未容看错耳。

邓析、尹文、公孙龙，世称名家者也。邓、尹于法家为近，而公孙则独标宗趣，白马坚白之论，至于摧服千人，方之惠施（惠施之学，略见《庄子》），有过之无不及也。惜乎自是之后，遂成绝响，谢希深冥心独造，所注足发其微，但非默契深思，未易索解。

孟子辟杨墨，谓"天下之言不归杨则归墨"，当时之盛可知也。今杨子之书已无传者，《列子》有《杨朱篇》，略载其说，而以纵欲为言，疑出后之伪托，即不然，亦其徒之变本加厉，非朱之本意然也。自汉以来，儒墨并称，昌黎犹有孔不废墨、墨不废孔之论，然汉志墨家即不过六家八十余篇，则其教之微久矣。今余五家皆佚，惟存《墨子》五十三篇，而《经上下》《经说上下》以次，颇多伪脱，虽经毕、孙诸氏勘校，尚难尽晓。然观《尚同》《兼爱》《明鬼》《节用》诸篇，墨说宗旨较然甚明，则其余枝叶，不知何害？近人致力墨经，时有新义，究之无关宏旨，宜可略焉。

《鬼谷子》莫辨真伪，然纵横长短之言，除杂见《国策》外，今所存者惟此而已，固宜一读。

《尸子》《吕览》《淮南》《抱朴》，皆杂家也，然各有所近。《尸子》之说，颇似儒家之《荀子》。《淮南》《抱朴》则道家言为多（《隋志》，《内篇》在道家，《外篇》在杂家），《吕览》如《月令》等篇，犹存周宝之旧典，故此数书虽嫌繁冗，亦宜一读。

《阴符》《孙子》，兵家之言，然语其精微，通于大道，故老子谓"以正治国，以奇用兵"，治国用兵，其术非有二也。农家古籍散佚无存，贾思勰《齐民要术》虽晚出之书，亦农家之支裔，而自耕农以至醯醢，资生之乐，靡不毕书，则又不必专门于农学者始读之也。今列《阴符》、《孙子》、《齐民要术》，以存兵农二家之面目。

《孔子家语》以下，旧志或在史部，或在杂家，今与《荀子》、《贾子》、《法言》、《中说》并为一类者，盖自汉以后，其言莫不本《诗》、《书》，称仁义，则皆儒也。王仲任于孔孟不无异同，而推崇之亦甚至，盖其言实为俗儒守文失真而发，非必以排诋先哲为事也，自属之杂家，斥之者谓其不经，尊之者许为特识，末学之士更喜其敢言，恃以为非圣无法之号召，此岂仲任之意哉！仲淹《中说》，旧疑伪作，扣其所据，不过曰《隋书》无传，然吾读《程鱼门集》，谓明季有程云庄者，讲学山中，黄石斋许为三代以后一人，而金正希、蔡维立皆其门下，后得其弟子羊山马磐庄《语录》，精深博大，则云庄可知也。然《明史》亦未作传，今且学士大夫多不知有其人，然则世之抱绝学以暗焉就没，间有流传后世，反疑为难信者，不亦多乎！梁新会作《中国历史研究法》，不疑通之人，而疑通之书，因《中说》一二年代与史不合，至斥通为妄人，并言其强攀房、魏为弟子，而河汾道统之说全属无稽，不知果通之妄耶？抑妄不在通耶？此二书颇有争执，故略道其意见如此。余书或阐明道术，或指陈得失，读者自能鉴别，故无述焉。

诸子之学，有其书已佚，而其说犹存于史者，如纵横之苏子张子，法家之晁错，《国策》、《汉书》尚多载其遗文，此读史不可缓也。

子书最好买汇刻本，湖北书局有百子，浙江书局有二十二子，但今印本漫漶，远不如前，如求印本稍早者，旧书店时亦有之，或一二种，或十几种，不能全也。上开湖北局本即百子本，浙局本即二十二子本。

洪迈《容斋随笔》　通行本

王应麟《困学纪闻翁元圻注》　原刊本、长沙重刊小字本

方以智《通雅》　此藏轩刊本

黄宗羲《明夷待访录》　商务印书馆本

顾炎武《日知录黄汝成集释》　广州重刻本、湖北局本

王夫之《思问录》　船山遗书本

《颜氏学记》　戴氏刊本、清代学术丛书本

钱大昕《十驾斋养新录》　潜研堂单行本

赵翼《陔余丛考》　原刊本

程瑶田《通艺录》　原刊本

俞正燮《癸巳类稿》何氏刊本

汪中《述学》　江南局本

唐甄《潜书》　王氏刊本

陈宏谋《五种遗规》　江苏局本

汪辉祖《学治臆说》　湖北局本

　　《容斋随笔》,《困学纪闻》,方氏《通雅》,顾氏、钱氏《日知》、《养新》二录,赵氏《陔余丛考》六书,皆上考经文,下商典制,至一名一物之微,靡不疏其源流,详其正伪,博矣精矣。《通艺录》、《癸巳类稿》,博雅不逮诸家,而精核多有独至,亦齐鲁之附庸也。黄、王、颜、汪,卓焉一家之学,黄氏、王氏著述等身,《待访》、《思问》二录,譬之窥豹一斑,可知全体,《潜书》、《昌言》、《新论》之流,《臆说》、《遗规》、《书仪》、《家礼》之续,孔子不云乎："多闻,择其善者而从之,多见而识之,知之次也。"则此数书,固宜学者所宜留意也。

　　扬雄《太玄》、司马《潜虚》、邵康节《皇极经世》,术数之书,艰奥难晓,故不列。然如邵子《观物内外篇》,煞有理致,此与横渠《正蒙》,并宜一阅。

《二十四史》　五局合刻本、同文书局影殿本、商务书馆影殿本

《正续资治通鉴》　江苏书局本、商务书馆、中华书局铅印本

清高宗《御批通鉴辑览》　浙江书局本、湖北书局本、通行石印本

《九种纪事本末》 慎记书庄印本、《左传》《通鉴》宋元明五种江西书局
　　有刊本、宋元明三种广雅书局有刊本。

中国史籍浩如烟海,学者每难之,然生于是土,而不知是土以往之
事迹,其何以为是土之民? 歙人胡适编《国学书目》谓以历史为线索,
而史部之书一不及焉,宜其为梁新会所讥也,若治政法之学者,则于史
尤为切要,虽卷帙繁多,固宜耐心读之。

史有三体,一纪传,二十四史,即所谓正史是也;二编年,正续通
鉴、通鉴辑览是也;三纪事,九种本末是也。吾以为宜以通鉴为经,
以正史纪事本末为纬,经以为中心,纬以供参考,如读至一事,其原
委有未详可翻纪事本末,详者则不必。读至一人,其关于当时者
至巨,须一悉其生平,可翻本传,其寻常者则不必也。又读时可将各
朝之事分为最要、次要、不甚要数等,加以标识,不甚要者一览而已,
次要者可再三览,最要者则时时翻阅,期以记得为止。大抵一朝大
事不过几件,紧要人物不过几人,其余或有牵连,或为附从,但提其
纲领,可以纳之指掌间也。其或缺于时力,未能兼涉,但读通鉴,亦
足通贯古今,明其得失。再求赅简,犹有辑览。总之,多读胜于少
读,少读又胜于不读也。曩读陈东封事,上下千古,议论甚伟,今学
者于陈东、欧阳彻之名则受,于陈东、欧阳彻之事则作,而顾不肯读
陈东、欧阳彻之书,何哉?

今日读史有四要:一典制,二学术,三疆域分划,四外夷往来。明
乎此四者,而后其治乱兴衰可得而言焉,故各史职官、食货、兵刑、经
籍、郡国、地理等志,儒林、四夷等传,尤宜留意。

二十四史不能尽读,若《史记》、两《汉书》、《三国志》、《新五代史》、
《明史》,皆体例精严,文章翔雅,并宜平时诵习。且五代之时,天下分
崩,正如今日,武夫专恣,征敛无时,风俗媮靡,人不知学,鉴前戒后,则
《五代史》者固又今日之龟鉴也,故吾于中学生即劝其读欧史者,又岂
为欧公之文而已哉。

《九通》　浙江书局本石印本

《唐六典》　广雅书局本

《唐律疏义》　北京刊本

陈傅良《历代兵制》　守山阁丛书本、静观堂本

钱文子《补汉兵志》　知不足斋从书本

清高宗敕撰《历代职官表》　王氏校刊本

洪齮孙《三国职官表》　李氏合梁疆域志刊本

沈家本《历代刑官考》　修订法律馆印本

钱仪吉《补晋兵志》　衍石斋记事初稿本

郝懿行《补宋书刑法志食货志》　郝氏遗书本

钱大昕《补续汉书艺文志》　广雅局本

丁国钧《补晋书艺文志》　活字本

汪士铎《南北史补志》　淮南局本

顾櫰三《补五代史艺文志》　傅氏刊本

钱大昕《补元艺文志》　潜研堂从书本

顾炎武《天下郡国利病书》、顾祖禹《读史方舆纪要》　合刻本

刘文淇《楚汉诸侯疆域志》　广雅局本

洪亮吉《三国疆域志　东晋疆域志　十六国疆域志》　卷施阁集本

洪齮孙《补梁疆域志》　见上

徐松《汉书西域传补注》　宝善书局石印西域四种合刻本

李光庭《汉西域图考》　同上

吴熙载《通鉴地理今释》　江苏局本

李兆洛《历代地理志韵篇今释》　李氏五种本

杨守敬《中国历史地图》　上海著易堂本

丁谦《浙江图书馆丛书》　浙江局本

司马光《资治通鉴目录》　江苏局本、商务书馆本

万斯同《历代史表》　原刻足本

齐召南《历代帝王年表》 仁和叶氏重刻本

李兆洛《历代纪元篇》 李氏五种本见上

汪辉祖《史姓韵篇》 石印本

《辽金元三史国语解》 江苏局本

钱大昕《元史氏族表》 江苏局本

王鸣盛《十七史商榷》 广雅局本

钱大昕《二十二史考异》 广雅局本

赵翼《二十二史劄记》 同上

以上诸书为读史参考检查所必备，力之所及，多购一种，即多收一种之益。

九通不能全备，则备三通，如再不能，马氏《文献通考》一书必不可少。王氏《十七史商榷》以次三种，能于读史前先一浏览，可知古人治史之法，读史较易入门，三者尤以瓯北《劄记》为善。

金履祥《通鉴前编》 江苏局本

罗泌《路史》 通行本

马骕《绎史》 通行本

朱右曾《逸周书集训校释》 原刊本

朱右曾《汲冢纪年存真》 同上

《国语 国策》 湖北局翻士礼居本

赵晔《吴越春秋》 商务书馆四部丛刊本

荀悦《汉纪》 同上

袁宏《后汉纪》 同上

常璩《华阳国志》 同上

周济《晋略》 原刊本

刘义庆《世说新语》 通行本

郦道元《水经注》 戴氏校刊本

崔鸿《十六国春秋》　通行本此书非崔本,但亦可看

僧祐《弘明集》　金陵刻经处本

慧皎《高僧传》　同上

范祖禹《唐鉴》　江苏局本

慧立《三藏慈恩法师传》　常州天宁寺本

吴任臣《十国春秋》　周氏重刻本

李焘《续资治通鉴长编》　浙江局本

叶隆礼《契丹国志》　通行本

宇文懋昭《大金国志》　通行本

徐梦莘《三朝北盟会编》　排印本

《元秘史》　铅印本

《元圣武亲征录》　小沤巢刊本以上二书皆不著撰人名氏

李志常《长春真人西游记》　连筠簃丛书本

王在晋《三朝辽事实录》　原刊本

计六奇《明季南北略》　铅印本

徐鼒《小腆纪年　小腆纪传》　原刊本

　　以上所谓别史、杂史类也,皆可供参考。此外如《列朝名臣言行录》、《历代名臣奏议》,力能备者亦宜备之。

　　《宋元学案》、《明儒学案》,亦史之传记类也,已见于前,兹故不列。

阿桂《皇清开国方略》　广百宋斋铅印本

蒋良骐《东华录》　湖南刊本

祁韵士《皇朝藩部要略》　浙江局本

魏源《圣武记》　重订本

杜文澜《平定粤匪纪略》　群玉斋排印本

王闿运《湘军志》　湖南刊本

王之春《国朝柔远记》　广雅局本

夏燮《中西纪事》 北京琉璃厂本

李圭《鸦片事略》 排印本

美人林乐知《中东战纪本末》 广学会印本

何秋涛《朔方备乘》 铅印本

张穆《蒙古游牧记》 祁氏刊本

西清《黑龙江外纪》 渐西村舍本铅印本

萨英额《吉林外纪》 同上

《卫藏通志》 同上此书不著撰人名氏

徐松岱《新疆识略》 原刊本

江日升《台湾外纪》 原刊本

《皇清名臣奏议汇编》 丽泽学会重印本此书不著编辑人名氏

陈弢《同治中兴京外奏议约编》 箧剑囊琴室刊本

薛福成《出使奏疏》 原刊本

郭嵩焘《养知书屋奏疏》 原刊本

贺长龄《皇朝经世文编》 盛氏石印本

李元度《国朝先正事略》 原刊本、铅印本

　　清代尚无专史，然能略涉以上各书，如国初武功、外藩沿革、发捻变乱、东西交涉，此荦荦数大事，亦可详其本末，至于朝章国典已具前，开皇朝三通，兹不复列，又如《大清律例》一书，依本明律，益加修订，唐律之后以此为最善，治法律者，固宜一读。

刘知几《史通》浦起龙通释 翻印本

高似孙《史略》 通行本

何去非《备论》 湖北局本

张溥《历代史论》 广东文升阁刊本

王夫之《读通鉴论》、《宋论》 琅嬛阁刊本

　　综论作史体例者莫过于刘氏《史通》、高氏《史略》，近世作者则章

165

实斋《文史通义》,《文史通义》已见于前,若《史通》、《史略》亦不可不读也。博士《备论》以次三书,则论史事之作,此皆凭一己之见论断古人,岂能尽当,然借以习史事、练见识、学文章,未始无益也。梁新会谓史论浮泛误人,最不可读,未免惩羹吹齑。

以上史部之书所取稍繁,盖为政法学者,读史之要,胜于读经读子。吾怪今之法政学校不习中国历史,知罗马法而不知唐律,知各国议院组织而不知唐宋以来门下封驳之制,岂直数典忘祖,几从人改姓,本末倒置如此,不亦异乎! 有志之士不为风气所囿,卓焉思有以自立,则于此数十部书,当见其少而不厌其多也。

张九龄《曲江文集》　祠堂本四库丛刊本

元结《次山文集》　四部丛刊本

陆贽《翰苑集》　江苏书局本、商务印书馆影会稽马氏本

权德舆《文公集》　大兴朱氏本

韩愈《昌黎集》　江苏书局翻东雅堂本、商务书馆翻东雅堂本

柳宗元《柳州集》　四部丛刊本

李翱《文公集》　三唐人集本

李德裕《会昌一品集》　常惺惺斋重刊本

杜牧《樊川文集》冯集梧注　原刊本

孙樵《可之集》　遂园重刊本

徐铉《骑省集》　李氏刊本

范仲淹《文正集》　范氏文正、忠宣合刊本

司马光《传家集》　翻陈刊本、四部丛刊本

李觏《盱江集》　祠堂本、四部丛刊本

曾巩《元丰类稿》　祠堂本、四部丛刊本

欧阳修《文忠集》　祠堂本

刘挚《忠肃集》　武英殿聚珍版本

苏洵《老泉集》　邵氏刊本，四部丛刊本有残缺

苏轼《东坡集》　中华书局仿宋本

苏辙《栾城集》　四部丛刊本

王安石《临川文集》　四部丛刊本

黄庭坚《山谷集》　翁氏刊本、义宁州署本

张方平《乐全集》　四部丛刊本，此本不单行

张耒《宛丘集》　同上，聚珍本名《柯山集》

李纲《忠定集》　湖南爱日庐重刊本

岳飞《忠武集》　通行本

《朱子大全集》　六安涂氏刊本

吕祖谦《东莱文集》　洪氏刊本

陆九渊《象山集》　四部丛刊本

陈亮《龙川集》　活字本、应氏重刊氏本、金华丛书本

陈傅良《止斋文集》　永嘉丛书本、四部重刊本

薛士龙《浪语集》　永嘉丛书本

叶适《水心文集》　孙氏校刊本

又《水心别集》　永嘉丛书本、湖北局本

文天祥《信国集》　道光重刊本

元好问《遗山集》　四部丛刊本

戴表元《剡源集》　四部丛刊本

虞集《道园学古录》　同上

耶律楚材《湛然文集》　同上

宋濂《文宪集》　嘉庆重刻本

刘基《诚意伯集》　浙江局本、四部丛刊本

方孝孺《逊志斋集》　台州刊本

李东阳《怀麓堂集》　重刊本

《王文成公全书》　浙江书局本

唐顺之《荆川文集》　四部丛刊本

归有光《震川文集》　同上

张居正《文忠集》　湖北刊本

熊廷弼《襄愍集》　退补斋本

卢象升《忠肃集》　活字本、会稽施氏重刊本

倪元璐《文贞集》　重刊本、乾坤正气集本

刘宗周《蕺山集》　证人堂刊本、乾坤正气集本

黄道周《忠端集》　同上

侯方域《壮悔堂集》　四部丛刊本

魏禧《叔子文集》　易堂翻刻本

顾炎武《亭林文集》　山隐居校本

黄宗羲《南雷文集》　四部丛刊本

汪琬《钝翁文录》　锄月种梅室本

方苞《望溪文集》　重刊本

姚鼐《惜抱轩文集》　四部丛刊本

袁枚《小仓山房集》　重刊本

蒋士铨《忠雅堂集》　重刊本

恽敬《大云山房文稿》　南昌刊本

张惠言《茗柯文》　重刊本四部丛刊本

全祖望《鲒埼亭集》　借树山房本

钱大昕《潜研堂集》　原刊本

洪亮吉《北江集》　原刊本,四部丛刊本有文钞二册

胡林翼《文忠遗集》　湖北刊本

曾国藩《文正公诗文集》　长沙刊本、四部丛刊本

　　集部所收多取有关经济之作,不尽为文也。然自唐以下文家之著者亦略备于此矣。

　　文以道意,意有当否,学为之也。故学至者文亦至,自人不务学,

白口言文，于是义法之说兴，宗派之别立，而文始难言矣。魏叔子尝谓为文当留心史鉴，熟识古今治乱之故，则文虽不合古法，而昌言伟论亦足信今传后，此经世为文合一之功也。叔子一代作者所言如此，是知以文求文，十不得一，况乎谨守一二选本，而跬步不肯自放者哉！各家专集，学者知难遍观，然涉猎稍多，识见自异，兼可以穷文章之变，其益又岂在读史下乎？

《昭明文选李善注》 湖北书局翻胡氏本、会文堂石印缩小本

张溥《汉魏六朝百三家集》 重刊本

章樵《古文苑》 江苏书局本

孙星衍《续古文苑》 同上

姚铉《唐文粹》 同上、四部丛刊本

吕祖谦《宋文鉴》 同上、四部丛刊本名皇朝文鉴

庄仲方《南宋文范》 活字本、江苏局本

董兆熊《南宋文录》 江苏局本

庄仲方《金文雅》 同上

苏天爵《元文类》 同上、四部丛刊本名国朝文类

程敏政《皇明文衡》 四部丛刊本

薛熙明《文在》 江苏局本

刘勰《文心雕龙》 通行本

历朝文字大略萃此，力不能购各人专集者备此可矣。《汉魏百三家》卷帙太多，非专学六朝文可省也。

清代有关系之文，具在《经世文编》，兹不复举，若无《经世文编》，则王昶《湖海文传》、陆燿《切问斋文钞》可备也。

此类总集，自《元文类》以上多有诗，其曰文者，概言之也。读者宜知之。

《文心雕龙》评论诗文之书，而文章丽则斐然，著述之选，视文章缘

起等远矣,附志于此,不可不一读也。

《楚辞朱子集注》　湖北局本、石印本

郭茂倩《乐府诗集》　湖北局本、四部丛刊本

陈祚明《采菽堂古诗选》　原刊本

吴成仪《全唐诗钞》　原刊本

王琦注《李太白集》　原刊本、影印本

仇兆鳌《杜诗详注》　原刊本、影印本

王维《右丞集》　四部丛刊本

孟浩然《襄阳集》　同上

韦应物《苏州集》　影印项氏本

李商隐《玉溪生诗冯浩注》　原刊本

杨大鹤《香山诗钞》　原刊本

杨大鹤《放翁诗钞》　原刊本

范成大《石湖诗集》　四部丛刊本

萨都剌《雁门集》　四部丛刊本

《高启大全集》　四部丛刊本

吴伟业《梅村诗集》　沧浪吟榭本

王士禛《渔阳山人精华录》　影印本

吴嘉纪《陋轩诗》　泰州夏氏刊本

赵翼《瓯北诗钞》　原刊本

郑珍《巢经巢诗钞》　北京翻刻本

张之洞《广雅堂诗集》　排印本

　　三百篇后,惟骚得比兴之旨,故以冠于诗之首,由汉魏而六朝,吾所取者四家,曰曹子建,曰陶渊明,曰鲍明远,曰谢宣城,兹不列者,以三百家集已有之也,若须另购,则江南书局有丁俭卿《曹集铨评》、江苏书局有《陶文毅公注陶集》,鲍谢二家《四部丛刊》亦有单行本,皆易得

也。唐之诗家无过李杜。李,天才之尤;杜,人力之圣。右丞、襄阳,淡远之宗;昌黎、柳州,雅正之则(韩柳见前文集)。苏州,王孟之匹;玉溪,杜韩之间。香山,措语浅俗而托意遥深,乐府诸篇不让于古。诗盛于唐。此数公者,则又其隽也。自是以降,东京则东坡、山谷(苏黄见前),建康则石湖、放翁,金元则遗山、雁门(遗山见前),明则青田、青丘(青田见前),此外作者虽众,然能抗衡诸家,盖其鲜矣。有清二百余年以诗鸣者,岂止百辈,性之所近,各有阿私,然如梅村、渔阳、野人、瓯北、随园、铅山、子尹、香涛(袁蒋见前),譬之八音之奏,有耳皆悦,学诗如此,可无过矣。

诗可以不作,而不可以不读,山谷谓数日不读书,见人则面目可憎、语言无味。吾以为诗之变化人气质,尤非他书之比,故如《乐府诗集》、《采菽堂古诗选》、《全唐诗钞》,允宜人置一编,以时讽诵,若《采菽堂》、《唐诗钞》难得,则王渔阳《古诗选》、沈归愚《唐诗别裁》亦其次也。

周密《绝妙好词厉鹗查为仁笺》 徐氏刊本石印本
朱彝尊《词综》 休阳汪氏刊本、松江文萃堂本
词之于诗,始也裂土附庸,终乃蔚为大国,仪态变幻,层出不穷,举此两书以为尝鼎之一脔云尔,若曰学之,则美成、白石两家,自是正轨。

以上所举,自经子以至诗词,无虑数百千卷,以此责之今日之大学生,正课之余,兼营并治,其何能及?然必能尽读天下书而后读书,则读书难矣。不能尽读天下书而遂不读书,则读书不益难乎?且读书终身之事,以大学数年光阴言之,此数百千卷,诚为不少,以终身之光阴言之,则此数百千卷吾未见其多也。或曰今日学生所事正多,岂能埋头几案间作死书蠹,此言诚无以难,但吾不知学生而不读书,则应何人读书者?不读书而曰学生,则学生又何人耶?试一顾名思义,则吾之

编此书目，或不为徒劳而无谓也。

此目所采，及词而止，传奇小说，概未列入，诚以学者今日所急，在多读有用之书，若夫消闲遣日之品，实有未暇。如必以此为文学、为艺术，不可不读，则《西厢记》、《红楼梦》等书充斥坊肆，人人会买，固不劳区区之代为编目也。

此目所注，印本多就今日易得者举之，如各省书局本商务书馆本（所举四部丛刊本皆指单行本而言）皆随地可购，校对较谨，其有易得而讹脱实多，则不举。大抵上海书坊新出之本，以影印者为佳，写付石印者为下，贪其价廉而购之，读时必感困苦。至近时无刊本者则举原刊，家刻善者则举家刻，此类不常见，宜向旧书坊寻觅，价亦稍贵，如无力，则赴就近图书馆翻阅。总之，要读书便不能惜钱，不能惜劳也。

乙丑夏为江苏法政大学订

《庄子·天下篇》校释

《〈庄子·天下篇〉校释》，由钟斌据钟泰手稿录入标点，郭君臣校订。

一　天下之治方术[1]者多矣，皆以其有，为不可加矣[2]。

二　"古之所谓道术者，果恶乎在？"曰："无乎不在。"

三　曰："神何由降？明何由出？"[3]"圣有所生，王有所成[4]，皆原于一[5]。"

四　不离于宗，谓之天人；不离于精，谓之神人；不离于真，谓之至人。

五　以天为宗，以德为本，以道为门，兆于变化，谓之圣人[6]。

六　以仁为恩，以义为理，以礼为行，以乐为和，薰然慈仁，谓之君子[7]。

七　以法为分，以名为表，以参为验，以稽为决，其数一二三四是也，百官以此相齿[8]。

八　以事为常[9]，以衣食为主，蕃息畜藏老弱孤寡为意，皆有以养，民之理也。

九　古之人其备乎[10]！配神明，醇天地，育万物，和天下，泽及百姓。

十　明于本数，系于末度；六通四辟，小大精粗。

十一　其运无乎不在。

十二　其明而在数度者，旧法世传之；史尚多有之[11]。

十三　其在于诗、书、礼、乐者，邹鲁之士，搢绅先生，多能明之。

十四　诗以道志，书以道事，礼以道行，乐以道和，易以道阴阳，春秋以道名分[12]。

十五　其数散于天下而设于中国者，百家之学，时或称而道之[13]。

十六　天下大乱，贤圣不明，道德不一，天下多得一察焉以自好[14]。

十七　譬如耳目鼻口：皆有所明，不能相通。

十八　犹百家众技也：皆有所长，时有所用。

十九　虽然，不该不遍，一曲之士也[15]！

二〇　判天地之美，析万物之理，察古人之全；

二一　寡能备于天地之美，称神明之容[16]！

二二　是故，内圣外王之道[17]暗而不明，郁而不发。

二三　天下之人各为其所欲焉以自为方，悲夫！

二四　百家往而不反，必不合矣。

二五　后世之学者，不幸不见天地之纯，古人之大体。

二六　道术将为天下裂！[18]

二七　不侈于后世，不靡于万物，

二八　不浑[19]于数度，以绳墨自矫，而备世之急。

二九　古之道术有在于是者，墨翟、禽滑厘闻其风而说之。

三〇　为之大过，已之大顺[20]。

三一　作为"非乐"，命之曰"节用"[21]。

三二　生不歌，死无服。

三三　墨子泛爱，兼利，而非斗。

三四　其道不怒。又好学而博不异[22]。

三五　不与先王同。毁古之礼乐。

三六　黄帝有《咸池》，尧有《大章》，舜有《大韶》，禹有《大夏》，汤有《大濩》，文王有《辟雍》之乐，武王、周公作《武》。

三七　古之丧礼，贵贱有仪，上下有等。天子棺椁七重，诸侯五重，大夫三重，士再重。

三八　今墨子独生不歌，死不服。

三九　桐棺三寸而无椁，以为法式。

四十　以此教人，恐不爱人；

四一　以此自行，固不爱己。

四二　未败墨子道[23]。

四三　虽然,歌而非歌,哭而非哭,乐而非乐:是果类乎?

四四　其生也勤,其死也薄。

四五　其道大觳[24]。使人忧,使人悲。

四六　其行难为也。恐其不可以为圣人之道[25]。

四七　反天下之心,天下不堪;

四八　墨子虽独能任,奈天下何?

四九　离于天下,其去王也远矣[26]!

五十　墨子称道曰:"昔者禹之湮洪水,决江河,而通四夷九州也;

五一　名山三百,支川三千,小者无数。

五二　禹亲自操橐耜,而九杂天下之川。

五三　腓无胈,胫无毛,

五四　沐甚雨,栉疾风,置万国。

五五　禹大圣也,而形劳天下也如此。"[27]

五六　使后世之墨者多以裘褐为衣,以跂蹻为服。[28]

五七　日夜不休,以自苦为极。

五八　曰:"不能如此,非禹之道也,不足谓墨。"

五九　相里勤之弟子五侯之徒,南方之墨者,苦获、已齿、邓陵子之属[29],俱诵《墨经》[30],而倍谲不同,相谓别墨[31]。

六十　以坚白同异之辩相訾,

六一　以觭偶不仵之辞相应[32]。

六二　以巨子为圣人,皆愿为之尸,冀得为其后世。

六三　至今不决。

六四　墨翟、禽滑厘之意则是,其行则非也。

六五　将使后世之墨者必自苦,

六六　以腓无胈、胫无毛,相进而已矣[33]。

六七　乱之上也,治之下也。

六八　虽然,墨子真天下之好也[34]。

六九　将求之不得也,虽枯槁不舍也。

七十　才士也夫[35]!

七一　不累于俗,不饰于物[36]。

七二　不苟于人,不忮于众[37]。

七三　愿天下之安宁,以活民命。

七四　人我之养,毕足而止。

七五　以此白心[38]。

七六　古之道术有在于是者,宋钘、尹文闻其风而说之。

七七　作为"华山之冠"以自表。

七八　接万物以"别宥"为始[39]。

七九　语"心之容",命之曰"心之行"。

八十　以胈合驩,以调海内。

八一　请欲置之以为主[40]。

八二　见侮不辱,救民之斗;

八三　禁攻寝兵,救世之战。

八四　以此周行天下,上说下教。

八五　虽天下不取,强聒而不舍者也。

八六　故曰:"上下见厌,而强见也。"[41]

八七　虽然,其为人太多,其自为太少。

八八　曰:"请,欲固置,五升之饭足矣!"[42]

八九　先生恐不得饱,弟子虽饥,不忘天下[43]。

九十　日夜不休。曰:"我必得活哉!"[44]

九一　图傲乎,救世之士哉[45]!

九二　曰:"君子不为苛察[46],不以身假物。"

九三　以为无益于天下者,明之不如已也。

九四　以禁攻寝兵为外,以情欲寡浅为内。

九五　其小大精粗，其行适至是而止。

九六　公而不党，易而无私[47]。

九七　决然无主[48]，趣物而不两[49]。

九八　不顾于虑，不谋于知；

九九　于物无择，与之俱往。

一〇〇　古之道术有在于是者，彭蒙、田骈、慎到闻其风而说之。

一〇一　齐万物以为首[50]。

一〇二　曰："天能覆之，而不能载之；地能载之，而不能覆之；大道能包之，而不能辩之[51]。

一〇三　知万物皆有所可，有所不可。"

一〇四　故曰："选，则不遍；教，则不至。

一〇五　道，则无遗者矣。"[52]

一〇六　是故慎到弃知、去己，

一〇七　而缘不得已，

一〇八　泠汰于物，以为道理[53]。

一〇九　曰："知不知，

一一〇　将薄知而后邻伤之者也[54]。"

一一一　谋髁无任，而笑天下之尚贤也[55]。

一一二　纵脱无行，而非天下之大圣[56]。

一一三　椎拍輐断[57]，与物宛转。

一一四　舍是与非，苟可以免。

一一五　不师知虑，不知前后。魏然而已矣[58]。

一一六　推而后行，曳而后往。

一一七　若飘风之还，若羽之旋，若磨石之隧。

一一八　全而无非，动静无过，未尝有罪。

一一九　是何故？夫无知之物，无建己之患，无用知之累，

一二〇　动静不离于理,是以终身无誉。

一二一　故曰:"至于若无知之物而已。无用贤圣。

一二二　夫块不失道。"

一二三　豪桀相与笑之曰:

一二四　"慎到之道,非生人之行,而至死人之理,适得怪焉。"

一二五　田骈亦然。学于彭蒙,得不教焉。

一二六　彭蒙之师曰:"古之道人至于莫之是、莫之非而已矣。

一二七　其风窢然,恶可而言[59]?"

一二八　常反人不取观[60]。

一二九　而不免于魭断。

一三〇　其所谓道,非道;

一三一　而所言之韪,不免于非。

一三二　彭蒙、田骈、慎到不知道。

一三三　虽然,概乎皆尝有闻者也[61]。

一三四　以本为精,以物为粗,以有积为不足[62]。

一三五　澹然独与神明居。

一三六　古之道术有在于是者,关尹、老聃闻其风而说之。

一三七　建之以"常"、"无"、"有"[63]。主之以"大一"[64]。

一三八　以濡弱谦下为表,

一三九　以空虚不毁万物为实。

一四〇　关尹曰:"在己无居,形物自著。"[65]

一四一　其动若水,其静若镜,其应若响。

一四二　芴乎若亡,寂乎若清[66]。

一四三　同焉者和,得焉者失[67]。

一四四　未尝先人,而常随人。

一四五　老聃曰:"知其雄,守其雌,为天下溪。

一四六　知其白,守其辱,为天下谷。"

一四七　人皆取先,己独取后[68],曰:"受天下之垢。"

一四八　人皆取实,己独取虚。

一四九　"无藏也,故有余",岿然而有余[69]。

一五〇　其行身也,徐而不费;

一五一　无为也,而笑巧。

一五二　人皆求福,己独曲全,曰:"苟免于咎。"

一五三　以深为根,以约为纪,曰:"坚,则毁矣;锐,则挫矣。"

一五四　常宽容于物,不削于人[70]。

一五五　虽未至极[71],关尹、老聃乎,古之博大真人哉!

一五六　寂漠无形,变化无常[72]。

一五七　死与? 生与?

一五八　天地并与?

一五九　神明往与?

一六〇　芒乎何之? 忽乎何适?

一六一　万物毕罗,莫足以归[73]。

一六二　古之道术有在于是者,庄周闻其风而说之。

一六三　以谬悠之说,荒唐之言,无端崖之辞,时恣纵而傥[74],不以觭见之也[75]。

一六四　以天下为沉浊,不可与庄语。

一六五　以卮言为曼衍,以重言为真,以寓言为广[76]。

一六六　独与天地精神往来[77],而不敖倪于万物[78]。

一六七　不谴是非[79],以与世俗处。

一六八　其书虽环玮,而连犿无伤也[80]。

一六九　其辞虽参差,而诙诡可观。

一七〇　彼其充实,不可以已[81]。

一七一 上与造物者游,而下与外死生无终始者为友。

一七二 其于本也,弘大而辟,深闳而肆。

一七三 其于宗也,可谓调适而上遂者矣[82]。

一七四 虽然,其应于化,而解于物也,其理不竭,其来不蜕。

一七五 芒乎,昧乎,未之尽者[83]。

一七六 惠施多方。其书五车。

一七七 其道舛驳。其言也不中[84]。

一七八 历物之意。

一七九 曰:"至大无外,谓之大一;至小无内,谓之小一。

一八〇 无厚不可积也,其大千里[85]。

一八一 天与地卑[86]。

一八二 山与泽平。

一八三 日方中方睨[87]。

一八四 物方生方死。

一八五 大同而与小同异,此之谓小同异;

一八六 万物毕同毕异,此之谓大同异。

一八七 南方无穷,而有穷。

一八八 今日适越,而昔来。

一八九 连环可解也。

一九〇 我知天下之中央,燕之北、越之南是也。

一九一 泛爱万物,

一九二 天地一体也[88]。"

一九三 惠施以此为大。观于天下,而晓辩者。

一九四 天下之辩者相与乐之。

一九五 "卵有毛。

一九六 鸡三足[89]。

一九七　郢有天下。

一九八　犬可以为羊。

一九九　马有卵。

二〇〇　丁子有尾。

二〇一　火不热。

二〇二　山出口。

二〇三　轮不蹍地。

二〇四　目不见[90]。

二〇五　指不至，至不绝[91]。

二〇六　龟长于蛇。

二〇七　矩不方，规不可以为圆。

二〇八　凿不围枘。

二〇九　飞鸟之景未尝动也。

二一〇　镞矢[92]之疾，而有不行不止之时。

二一一　狗非犬。

二一二　黄马骊牛三[93]。

二一三　白狗黑。

二一四　孤驹未尝有母。

二一五　一尺之捶，日取其半，万世不竭。"

二一六　辩者以此与惠施相应[94]，终身无穷。

二一七　桓团、公孙龙，辩者之徒，饰人之心，易人之意。

二一八　能胜人之口，不能服人之心。辩者之囿也[95]。

二一九　惠施日以其知与人之辩[96]，特与天下之辩者为怪[97]。此其柢也[98]。

二二〇　然惠施之口谈，自以为最贤[99]。

二二一　曰："天地其壮乎？施存，雄而无术。"[100]

二二二　南方有倚[101]人焉，曰黄缭，问天地所以不坠不陷、风雨雷霆之故。

二二三　惠施不辞而应,不虑而对。

二二四　遍为万物说。说而不休,多而无已。

二二五　犹以为寡。益之以怪。

二二六　以反人为实,而欲以胜人为名。是以与众不适也。

二二七　弱于德,强于物,其涂隩矣[102]!

二二八　由天地之道观惠施之能,其犹一蚉一虻之劳者也。其于物也何庸?

二二九　夫充一,尚可;曰愈贵道,几矣[103]。

二三○　惠施不能以此自宁[104]。

二三一　散于万物而不厌,卒以善辩为名[105]。惜乎!

二三二　惠施之才,骀荡而不得[106],

二三三　逐万物而不反。

二三四　是穷响以声,形与影竞走也。悲夫[107]!

[1]"方术"对"道术"言。曰"方",明其非全矣。《秋水篇》曰:"吾长见笑于大方之家。"方术有大小,道术无大小也。

[2]此所谓"曲士"。不可以语道,束于教者也。

[3]神本天,故曰"降";明本地,故曰"出"。《天道篇》曰:"天尊地卑,神明之位也。"本篇亦曰:"天地并与? 神明往与?"以神明分属天地,可知。

[4]生之者圣,成之者王。故曰"内圣外王"之道也。

[5]"皆原于一"诠上"神、明、圣、王"之本也。

[6]"天人"、"神人"、"至人"、"圣人",虽有四名,其实一也。

[7]孔子曰:"圣人,吾不得而见之矣。得见君子者斯可矣。"荀子亦以士、君子、圣人,为儒者之差等。故此于圣人之次而言君子也。

[8]君子之次,言百官者,荀子所谓"君子守道,官人守法"者也。百官中亦自有差等,故曰"相齿",而举数以表之。《天道篇》曰:"古者明大道者,先明天而道德次之。道德已明,而仁义次之。仁义已明,而分守次之。分守已明,而形名次之。形名已明,而因任次之。因任已明,而原省次之。原省已明,而

是非次之。是非已明,而赏罚次之。"此曰"分",即"分守"也。曰"名",即"形名"也。曰"参"、曰"稽",即"因任"、"原省"之事。曰"验"、曰"决",即"是非"、"赏罚"之事。"明仁义"以上为"君子","明道德"以上为"圣人","分守"、"形名"以下则为"百官"。此谓有为者臣道是矣。

[9] "事"谓"耕桑、工贾"之事。旧以此属上"百官"为文,误也。"民之理"犹言"民之道"。民各有常业,故曰"以事为常"。

[10] "古之人"即"得古之道术者"。本末精粗,无不通贯,故曰"其备乎"。

[11] 古百官多世其职,《周礼》所谓"述之、守之",世谓之工者。故曰"旧法、世传之"也。《周礼》"太史掌法以逆官府之治……凡辨法者考焉,不信者刑之",法之藏于史旧矣,故又曰"史尚多有之"。旧有以十字作一句读者,非也。

[12] 特提诗、书、礼、乐、易、春秋者,重之也。孰谓庄周轻视儒术哉?

[13] 散而后为百家,则诗书礼乐不在百家之数,明也。儒之有家,盖亦经教之失也。

[14] "察"者"际"之假借,"一际"犹"一曲"也。

[15] "一曲"犹"一际"也。《荀子·解蔽篇》曰:"蔽于一曲而暗于大理。"此云"不该不遍",即"暗于大理"之谓。

[16] "察"犹"考"也。"察古人之全"者,谓"考之古人之全",则此"不能备天下之美,不足称神明之容"也。"称"谓"副"也。

[17] "内圣之道",在《大宗师》,"外王之道"在《应帝王》。

[18] 此周之所以不得已于著书也。

[19] "浑"犹"淆"也。墨家薄葬、非乐、节用,皆是去仪文之事。故谓"不淆于数度"。

[20] "顺"一作"循"。"循"者"遁"之假借。《小尔雅》曰:"顺,退也。"则"顺"与"遁"一义。"已"与"为"对,"已"者"止"也。"顺"与"过"对,"退"者"不及"也。"止之不及"者,谓"非乐、葬用";"为之过"者,谓"泛爱兼利"也。

[21] 非乐者,所以节用。故曰:"作为'非乐',命之曰'节用'。"盖以"节用"为名也。

[22] "博不异"者,"以不异为博"也。此指"尚同"言。荀子谓墨子大俭约而僈差等,此云"博不异",其义则荀子之"僈差等",其文则与"大俭约"一例矣。

[23] 《释文》:"败,或作毁。"败毁一也。言"未敢毁败墨子之道"也。荀子曰:"我以墨子之非乐也,则使天下乱。墨子之节用也,则使天下贫。非将堕之也,说不免焉。"彼曰"非将堕之",此曰"未败墨子道",文义正同。

[24]"觳"即孟子"吾不忍其觳觫"之"觳",下文所谓"天下不堪"是也。觳者不爽
之状。

[25]《中庸》所以云"道不远人,远人不可以为道"也。

[26]一曰"不可以为圣人之道",再曰"其去王也远矣",庄生所以慨于"内圣外王"
之道不明不发也。

[27]墨子之言止此。

[28]"跂"与"屐"同,"蹻"与"屩"同。

[29]《韩非·显学篇》:"墨分为三。有相里氏之墨,有相夫氏之墨,有邓陵氏之
墨。"此于苦获、邓陵特标曰"南方之墨"者,以见相里之为"北方之墨"也。南
北对举,故称其二而已足矣。

[30]《墨经》谓墨氏之书。其曰"经"者,本其徒属之词。或以今《墨子》书中《经上
下》当之,非是。

[31]以人为"别"者,以己为正也。下文曰"以巨子为圣人,皆愿为之尸,冀得为其
后世",言各尊其本师。此"相谓别墨",则"轻其异派"也。

[32]"以坚白同异之辩相訾,以觭偶不仵之辞相应",此《经》与《经说》之所以作
也。明此,则知《经》非出墨子手矣。

[33]"相进"犹"相胜"也。

[34]"好"即上文"天下多得一察焉以自好"之"好",然曰"天下之好",则过于自好
者远矣。叙百家而取墨子为首,其以此欤?

[35]"才"如《德充符》"才全,而德不形"之"才",许之"才士"者,谓不失其生质之
美者矣。

[36]《消摇游》曰:"且举世而誉之而不加劝,举世而非之而不加沮,定乎内外之
分,辨乎荣辱之境,斯已矣。"此所谓"不累于俗,不饰于物"也。

[37]"不苟于人",下文所谓"强聒而不舍"。"不忮于众",下文所谓"以腑合驩以
调海内"也。

[38]"白"犹"显"也。荀子曰:"君子之言,涉然而精,俛然而类,差差然而齐。彼
正其名,当其辞,以务白其志义者也。"此云"白心",犹彼云"白其志义"矣。

[39]"宥"者,"囿"之假借。尸子谓"墨子贵兼,孔子贵公,皇子贵衷,田子贵均,列
子贵虚,料子贵别囿"。《吕览》有《去宥篇》曰:"凡人必别宥,然后知。别宥
则能全其天矣。""别"谓"离去之","别宥"即"去宥"也,"囿"者"封域"。《齐
物论》云"未始有封",《人间世》曰"无町畦",亦即"去宥"之说也。

[40]"容","包容"也,"包容"即"别宥"之义。《尚书·洪范今文》曰:"思曰容,容

作圣。"《说苑·君道篇》："齐宣王谓尹文曰：'人君之事如何？'尹文曰：'人君之事，无为而能容下。夫事寡易从，法省易因，故民不以政获罪也。大道容众，大德容下；圣人寡为，而天下理矣。'"《书》曰"容作圣"，彼引书如此，则知"心之容"本之《洪范》"思曰容"，正尹文之说然也，"以腷合驩，以调海内"，盖所以为"容"字之注释。"请欲置之以为主"，则谓"欲置此宽容之心以为接物之主也"。荀子以墨翟、宋钘并称，其自苦而爱人，正复相似。其有大异者，则墨氏本天，而宋子、尹子本心，宋、尹较墨为精切矣。庄子即别墨家与宋钘、尹文为二，故于此特明著之。

[41] 惟"见侮不辱"，故有"上下见厌，而强见之"说矣。

[42] "请，欲固置"句，谓"必欲固置，则五升之饭已足"。盖辞之而不得之言，故云"请"也。

[43] 先生曰"恐不得饱"，弟子曰"虽饥"，盖互文也。意谓先生、弟子皆恐饥而不饱，虽然如是，仍不忘天下也。古书自有此文法。

[44] "必得活"者谓"必得活民之命"，非言"自活"也。旧注多误。

[45] "图"，"大"也。《尚书·大诰》曰："不可不成乃宁考图功。"王引之《经传释词》曰"图功，大功也"，是也。"傲"，亦"大"也。《德充符篇》曰："謷乎大哉，独成其天。"此"傲"与彼"謷"同。"图傲乎救世之士"即"大哉救世之士"。叠用"图傲"两字者，盖极称之。如上称墨子"才士也夫"，正一例也。

[46] "苟"各本作"苛"。然《荀子·不苟篇》曰："君子行不贵苟难，说不贵苟察。"此文正与彼同。从《释文》"一本作苟"是也。《荀子·儒效篇》曰："君子之所谓察者，非能遍察人之所察之谓也，有所止矣。"又曰："凡知说，有益于理者为之，无益于理者舍之，夫是之谓中说。"而此下文云"以为无益于天下者，明知不如己也"，此说与荀子之意亦略似。故知当作"苟"，不作"苛"矣。

[47] "易"犹"平"也。

[48] "无主"而曰"决然"者，"决诸东方，则东流；决诸西方，则西流"，盖如水然也。

[49] 一任乎物，而不与物件，故曰"不两"也。

[50] 此与庄子之《齐物论》何异？而以为"不知道"者，盖知"齐之齐"，而不知"不齐之所以为齐"也。

[51] 此言"天与地道皆有所不足"，而况万物乎？所以起下"有可不可，选则不遍"之端也。

[52] 此所谓"道"，盖云放任之而已。

[53] "以为道理"者，"以为道之理当如是"也。"弃知"即"绝望"。"弃知"、"去己"即

"无己"、"丧我"。"缘不得已"即"寓于不得已"。此皆与庄子之学相同者。其异在"泠汰于物",即所谓"于物无择,与之俱往者也"。《知北游篇》曰:"与物化者,一不化者也。"慎到盖惟"化",而不知"中有不化者"存,故复堕于一边也。

[54] "知,不知",谓"知乃不知矣"。"薄"犹"鄙"也。"伤"犹"毁"也。"邻","近"也。始但薄视"知",而终几欲毁伤"知",故曰"邻伤之"也。即举彭蒙之言,而更论断之如此。

[55] 《墨子》有《尚贤篇》,"任士"为墨家之称。既"謑髁无任",故以墨之"尚贤"为笑也,荀子亦曰"慎子蔽于法而不知贤"。

[56] "行"谓"儒行"。前者笑墨,此则非儒也。

[57] "椎拍辐断"犹荀子之言"蒸矫槃砺",告子之以"栝楗"比"仁义"。出于造作,而非自然。慎到之病盖在此矣。

[58] 《知北游篇》曰"魏魏乎其终则复始也"。终而复始,则无终始。不知前后,则无前后。其义一也。故彼云"魏魏乎",此云"魏然","魏然"所谓"块"也。

[59] "风"即"闻其风而说之"之"风"。"窢然"谓其轻微,犹《则阳篇》曰"吹剑首者,映而已矣"。"映"、"窢"音正相近。"不可得"言所以为"不教"也。

[60] "取"各本作"聚"。此从古钞卷子本。"不取观"者,言"不取人之观效"也。惟"反人",故"不取观"。后人不知其意,乃改"取"为"聚"矣。郭象注云"反人不见观,不顺民望也",以"见"训"取",意为近之。而有改本文作"见"者,则误也。

[61] "概乎有闻"言"亦尝得其粗迹"也。

[62] 老子《道德经》云"圣人不积。既以为人,己愈有;既以与人,己愈多",此所以"有积为不足"也。

[63] 《道德经》云"道可道,非常道",又曰"复命曰常。知常曰明。不知常,妄作凶",此"常"之说也。曰"无,名天地之始;有,名万物之母",又曰"有之以为利,无之以为用",又曰"万物生于有,有生于无",此"无"与"有"之说也。由"常"而"无"而"有",盖累三焉。

[64] 《道德经》曰"道大,天大,地大,王亦大",此所谓"大"也。又曰"天得一,以清;地得一,以宁;神得一,以灵;谷得一,以盈;万物得一,以生;侯王得一,以为天下贞",此所谓"一"也。"大"言其"无外","一"言其"不贰"也。或读作"太一"者,非也。

[65] 关尹之言止此,下则著其行,以实其言也。

[66] "清"疑当作"清",如《人间世篇》"爨无欲清之人"。或亦误作"清"也。

[67] "同焉者和"言"人见其同者,适其所以不同者也"。"得焉者失"言"人见其得者,适其所以无得者也"。与上"芴乎若亡,寂乎若清",文义一例,皆形容其德之辞。

[68] 此即尹之"未尝先人,而尝随人"也。先举其行事,而后以老子自言证之。

[69] "无藏也故有余"句上,当有"曰"字。或承上文而省,否则传写脱之矣。"岿然而有余"乃承上文加以赞语以起下文者,非如上句为老氏语也。

[70] "削"犹"刻"也。

[71] "虽未"各本作"可谓"。此依《庄子阙误》所引一本。案自墨翟、宋钘、尹文以至彭蒙、田骈、慎到,论之皆有扬有抑。如于墨子,既言其"不可以为圣人之道",又言其"离于天下,去王也远",又言"其意则是,其行则非",乃用"虽然"一转,曰"墨子真天下之好也,将求之不得,虽枯槁不舍也,才士也夫!"于宋钘、尹文,则曰"图傲乎,救世之士哉!",而一转曰"其小大精粗,其行适至是而止"。于彭蒙、田骈、慎到,则曰"不知道",而"虽然"一转,许其"概乎皆尝有闻"。此必后世崇尚道家者,以为庄于尹、老不当有不满之辞,乃从而改窜之,而不知其于文例有背也。故为正之。

[72] 此《易·系传》所谓"变动不居,上下无常,不可为典要"者,观此四字,庄子之学出于《易》也甚明。

[73] "毕罗"所谓"小大精粗其运无乎不在","莫足以归"则所谓"六通四辟"也。

[74] 各本"倪"上有"不"字。此从《释文》。案《天地篇》曰"倪乎若行而失道也",又曰"以天下非之,失其所谓,倪然不变",此与"倪然"之"倪"一义,盖"无依傍"之谓。

[75] "觭"与"畸"同,谓"一偏"也。"不以一偏见",盖隐然自负能窥道术之全矣。

[76] "寓言"、"重言"、"卮言"并详《寓言篇》。此先举"卮言",盖承上"谬悠之说"三句言之,以见"寓言"、"重言"并归于"卮言之曼衍",欲人忘言而得意也。

[77] 于关尹、老聃则曰"澹然独与神明居",而此云"与天地精神往来"。"居"者静相,"往来"者动相也。辨夫此,则知老、庄之学不同之所在矣。

[78] "敖倪"犹"傲睨"也。"不傲睨于万物"则与"以物为粗"者异矣。

[79] "谴"犹"遣"也。"不遣是非",《齐物论》所谓"因是因非"者也。

[80] "连犿"一作"连抃"。"抃"其本字,"犿"则假借也,"连抃"犹"鼓舞"也,《易·蹇卦·六四》"往蹇来连","连"与"蹇"反,知有欢乐之意也。鼓之舞之,所以尽神,故"无伤"也。旧作"宛转"释之,未得其旨。

[81] "充实,不可以已",故其书从广大胸中自然流出,而莫非绝妙文章也。

[82] "本"者"德"也。"宗"者"天"也。"稠"与"调"通。"调适而上遂",《中庸》所谓"上达天德"者也。

[83] "其理不竭",故不化而化;"其来不蜕",故不解而解。不化而化,不解而解,此所以"未之能尽"也。

[84] 《庚桑楚篇》"庄子过惠子之墓,顾谓从者曰:'自夫子之死也,吾无以为质矣,吾无与言者矣。'"然则足以受庄子之斫斲者莫惠子若。而惜乎其方虽多而不中,盖溺于名相,能博而不能约者也。《天下篇》殿之以惠子,岂无意哉?《则阳篇》"言而足,则终日言而尽道。言而不足,则终日言而尽物",足与不足,一反覆之间耳,故曰"以指喻指之非指,不若以非指喻指之非指也;以马喻马之非马,不若以非马喻马之非马也"。凡有名言,皆嫌滞迹。苟能脱洒,亦何言非道哉? 诚知庄子之意,则可以读惠施诸名家之书矣。

[85] 荀子言"无厚有厚之察",盖指此。若今《邓析子·无厚篇》则全非其意,伪造者亦甚无识矣。

[86] "卑"者"比"之同音假借。《荀子·非十二子篇》曰:"山渊平,天地比。"

[87] 《说文》:"睨,衺视也。"故以"睨"为"衺"矣。

[88] 结之以"泛爱万物,天地一体",则惠子之意之所在,可知矣。《齐物论》曰:"天地与我并生,万物与我为一。"两言故不甚相远。此庄子所以不能无取于施也。

[89] 《公孙龙子·通变论》谓:"鸡足一,数足三,二而一,故三。"此所谓"鸡三足"也。

[90] 《公孙龙子·坚白论》:"且犹白以目与火见,而火不见,则火与目不见。"此所谓"目不见"也。

[91] 此"指"即"指,非指"之"指",名家之专辞也。"指不至"者,谓名不及物,物非名之所能尽也。"至不绝"者,谓若至则名物不相外,而无待于指名。"不绝",犹言不离也。

[92] "鏃矢"不辞。"鏃"疑为"鍭"之误。《诗·大雅》曰"四鍭既钧",疏曰"鍭矢参亭",三分之一在前,二在后,轻重钧亭也。

[93] 此亦公孙龙子白马、坚白两论之绪余也。

[94] 此指上"卵有毛"以下诸说也。

[95] 《韩诗外传》公孙龙与孔子高辨"臧三耳"于平原君之所。子高曰:"言两耳,甚易而是也。言三耳甚难,而实非也。君从其易而是者乎? 从其难而非者乎?"平原君曰:"子高理胜于辞。"此所谓"胜人之口,不能服人之心"也。

［96］"与人之辨","与人是辨"也。

［97］于慎到曰"适得怪焉",今于惠子亦曰"特与辨者为怪",知"素隐行怪"非庄子所取矣。

［98］言上之所举,特其概略而已。

［99］"自以其有,为不可加",所以落于方术。"自以为最贤",所以以坚白之昧终也。

［100］"施",惠子自道也。"雄"犹"壮"也。言"天地虽大,有我在,天地亦无术以自神"。

［101］"倚人"即"畸人","倚"、"畸"相通。

［102］"弱于德,强于物"六字分明指出惠子病根。"隩",犹险也。

［103］"曰"犹"若"也。孟子曰"管仲,曾西之所不为也",谓"若管仲"也。"充一"者,"推一以之万"。"贵道"者,"反万而归一"。言"遍为万物说。不离于一,犹之可也;若进而贵道,其庶几乎"。"愈"犹"进"也。

［104］"此"即所谓"一"也、"道"也。

［105］《德充符》庄子谓惠子曰"天选子之形,子以坚白鸣",亦此意也。

［106］"不得"犹不中也。

［107］既"悲夫百家往而不反"又"悲夫惠子逐万物而不反"。"反"者,"反于天地之纯","古人之大体也"。此庄子著书之意也,故一书以《天下篇》终之。

诗 词 讲 义

《诗词讲义》，由钟斌据钟泰手稿录入标点，李阿慧校订。

目　　录

四言诗

195

四 言 诗

　　古诗传于今者,首推"诗三百篇",世人所称《诗经》是也。其体分风雅颂,其法有赋比兴,合之称为"六义",见于《毛诗·诗序》者也。原本三百五篇,举成数而言,因谓之"三百"耳。其句有长和短,而以四言者为多,故后世以别于五言、七言,亦谓之四言诗。兹选自三百篇始,冠之以四言诗之目者,盖以此。

　　诗之分句与他文不同,盖有字数与用韵之限制在焉。试举《七月》之诗为例,其第五章云:"七月在野,八月在宇,九月在户,十月蟋蟀入我床下。"上三句皆四字为句,下一句则八字为句,何也?因"野"、"宇"、"户"、"下"四字相叶为韵,又诗意本谓蟋蟀七月在野,八月在宇,九月在户,十月乃入于床下耳。为字数整齐故,不得不变文用巧,而退"蟋蟀"二字于下,所以下句为八字也。此在后人之诗亦往往有之。如杜甫《题衡山县新学堂》作云:"旄头彗紫微,无复俎豆事。金甲相排荡,青衿一憔悴。呜呼已十年,儒服敝于地。"其第五六句,若以散文释之,则当云:"呜呼,儒服敝于地者已十年矣。"以每句必五字,而"地"字为韵,与上"事"、"悴"二字叶,故句法遂有颠倒。是以作诗与作文不同,读诗亦与读文不同,而当别换一副眼孔、心孔也。至看古人诗文,不应以今之语法绳之,学者自所深悉,不待赘尔。

诗必叶韵,众所知也。然后世但知韵在句尾耳,不知句中亦自有韵。以三百篇论,《草虫》之诗首二句曰:"喓喓草虫,趯趯阜螽。"不独"虫"与"螽"叶,"喓喓"与"趯趯","草"与"阜",亦皆相叶也。又如《葛生》之诗,"葛生蒙楚,蔹蔓于野。予美亡此,谁与独处。"人知"处"与"楚"、"野"叶,不知"谁与独处"句,"与"与"处"亦相叶也。又不独此句也,"予美亡此"句,"美"与"此"亦相叶。惟"与"与"处"叶,"谁与独处"四字句中实含有二字为句者二,于是"谁与独处",即当分别读断。"予美"句亦然。朱子《诗集传》解曰:"予之所美者独不在是,则谁与而独处于此乎。"上句之意尚大致不离,若下句"谁与"、"独处",正乃一问一答,实谓无与耳;今乃云"谁与尔独处于此",复成何辞义乎?故不明句中有韵,不惟失其韵,亦且失其义,失其句读矣。辛弃疾《沁园春》词首句:"杯汝前来。"亦四字句。然"杯"字与"来"字为韵,杯字必读断,此正与"予美亡此"一例。习词者知此,而习《诗经》者不知,则一通韵学一不通韵学之分也。

韵学为专门,兹不能详述。顾有两事乃学诗者所必知:一四声,一双声叠韵也。四声者,分人声即字之读音为四:一曰平,如曰"天"、曰"人"是;二曰上,如种类之"种"、言语之"语"是;三曰去,如种树之"种"、语人之"语"是;四曰入,如曰"日"、曰"月"是。唐代释盖忠《元和韵谱》云:"平声哀而安,上声厉而举,去声清而远,入声直而促。"以"安"、"举"、"远"、"促"四字状平上去入之别,向称为最明且显。然实则平上去入四字即所以代表四声,能深切体会四字之义,于四声之别,未有不能领之于心而调之于口者也。特北人无入声,多读成去,或转入于平,今国语用北音,即四声仅有三耳。亦有合并上去入三声统谓之仄声,而与平声相对者,则谓只有平仄二声亦可。要之,声音之道本之天然,韵书不过综合古今方言之异,而条其会归,以为一时之准则。后人泥于韵书,不能通于声音自然之本,则一失也。双声叠韵者,字虽单音,析之则为两音所合成,故魏晋间人每借两字以标一音,即所谓"反切"是。今定上一字为声,下一字为韵,若两字而同一声,则谓之双声,两字而同一韵,则谓之叠韵。上云诗必叶韵,盖即叠韵之理也。学诗之人无不知叠韵者,而于双声则求知之者盖少。不知通韵而不通声,即于诗未得其全,何也? 韵与韵协,声与声亦协也。试以三百篇言之,《关雎》之诗曰:"参差荇菜,左右流之。窈窕淑女,寤寐求之。""参差"为双声,"参差"声协;"窈窕"为叠韵,"窈窕"韵协。以"参差"与"窈窕"隔句相对,故读之如宫商相和,铿锵有声,古之诗可以入乐,盖以是也。后之诗人,惟杜甫于此讨研至精,故其《何将军山林》诗:"卑枝低结子,接叶暗巢莺。"不用"密叶"而用"接叶",以"接叶"叠韵,与"卑枝"叠韵为对也。《赠鲜于京兆》诗:"奋飞超等级,容易失沉沦。"不用"高飞"而用"奋飞",以"奋飞"双声,与"容易"双声为对也。故前人谓杜诗摸之字字有棱,棱在音声。然则不明声韵之理而能为诗者,未之有也。又古今声韵屡有迁变,《诗经》之韵不尽同于汉魏,汉魏又不尽同于齐梁以后,此则当随诗说之,非空论也。

诗经

关 雎

关关雎鸠,在河之洲。窈窕淑女,君子好逑。

参差荇菜,左右流之。窈窕淑女,寤寐求之。

求之不得,寤寐思服。悠哉悠哉,辗转反侧。

参差荇菜,左右采之。窈窕淑女,琴瑟友之。

参差荇菜,左右芼之。窈窕淑女,钟鼓乐之。

此风诗第一篇也。风者,民间歌谣之作,于此可以觇风俗、识风化之本,故谓之风也。题曰"关雎"者,诗本无题,编诗者为便于检别,取首句两字以题之者也。"毛诗"本分三章,首章四句,二三章皆八句。郑玄作笺,则定为五章,章各四句。朱子《集传》又改为四章,惟二章八句,余三章皆各四句。兹从郑,不从毛氏与朱子者,汉世传诗者本有鲁齐韩三家,与"毛诗"为四,康成先习三家诗,当是据三家诗以改毛本,后二章分之则意缓而味长,合之即意促而味短,且诗五章,章各四句,于篇法亦整,是郑优于毛也。朱子知末二章当分而不当合,不依毛公,是也,而前二章则仍依毛公合之,不过以为其意相联贯耳,不可分割。然《关雎》为房中之乐,被于弦歌,歌既分章,不宜长短不一,又章分而意注,亦不嫌于不联贯也。毛公诗传于"关关雎鸠,在河之洲"句下注云:"兴也。"朱子则移之于首章章后,此甚失毛公之意。毛公于赋比兴三者,独着意于兴,若赋比则更不注明。何者? 赋者,直叙其事,比者,以彼喻此,其辞明白易晓,无待于指陈也。《集传》云:"兴者,先言他物以引起所咏之辞也。"然者,"关关雎鸠"二句之为兴,在引起"淑女"、"君子"之为好逑耳,若"窈窕淑女"二句,则正所谓赋。移"兴"字于章下,即界限不清矣。是不可不辨也。"关关",鸠鸣声。雎鸠,水鸟,今所谓鹗也。鹗之取声,正与"关关"合矣。洲,水中地,河即黄河也。淑,善也,淑女犹言好女子。窈窕,本深邃貌,藉以言女之幽静,淑女之淑在是,故曰窈窕淑女也。君子,有德之称。"逑"与"仇"通,匹也。好匹犹佳偶也。参差,不齐也。"荇"一作"莕",生水中,开小黄花,叶圆如杏,与莼略相似,古人作菜食,故曰荇菜也。流,谓顺水之流而求之也。寤,觉;寐,寝也。寤寐求之,言昼夜求之,无时或息也。服,如服膺之"服",谓置之怀抱之中而不能去也。求言寤寐,服亦言寤寐,然求之寤寐偏重在寤,服之寤寐偏重在寐。上因寤而及寐,下因寐而及寤,语习则然,不可不知也。悠之从心,思亦忧也。辗转反侧,寐不安也。采,采得之。友,亲之爱之,与之为友也。芼通毛,择而采之也。乐之,与之相乐也。琴瑟钟鼓,先琴瑟而后钟鼓者,钟鼓盛乐,以渐而进也。流之求之,采之友之,芼之乐之,之字皆不入韵,韵在上一字,此三百篇之例也。

汉　广

南有乔木,不可休思。汉有游女,不可求思。汉之广矣,不可泳思。江之永矣,不可方思。

翘翘错薪,言刈其楚。之子于归,言秣其马。汉之广矣,不可泳思。江之永矣,不可方思。

翘翘错薪,言刈其蒌。之子于归,言秣其驹。汉之广矣,不可泳思。江之永矣,不可方思。

此诗不取"南有乔木"为题,而名之"汉广"者,诗之取义,固重在后四句,观三章反复咏叹同此四句可知也。故《诗序》曰:"汉广,德广所及也。"诗有言在此而意在彼者,比兴之道如是,后人谓之寄托。故言游女,非必果指游女也。杜甫《瘦马行》,注家多谓为房琯贬斥而作,言人可托之于马,斯言贤者可托之于游女,其用意一也。思,语辞,有声而无义,故与矣字皆不入韵。南,南国也,即江汉之地。泳,游泳。方,泭也,小筏曰泭。翘翘,高出貌。错,犹杂也。楚,木名,荆类。春秋楚国始亦称荆,或以荆楚连称,知其木同类矣。言,发端语辞,亦有声而无义。刈,割取之也。之子,是子也,即指上游女。女子谓嫁曰归,于归,往嫁也。秣,以禾饲马也。蒌,蒌蒿。驹,小马也。

三章,章八句。上四句皆隔句用韵,下四句则句句皆韵。句句皆韵,以见咏叹之深。盖情之动自然形于声,声之成复以感乎情,诗之为用全在于此,故曰诗与乐通也。

柏　舟

　　汎彼柏舟，亦汎其流。耿耿不寐，如有隐忧。微我无酒，以敖以游。

　　我心匪鉴，不可以茹。亦有兄弟，不可以据。薄言往愬，逢彼之怒。

　　我心匪石，不可转也。我心匪席，不可卷也。威仪棣棣，不可选也。

　　忧心悄悄，愠于群小。觏闵既多，受侮不少。静言思之，寤辟有摽。

　　日居月诸，胡迭而微。心之忧矣，如匪澣衣。静言思之，不能奋飞。

　　此遭小人困害而不能自明之诗，序言仁而不遇，尚未为尽之。五章，章各六句。以柏舟起兴而言亦汎其流者，谓其随流飘汎而无所依止也。汎亦通作泛，漂流也。耿耿犹炯炯，明也。隐如恻隐之隐，痛也。忧在于心如痛在于身，故谓之隐忧。微犹非也，微、非盖一声之转。敖一作遨，遨亦游也。鉴同鑑，镜也。匪读如非。茹，度也。"我心匪鉴，不可以茹"者，言已不能如镜之明，度知人之喜恶，为下往愬逢怒发端也。称"兄弟"者，封建之世，多用同姓为臣也。据，依也。薄犹聊也、稍也。愬与诉通，告也。逢，遭也。石席同韵，转卷同韵，各隔句相叶，此谓之间韵，三百篇多有此类，后世之诗则稀见矣。可畏谓之威，可象谓之仪，皆谓礼容也。棣棣，闲习而富备，无嗟失也。选，即昭元年《左氏传》"弗去惧选"之"选"，杜注云："选，数也。"盖如今言挑剔、责数之义也。悄悄，忧而不能告于人之貌。愠，含怒也，愠于群小，谓群小含怒于己也。觏一作遘，遇也。

闵,困害,侮,侮辱也。辟同擗,拊心也。摽,摽击也。有摽,"有"字无义,以摽本动字,今为形容拊心之辞,故加有以别之,此三百篇用字之例也。居诸,并语辞,日居月诸,犹云日乎月乎也,居诸与乎,一声之转。胡犹何也,胡何亦一声之转。迭,更迭。微,谓亏伤也。浣,濯也。如匪浣衣,言如衣之不濯,谓遭污而不能白也。奋飞,如鸟奋翼而飞去也。

氓

　　氓之蚩蚩,抱布贸丝。匪来贸丝,来即我谋。送子涉淇,至于顿丘。匪我愆期,子无良媒。将子无怒,秋以为期。

　　乘彼垝垣,以望复关。不见复关,泣涕涟涟。既见复关,载笑载言。尔卜尔筮,体无咎言。以尔车来,以我贿迁。

　　桑桑未落,其叶沃若。于嗟鸠兮,无食桑葚。于嗟女兮,无与士耽。士之耽兮,犹可说也。女之耽兮,不可说也。

　　桑之落矣,其黄而陨。自我徂尔,三岁食贫。淇水汤汤,渐车帷裳。女也不爽,士贰其行。士亦罔极,二三其德。

　　三岁为妇,靡室劳矣。夙兴夜寐,靡有朝矣。言既遂矣,至于暴矣。兄弟不知,咥其笑矣。静言思之,躬自悼矣。

　　及尔偕老,老使我怨。淇则有岸,隰则有泮。总角之宴,言笑晏晏。信誓旦旦,不思其反。反是不思,亦已焉哉。

此男女为好不终,女子见遇浸薄,困而自悔之诗也。六章,章十句。氓,异国之民来居本国者,后世所谓客民也。蚩蚩,敦厚貌。贸,贸易也,古者多物物交换,故抱布以易丝也。谋,谋求也,如今云打主意、打交道,不欲斥言其献诱,故谓之曰谋。子,以称男子。淇,水名,今淇县,即诗之卫都也。顿丘,淇上丘名。愆期,失期也。媒,媒妁也。

古者女子不得无媒而嫁，故始以"子无良媒"谢之也。将，古音读如锵，愿词。秋以为期，始谢之而终许之，即其辞之宛转，而其情之宛转如见矣。垝，圮也。垣，城垣也。关，疆界上之门，以讥察出入者。复，如《孟子》"有复于王者"之"复"，白也、告也。异国之民来至于卫，必先告于关吏，是为复关。旧以复关为地名，误也。涕，泪也。涟涟，泪不断也。载笑载言，则笑则言也，载、则一声之转。卜、筮，皆占也，钻龟曰卜，揲蓍曰筮。"体无咎言"者，卜筮俱无凶咎之辞，体犹全也。前称"子"而兹称"尔"，尔者，亲昵之辞也。贿，财。迁，徙。举其财物，随男子而徙就其家也。沃若犹言若沃，如水浇沃，言其光泽也。鸠，今斑鸠也。葚一作椹，桑实也。古言鸠食葚过者醉，故曰"于嗟鸠兮，无食桑葚"。于嗟即吁嗟，叹辞。兮古音读如阿，今语时之阿，实即兮声之遗也。耽，妉与媅之假借，好乐之甚也，《诗》亦作湛，《鹿鸣》"和乐且湛"是也，古音并读如沈。陨，坠。黄而陨者，由黄以至于坠也。徂，往。徂尔，往至尔家也。食贫，言生活贫苦，举食以概其馀，非专为食也。汤读如伤，汤汤，水盛貌。渐，渍也。帷裳，帷之下幅。此二句亦兴也。爽，如今言爽约之爽，失也、改也。贰与爽一意。极，穷，罔，犹莫也。莫穷，言其不可测，测不透也。先言"贰其行"，后又言"二三其德"，德者得于心也，由其行以穷至其心也。靡即无也，罔、莫、靡、无，并一声之转。室劳，谓家事之劳。朝，读如朝廷之朝，古人旦而事亲谓之朝，不独君与大夫为然也。靡室劳，靡有朝，皆言已尽其劳而夫享其逸。故接之曰"言既遂矣，至于暴矣"，谓既称其意，而反暴遇我也。咥，笑声。"兄弟不知，咥其笑矣"者，言兄弟幸不闻知，若其知之，必且笑我，盖其以贿迁时，固早为弟兄辈所不许也。悼，伤也，"躬自悼"者，一身自伤，无所告诉之辞也。"及尔偕老"，曩昔相约之言，下文所谓"信誓旦旦"者是也。"老使我怨"者，本冀偕老，而不意竟使我怨。"偕老"而仅言"老"，省文也。古人自有此种语法。如《庄子·养生主篇》云："吾生也有涯，而知也无涯，以有涯随无涯，殆已。已而为知者，殆而已矣。"已而为知,承上殆已而言,谓殆已而犹自以为知,则其殆不复可救,故曰殆而已矣。殆已而省言已,犹偕老而省言老,盖一例也。不然,三岁为妇,安得遽言老乎。隰,岸旁下湿之地也。泮与畔同。淇有岸,隰有泮,以及见人之罔极,为下文"不思其反"发端,与上章"淇水汤汤,渐车帷裳"笔法相同。故兴不必在一章之首。如汉乐府《白头吟》,末尾"男儿垂意气,何用钱刀为"之上插云"竹竿何嫋嫋,鱼尾何簁簁"。杜甫《佳人诗》,中间插云"合昏尚知时,鸳鸯不独宿"及"在山泉水清,出山泉水浊"之类,皆从三百篇脱胎,不可不知也。总角,女子未许嫁前未笄之发式,后世所云丫角者似之。宴,安也。晏晏,和乐也。旦旦,《说文》作悬悬,此省心,言恳诚也。反,复也,践言古谓之复,《论语》"信近于义,言可复也"是也。亦谓之反,则此不思其反是。旧注有以反为反复者失之,不思其反,就男子言,非就己言也。"反是不思"即"反之不思",倒其文以思与哉协韵也。"哉"与《关雎》之"之"、《汉广》之"思",同为语辞,彼不入韵而此入韵者,彼叠用而此独用,为例不同也。"亦已焉哉",与上"不可说也"相应,无可奈何之辞,而亦决绝之辞也。

君 子 于 役

  君子于役,不知其期。曷至哉。鸡栖于埘。日之夕也,羊牛下来。君子于役,如之何勿思。

  君子于役,不日不月。曷其有佸。鸡栖于桀。日之夕矣,羊牛下括。君子于役,苟无饥渴。

此男子行役于外,其妻思而望之之诗,后世诗中所谓征妇怨者,皆此类也。君子,妇所以称其夫也。不知其期者,言行役无期限也。曷与盍通,何不也。曷至哉,言其何不归也。埘,鸡栖,凿墙或垒土为之。鸡栖于埘，羊牛下来，皆在日夕之时，先鸡而后羊牛者，由近以及远也。"日之夕矣"句置于"鸡栖"与"羊牛"之间者，因鸡栖而知日夕，因日夕而念及羊牛，叙事则有次，行文则有致也。勿亦无也。"不日不月"犹今云"无日无月"，即无期意。有佸，"有"字无义，佸，来会也。桀，以木为杙以栖鸡。括亦来也，然与来意少别，来者别言之，括者合言之也。苟犹庶也，庶几无饥渴，愿望祷祝之辞也。诗二章，章八句。

大 叔 于 田

　　叔于田，乘乘马。执辔如组，两骖如舞。叔在薮，火烈具举。襢裼暴虎，献于公所。将叔无狃，戒其伤女。

　　叔于田，乘乘黄。两服上襄，两骖雁行。叔在薮，火烈具扬。叔善射忌，又善御忌。抑磬控忌，抑纵送忌。

　　叔于田，乘乘鸨。两服齐首，两骖如手。叔在薮，火烈具阜。叔马慢忌，叔发罕忌。抑释掤忌，抑鬯弓忌。

　　此郑风也。郑风有两《叔于田》，而此文较繁，于体为大，故加大以别之，曰《大叔于田》也。三章，章十句。田，田猎，于田者，往田猎也。叔，旧说皆以为即庄公之弟共叔段，段与庄公争国而败，然实有材武，故诗人称其善射善御焉。风诗言男女相悦者多，言武事者少，兹选故取之。乘马之"乘"读去声，古者田猎以车，车驾四马，谓之一乘，故云"乘乘马"也。辔，马缰勒也。四马八辔，而骖马两内辔系而不用，御者所操惟六辔，《秦风·驷驖》云"六辔在手"是也。"执辔如组"者，言其操此六辔，如织组之为，有文而不乱也。四马，两马服于辕者曰服马，其旁加者曰骖，任载之车，即亦有驾三马者，故骖之为言参也。两骖者，左骖右骖也。如舞者，言其驰骤有节也。薮，薮泽，田猎之地也。

火,焚火以驱兽也。烈,火盛貌。具犹俱也。禋同袒,禋裼,肉袒也。暴虎,搏虎也,暴搏一声之转。公谓庄公也。狃,习也。无狃,言不可习以为常。称其勇而又惧其伤,望其能戒,故曰将叔无狃,戒其伤汝,盖爱之惜之,诗人之微意也。乘黄,四马皆黄也。上,犹前也。襄与骧同,马行首低昂也。雁行者,骖马少后于服马,如雁行之有次也。扬,扬起也。忌,语辞,今苏常一带人语尾多有格音,如言好格、苦格,格殆忌音之遗也。抑,或也、且也。磬控,双声,皆制止意。纵送,叠韵,皆放逸义也。此章先言善射,后言良御,射为宾而御为主,故连言磬控、纵送,谓其御之良,进止无不应手也。旧以磬控属御言,纵送属射言,失之。鸨本鸟名,似雁,《唐风》所云"肃肃鸨羽,集于苞栩"是也。其羽黑白相杂,马之毛色似之,故亦称鸨。齐首,首相齐也。如手,如人左右手也。阜,盛也,由举而扬而盛,亦言之次也。慢,迟也。发,发矢。罕,希也。掤,箭筩盖。释,放也。鬯与韔同,弓弢也。弓弢为韔,故弢弓亦云韔。此章言射为主,然不言其正射之时,而言射后释掤鬯弓之事者。即其后之整暇,而前之射无不中可知,且以见田事之有起讫,正文字之巧也。

还

子之还兮,遭我乎峱之间兮。并驱从两肩兮,揖我谓我儇兮。

子之茂兮,遭我乎峱之道兮。并驱从两牡兮,揖我谓我好兮。

子之昌兮,遭我乎峱之阳兮。并驱从两狼兮,揖我谓我臧兮。

三章,章四句。此亦田猎之诗,然与前风格异也。后世少年游侠行一类,盖从此出。还与儇同,便捷也。遭,遇也。峱,齐地山名,在临淄县南。肩一作豜,豕三岁者也,肩同声假借字。相遇之后,并驱而相逐兽,故曰从两肩,从者逐也。儇,利也,亦便捷之义。此称子曰还,彼揖我曰儇,交相誉,亦竟相角也。茂,美也。好亦美义。牡,兽之雄者,雄兽难逐,故言牡也。昌,壮盛也。山南曰阳。臧,亦壮也。

伐　檀

　　坎坎伐檀兮,寘之河之干兮。河水清且涟猗。不稼不穑,胡取禾三百廛兮。不狩不猎,胡瞻尔庭有县貆兮。彼君子兮,不素餐兮。

　　坎坎伐辐兮,寘之河之侧兮。河水清且直猗。不稼不穑,胡取禾三百亿兮。不狩不猎,胡瞻尔庭有县特兮。彼君子兮,不素食兮。

　　坎坎伐轮兮,寘之河之漘兮。河水清且沦猗。不稼不穑,胡取禾三百囷兮。不狩不猎,胡瞻尔庭有县鹑兮。彼君子兮,不素飧兮。

　　三章,章九句。此诗极言人不可素餐,首以伐檀、伐辐、伐轮起兴,意其人殆若庄子所称轮扁之徒,诗即其所作,用以自戒,非如旧说为刺贪之诗也。檀,木之坚韧者,宜于为车轮,辐,轮辐也。坎坎,伐木声,伐,斫也。寘,置也。干,岸也。涟,水遇风而成文也。禾,穀也。种之曰稼,敛之曰穑。廛通缠,三百缠,三百束也。狩,冬猎也。猎以冬时为多,故于猎又特言狩也。瞻,仰视也。庭,堂前。县,挂也,今作悬。貆,貉子也。素餐,今所谓白吃饭也。孟子曰:"士无事而食,不可也。"素餐非君子之道,故曰"彼君子兮,不素餐兮也"。"彼"与"尔"文相对,"尔"者轻之之辞,"彼"则仰之之辞也。亿通繶,繶亦束也。兽三岁曰特。漘亦干侧也,象人口之有唇,故曰漘。沦,水文流转如轮也。囷,积禾为堆也。鹑,鹌鹑。飧,熟食,古人朝饔而夕飧,故字从夕从食,夕食不别炊,取朝食之所馀,熟而食之,故训为熟食。

蟋　蟀

　　蟋蟀在堂,岁聿其莫。今我不乐,日月其除。无已大康,职思其居。好乐无荒,良士瞿瞿。

　　蟋蟀在堂,岁聿其逝。今我不乐,日月其迈。无已大康,职思其外。好乐无荒,良士蹶蹶。

　　蟋蟀在堂,役车其休。今我不乐,日月其慆。无已大康,职思其忧。好乐无荒,良士休休。

此诗三章,章八句。前四句言当及时行乐,后四句则又极言好乐无荒,意若自相违者,疑诗虽一章,而歌之则此二人,一唱而一酬,旨在相戒,非果相劝以乐也。蟋蟀,促织也。蟋蟀在堂,九月时也。聿,遂也。莫,晚也,今更加日作暮。除,如今言除夕之除,弃去之义也。其莫、其除两“其”字,与下其居“其”字用别。居为名字,其义实,其属居言,故其义亦实,谓其人也。莫、除为动字,其义虚,而其字乃承上“岁”与“日月”言,谓其将暮、将除,其义亦虚。若必强释之,则此“其”与乃、且义同耳。大读如太。已、大,皆甚也。康,安也。无已大康,若今云莫太舒服,戒之之辞也。职,犹常也。居,位也,谓所任事。荒,怠荒。瞿瞿却顾,警惕之貌,逝、迈,皆往也。外,四境之外也。蹶蹶,有事则蹶然而起,敏以赴功,时在防备之中也。役车,庶民力役所用之车。其休者,农功已毕,车将不用也。慆,过也。忧,可忧之事也。休休,从容宽裕之貌。乐而能忧,则虑周而备足,是以能从容宽裕也。此诗两用休韵,而义迥别,亦犹《氓》之次章两用言字韵,一“笑言”为动字,一“咎言”为名字,言,即辞义,故不相妨也。后人诗有重韵者,大抵视此。至如"士之耽兮,犹可说也。女之耽兮,不可说也",两耽字两说字为韵,则正取其字同义同,是不可避,亦不当避。杜甫《杜鹃诗》:"西川有杜鹃,东川无杜鹃,涪万无杜鹃,云安有杜鹃。"连用四杜鹃字,正其类也。

葛　生

葛生蒙楚,蔹蔓于野。予美亡此,谁与独处。

葛生蒙棘,蔹蔓于域。予美亡此,谁与独息。

角枕粲兮,锦衾烂兮。予美亡此,谁与独旦。

夏之日,冬之夜。百岁之后,归于其居。

冬之夜,夏之日。百岁之后,归于其室。

五章,章四句。此亦征妇之诗,然视君子役之作,则辞为痛切。《序》云:"晋献公好攻战,国人多丧。"思战死之惨,自不得不痛切也。葛,草名,蔓生,其缕可以织布,所谓葛布者也。蒙,覆也。蔹,亦蔓草,似栝楼,而子不可食。美,妇以称其夫,犹言良人也。美而曰予,亲而怜之之辞。亡读如无,谓不在也。与、处与上楚、野为韵,美、此则别为韵,四字句而当作两句读,前已言之矣。棘,小木有刺者。域,茔域也。息,止也。角枕,角所作枕也。衾,今所谓被也。粲言其光洁,烂言其华美也。独旦者,不寐以至于旦也。夏之日,冬之夜,皆言长也,于文则意未完,然历历数之,便觉经过多少日夜,多少独处独旦之苦,意不到而神到,诗之传神有在文字外者,此类是也。居、室,并承上茔域言,以坟墓为居室,即《王风·大车》之诗所谓"榖则异室,死则同穴"意也。或有以此为悼亡之诗者。不知曰"亡此",但言其不在于是,犹是死生未卜之辞。若果悼亡,即不得如是云云也。以此知旧说殆未可轻信。

小　戎

　　小戎俴收，五楘梁辀，游环胁驱。阴靷鋈续，文茵畅毂，驾我骐馵。言念君子，温其如玉。在其板屋，乱我心曲。

　　四牡孔阜，六辔在手。骐骝是中，騧骊是骖。龙盾之合，鋈以觼軜。言念君子，温其在邑。方何为期，胡然我念之。

　　俴驷孔群，厹矛鋈錞，蒙伐有苑。虎韔镂膺，交韔二弓，竹闭绲縢。言念君子，载寝载兴。厌厌良人，秩秩得音。

　　诗三章，章十句。此《秦风》也，亦妇人思念征士之作。然一意夸其车甲之盛，虽叙私情，而无哀伤之意、衰飒之声。于此可见其风俗之强，即妇人亦知好尚武事，秦之能称霸西戎，日以强大，盖有由也。戎，兵车，云小戎者，为便于驰突，特小其制也。俴与浅同。收，车身，所以载人者，即舆也。车小，故舆亦浅。辀，车辕，所以驾马者，自舆前稍曲而上，至衡则又曲而下钩，有如桥梁然，故曰梁辀。衡者，辕前横木，以轭两服马之领者也。楘一作鞪，恐辀易折，以革束之，欲其坚也。五楘者，束之有五处也。游环，马鞅上有环，贯骖之外辔中，以制骖之外出者，以其可游动于领背上下，故谓之游环。胁驱，以一条皮上系于衡，后系于舆前横木，当服马之胁，驱骖马使不得内犯，故谓之胁驱。驱古读如欧，与收、辀叶。或以此句连下"阴靷鋈续"句读，而读驱为居录反，与续、毂、馵叶韵，非也。靷，引车之革也。服马驾辕，其挽车也以辕；骖马在旁，其挽车也则以靷。靷一端着于舆下车轴，舆下见所不及，故谓之阴。鋈，白金。鋈续者，以白金嵌之，欲其牢也。茵，车中垫，以兽皮为之，为其有文采，故曰文茵。畅毂，长毂也，毂所以贯轴，此言长毂，犹长轴也，轴取其长，便于相系也。骐，马之黑色者。馵，马左足白也。板屋，以板为屋，西戎之俗然也。心曲，心中委曲之处也。

阜，壮盛也。骝，马赤身而黑鬣。中，谓服马，服马在中，故曰中也。騧，黄马而黑喙。骊，马黑色也。龙盾，画龙于盾，龙盾之合者，言马亦如龙然，与之合称也。軜，骖马内辔也。鋈，环之有舌者。軜系于车前而不用，其系也以鋈，鋈则用白金为之，故曰"鋈以觼軜"也。此觼于文盖作动字用，又不可不知也。在邑，在边邑也。期，期限，期满则当归，故曰"方何为期"。胡然我念之，念发于不自觉，不欲念而不由得不念，即己亦以为诧，故曰胡然。此虽二字，而写思妇之情，真是入木三分，可谓神笔矣。驷，四马，以薄金为甲而被之，故曰俴驷，浅犹薄也。孔，甚也。群，言其协调而进止齐一也。厹，三隅矛也。錞，与镦同，矛之下端，所以顿于地者。伐，一作瞂，盾之较小者，伐其假借字也。蒙，龙也，画杂羽于伐上，其文龙龙然，故曰蒙伐。苑，草木郁结貌，用以形容杂羽之文，"有"字则无义也。虎韔，以虎皮为韔。膺，韔之缝合处，如人之膺。镂然，金以饰之，故曰镂膺。交韔二弓，颠倒二弓纳于韔中也。闭，弓檠也，以竹为之，曰竹闭。绲，绳也，縢缠结之。言以竹闭置于弓里而更以绳缠结之，使不走样也。载寝载兴，思之深而起居不宁也。良人，即君子也。厌厌，安也。得音，谓声闻也。秩秩，和也。期其身体之安，而又望其声闻之和，私情公义，兼行而不悖，此《小戎》之诗所以不同于寻常之闺思也。

七　月

七月流火，九月授衣。一之日觱发，二之日栗烈。无衣无褐，何以卒岁。三之日于耜，四之日举趾。同我妇子，馌彼南亩，田畯至喜。

七月流火，九月授衣。春日载阳，有鸣仓庚。女执懿筐，遵彼微行，爰求柔桑。春日迟迟，采蘩祁祁。女心伤悲，殆及公子同归。

七月流火，八月萑苇。蚕月条桑，取彼斧斨，以伐远扬，猗彼女桑。七月鸣鵙,八月载绩。载玄载黄,我朱孔阳,为公子裳。

四月秀葽,五月鸣蜩。八月其获,十月陨蘀。一之日于貉,取彼狐狸,为公子裘。二之日其同,载缵武功,言私其豵,献豜于公。

五月斯螽动股,六月莎鸡振羽,七月在野,八月在宇,九月在户,十月蟋蟀入我床下。穹窒熏鼠,塞向墐户。嗟我妇子,曰为改岁,入此室处。

六月食郁及薁,七月亨葵及菽,八月剥枣,十月获稻,为此春酒,以介眉寿。七月食瓜,八月断壶,九月叔苴,采荼薪樗,食我农夫。

九月筑场圃,十月纳禾稼。黍稷重穋,禾麻菽麦。嗟我农夫,我稼既同,上入执宫功。昼尔于茅,宵尔索綯。亟其乘屋,其始播百穀。

二之日凿冰冲冲,三之日纳于凌阴。四之日其蚤,献羔祭韭。九月肃霜,十月涤场。朋酒斯飨,曰杀羔羊。跻彼公堂,称彼兕觥,万寿无疆。

此《豳风》也。八章,章十一句。风诗之中,文字以此为最繁富者矣。顺节序之变迁,写农家之生活。自衣食居处,以至田猎祭祀、宴飨劳役,无不备具,而中间穿插以虫鸟之形态,男女之情感,养老尊上之大义,不独体制完整,亦且声色烂然。旧说以为周公所作,未有实据,然要之非寻常手笔所能为也。今人以此诗"为公子裳"、"为公子裘"及"上入执宫功"等语,据为古代上层阶级剥削农民之例证,此在史家根据唯物史观,处理史料,自合如是。惟是就诗言诗,则实多欢舞之情,殊无怨憾之意。窃以为每一种社会制度,在其发展过程中,亦有较为完善一段时间,此时上虽取下之劳力以自养,而亦能使下有以遂其生,于是上下相安,得暂维持于不敝。此诗之作,盖正当周之盛时,故其文多歌颂而无讽刺,准之人情则然。若必以后世王朝暴君诛求无厌,因之下民愁怨斗争激烈,一概视之,则亦非实事求是之道也。七月九月,皆以夏正言也。周自有正,以十月为正月,而诗用夏正者,农事惟夏正为合，而在民间固两者并行也。火，大火，心星也。流者，下而西流也。衣，寒衣也。言授衣者，衣出于妇人之手，而他人受之，故曰授也。言日者，一日寒于一日，不可以月计，而当以日计也。故日者急辞也。下三之日四之日亦同。三之日即一月，四之日则二月。不曰一二而曰三四者，承上文而顺言之也。觱发者，风之寒也；栗烈者，气之寒也。气之寒者，虽无风而亦寒也。褐，毛布，今北方所谓毡也。卒岁犹今言度冬。无衣无褐何以卒岁，申上授衣不得不急之意，乃假设之辞，非真谓无衣无褐也。耜，田器。古无犁，耕以耒耜，耒，揉木为之，耜其端之金也。于耜，始修耒耜也。耕则以足蹋之使入土，故曰举足也。妇子，妇人与儿童也。馌，饷也。壮者耕而妇子饷，今犹有然者矣。曰南亩者，谓其向阳也。田畯，督农之官，汉犹有之，所谓啬夫者是也。至喜者，至而见农之勤于耕种，因为之喜也。

阳，温也，载犹始也。春日、载阳，承上章三之日四之日数之，盖三月时也。仓庚，黄鹂也。有鸣仓庚，先鸣而后仓庚者，听其鸣而后知其为仓庚也。懿筐，深筐也。遵，循也。微行，细径也。柔桑，嫩桑，蚕始生，食叶宜嫩也。迟迟，日舒展也。蘩，白蒿，古以为菹，亦用于祭祀，故采之。祁祁，言采之者众多也。殆，几也。殆及公子同归，庶几与公子同归，羡望之辞也。望之而未必得，故先云伤悲。当春日而虑及终身，是女子之恒情也。

荻，苇芦也。取萑与苇，以为饲蚕之曲薄，不言取者，省文也。蚕月，蚕事之月，不言几月者，蚕有早晚，不能定其为何月也。条桑者，蚕食急。不暇一一摘其叶，因连条而断取之也。远扬，枝之远而扬起者，人手之所不及，故取斧斨以伐之。斨亦斧类也。女桑，矮桑，树之未久者。猗与掎同，特捋取其叶，不欲伤其枝也。䴗，伯劳鸟也。绩，绩麻，载绩，始绩也。叙蚕者连章而叙绩只一句者，治麻之事原较简于治丝，又于文不能无详略也。玄黄，谓染功也。古者玄衣而黄裳，所以象天地也。黄之深而赤者为朱。孔阳，甚鲜明也。是皆兼丝与麻而统言之。为公子裳，为是以厚之也。

葽，狗尾草也。不华而实曰秀。蜩，蝉也。北人谓之都了，苏杭间谓之知了，皆蜩音之缓读也。获，禾熟而收割也。箨，枯叶。陨，坠也。于貉，往猎貉也。貉、狐、狸三者形似而种别，狐、狸贵而貉贱，故貉自取用之，狐、狸则以为公子裘也。同者，众出而同猎。因田猎以习武事，故谓之武功。缵，继，继前年之绩也。豵一岁，豜三岁，私其小而献其大者于公，亦为公子裳、为公子裘之意也。

斯螽，蟓也。蚱蜢之属。莎鸡，络纬也。螽之鸣也以脱，莎鸡之鸣也以羽。故一曰动股，一曰振羽，此诗人体物之亲切也。蟋蟀由在野而在宇在户以至入床下，天气渐寒，虫亦渐近人以取暖，宇者簷之下也。穹，鼠出入之孔道，室，塞也。熏鼠必塞其孔道，故先言穹室而后言熏鼠。熏，以烟熏之也。向，北出之牖也。墐，以泥泥其缝隙也。改岁犹今云过年。曰犹聿也。入此室处，避寒而处于室中，不复出而作劳也。此仅言妇子者，壮妇犹有公宫凿冰之事，固未得便休也。

郁同栯，即郁李也。薁，蘡薁，今草莓一类，蔓生。葵，今湘人尚种之，所谓冬苋菜也。菽，大豆也。郁、薁，果也，生啖之，故曰食。葵、菽，蔬菜也，必熟而食之，故曰亨。亨今字作烹，煮也。剥与扑通，杜甫诗云"堂前扑枣任西邻"是也。扑者，击而落之也。春酒，今谓之冬米酒，亦曰冻醪。盖冬酿而春饮，故或以冬名之，或以春名之，一也。酒于获稻下言之者，古酿酒多以稻也。眉寿，人老则眉生毫，以是为寿徵，故云眉寿。介者，助也。古者酒以养老，介寿犹今云添寿矣。壶，瓠也，重言之则曰壶芦，亦曰葫芦。古瓠亦食其叶，《小雅·瓠叶》之诗云"幡幡瓠叶，采之亨之"是也。此则食其实，故别之曰断，断者自其蔓断而取之也。叔，掇也。苴，麻子。《周礼》三农生九穀，注以稷、秫、黍、稻、麻、大豆、小豆、大麦、小麦为九穀，则古固以麻为饭，不独沤之取其缕以为布也。荼，苦菜。樗，今臭椿也，材不中用，故云新樗，伐之以供薪也。食我农夫，食读同飤，以食食人也。农夫而曰我者，诗人我之，示其亲爱也。

筑，筑地而坚之。场圃连言，先以为圃，今以为场也。圃，菜圃，场，打谷场也。纳禾稼者，禾已成熟收而纳之，今所谓登场也。言黍稷、又言重穋者，后熟者重，先熟者穋，如今稻有早晚也。重，一作种，读如重叠之重。若种植字本作穜，今乱之久矣。先已言"纳禾稼"，兹复又云"禾麻菽麦"者，麻菽麦早时所获，因上禾而追叙之，为下"我稼既同"发端也。同者，总也，言一岁之所种植，无有不登。禾本百穀之统名，以实言曰穀，连秸藁言之则曰禾也。上入执宫功，上与尚同，对既言之。宫功，公室官府之役也。执，言其义之所当任。入者，由野而入于都邑也。于茅，往取茅也。索綯，綯之以为索也。乘屋，升屋而葺治之也。屋者，农夫自己之屋，于茅索綯，并为自己治屋之需，故两言"尔"以明之。亟者，急也。所以急者，为来岁之始又将播种百穀，不复有暇及此，故其始播百穀云者，申其不得不急之由也。农夫终岁之勤也如此，故言我农夫而先之以嗟辞，所以闵其劳也，与上嗟我妇子之意同。

凿冰，取冰于山泽也。冰坚，不凿之则不可得而取。冲冲，凿之之声也。凌阴，藏冰之地，凌者，凝也，惟山谷阴寒之地，冰可以凝而不融，故谓之凌阴。汉未央宫有凌室，此后世则然。古但因其地势而积之，注家即以凌阴为冰室，殆非也。羔，羊子，献羔祭酒，仲春祭祖庙也。于是时而始开冰用之，故曰"四之日其蚤"，蚤与早同，言莫先于此也。肃霜，气肃而霜降也。涤场，禾稼纳毕，涤除场地以为会，下文"朋酒斯飨，曰杀羔羊"是也。飨，飨燕。朋，宾朋。旧注以朋为两尊之名，则飨者飨谁乎？知据《乡饮酒礼》以为说，而不顾本文之情事，亦注家之失也。曰与上"曰为改岁"之曰同。曰杀羔羊，于是而杀羔羊也。或羔或羊，是谓羔羊。公堂，君之堂也。上升曰跻。称，举也。兕觥，以兕角为之，君子爵也。朋酒斯飨，乡人自相为燕，此则君以燕乡人，乡人因举君子爵,而祝君子寿,万寿无疆者,祝辞也。后之乡人饮酒礼殆导源于是。若前涤场之飨,与此自为两事。注多混而同之,而诗之本义失矣。此诗文繁事复,又其名物多与今日常言者异,故特详为释之,后不能尽然也。

鸱鸮

鸱鸮鸱鸮,既取我子,无毁我室,恩斯勤斯,鬻子之闵斯。

迨天之未阴雨,彻彼桑土,绸缪牖户,今女下民,或敢侮予。

予手拮据,予所捋荼,予所蓄租,予口卒瘏,曰予未有室家。

予羽谯谯,予尾翛翛,予室翘翘,风雨所漂摇,予维音哓哓。

五章,章五句。《序》云,周公救乱也。考《尚书·金縢篇》云:“周公居东二年,则罪人斯得。于后公乃为诗以贻王,名之曰鸱鸮。”是诗为周公所作,《书》有明徵,《诗·序》之说,殆不可易也。全诗托为鸟言以告,所谓比也。鸱鸮,恶鸟,攫鸟子以为食者,俗所谓猫头鹰是也。连言鸱鸮者,呼其名而诉之,公之意盖以谓管、蔡也。既取我子者,二叔流言,公将不利于孺子,而成王惑之,子以谓成王也。室,以喻王室,毁我室,《序》之所谓乱也。恩,恩爱,承上“子”字言。勤,勤劳,承上“室”字言。鬻与育通,闵即悯也。三“斯”字皆语辞。言恩勤如此,凡以为育子之故,固甚可怜悯也。迨,及也。彻与撤同,剥而取之也。桑土,桑皮也。牖以通光明,户以便出入,皆室之所必备,绸缪者,经经营营,绵密而固结也。下民,犹言下人。或敢侮予,言有敢侮予者乎,反言之以见其不然也。拮据,劳极而木僵也。荼,苇苕。与前采荼之荼字同而名异。租,藁也。卒,尽。瘏,病也。曰予未有室家,云所以如是勤劬者,为未有室家之故也。谯谯,一作燋燋,憔悴也。翛翛,短敝也。翘翘,高而危也。哓哓,急而哀也。首章双提我子、我室,而后三

219

章独专言室者,室存则不可复,室亡则子欲存而不得也。孔子读"迨天之未阴雨"章,而赞之曰:"为此诗者其知道乎。能治其国家,谁敢侮之。"读此诗者能如孔子,庶可谓通于诗道者矣。

东　山

　　我徂东山,慆慆不归。我来自东,零雨其濛。我东曰归,我心西悲。制彼裳衣,勿士行枚。蜎蜎者蠋,烝在桑野。敦彼独宿,亦在车下。

　　我徂东山,慆慆不归。我来自东,零雨其濛。果臝之实,亦施于宇。伊威在室,蟏蛸在户。町畽鹿场,熠燿宵行。不可畏也,伊可怀也。

　　我徂东山,慆慆不归。我来自东,零雨其濛。鹳鸣于垤,妇叹于室。洒扫穹室,我征聿至。有敦瓜苦,烝在栗薪。自我不见,于今三年。

　　我徂东山,慆慆不归。我来自东,零雨其濛。仓庚于飞,熠燿其羽。之子于归,皇驳其马。亲结其缡,九十其仪。其新孔嘉,其旧如之何。

此周公东征时诗,其为军士之作抑诗人代军士所作,则无从徵考矣。我,我军士也。东山犹山东。当时周都在镐,由镐而出师征伐管蔡商奄,皆由岐荆终南而东,故谓之山东也。慆即"日月其慆"之慆,叠言之则久义也。零,落也。濛,雨貌。曰归,聿归也。裳衣,戎服,即成十七年《左传》所云"有韎韦"之附注,若后世之袴褶。《朱子集传》以裳衣为平居之服,误也。制彼裳衣,盖整装而归,此时安得有平居之服乎?勿与无通。枚即《鲁颂·閟宫》"实实枚枚"之枚,枚有密义。行枚者,出兵之时,潜师暗进,是密行也。今归则无须若是,故云"无士行枚",以见今昔安危之殊异。上所云"西悲"者,是喜极而悲,出征而得生还,原非始料所及,《诗·序》云一章言其完者,盖谓是也。蠋,桑虫也。蜎蜎,蠕动貌。烝,众也。敦,犹团也,蜷蹐而卧,故谓之团。在车下者,避雨也。果蠃,今曰栝楼,果、栝、蠃、楼,并一声之转,蔓生,其实似王瓜,根多淀粉,所谓天花粉者是也。施,读如易,延也。伊威,鼠妇,俗谓之骨朵虫,生于阴湿之处。蠨蛸,蟢子也。町畽,畦圃也。鹿场者,地无人种,鹿时来游处也。熠燿,萤也,宵行夜飞也。自果蠃以下,皆出之臆想之辞。故《序》云"二章言其思也"。思者,思离家日久,景物荒凉当如是也。不可畏也,也当读如耶,言其可畏也。虽可畏,而终怀念不能去,故即接曰"伊可怀也"。伊犹惟也。鹳,灰鹳。垤,高地也。鹳鸣于垤,途中所见也。妇叹于室,意中所想也。洒扫穹室,我征聿至,则代为之词。《序》云"三章言其室家之望女也"。实则室家之望,亦只在征人意境之中,观下文可见。不然,"我来自东,零雨其濛",写征人方在道途,忽辍笔而更写其妻子之叹息,写其洒扫穹室,以待征人之归,后又回笔再写征人心中所追念三年前离家之时、团团之瓜蔓生栗薪之上一段光景,倏东倏西,又安得有此支离之文字乎?栗薪者,栗树而析之以为薪者也。熠燿其羽,如《小雅·桑扈》言"有莺其羽",皆以实字作状字用。"桑扈之羽,其黄如莺",则云"有莺其羽";"仓庚之羽,其耀如萤",则云"熠燿其羽"也。朱子以是疑熠燿不得为萤火之名,殆未之深考也。之子,称女子,归谓嫁也。"之子于归"以下亦设想之辞,不得作实事会。《序》云"四章乐男女之得及时也"。得者,犹今云可能,其为将然而非已然甚明也。"皇驳其马",欲写其人,先写其马,黄白曰皇,骍白曰驳,既皇且驳,以见其文采之盛也。缡,新妇之饰,后世之所谓香缨也。亲结之者,盖亲迎之时,由婿结之,以示夫妇之分之定也。九十其仪,言女子仪容之盛,犹后世言仪态万方也。新者,新婚。孔,甚。嘉,善也。旧即上章已婚之士,新婚相善如此,旧之有家室者其喜于重见可知,如之何者,故作调侃之词,非因疑而设问也。

鹿 鸣

呦呦鹿鸣,食野之苹。我有嘉宾,鼓瑟吹笙。吹笙鼓簧,承筐是将。人之好我,示我周行。

呦呦鹿鸣,食野之蒿。我有嘉宾,德音孔昭。视民不恌,君子是则是效。我有旨酒,嘉宾式燕以敖。

呦呦鹿鸣,食野之芩。我有嘉宾,鼓瑟鼓琴。鼓瑟鼓琴,和乐且湛。我有旨酒,以燕乐嘉宾之心。

此《雅》诗之第一篇也。雅者正也。其事关乎政事之兴废,则谓之雅。故《序》云"《鹿鸣》,燕群臣嘉宾也"。又云"《鹿鸣》废,则和乐缺矣。和乐缺者,谓上下之情乖刺而不通也"。以《诗》之体格言之,则《雅》多庄语而尠曼辞,此其与《风》不同者也。《鹿鸣》之为燕嘉宾,于文甚明,而《序》兼言燕群臣者何?平时则君臣,燕时则宾主,嘉宾即群臣,非有二也。呦呦,鹿鸣声。苹,藾萧也。瑟谓之鼓者,鼓犹操也。簧笙中簧,金薄□也。鼓簧之鼓,仅为动义,言笙吹而簧自动也。承筐者,筐有所承,谓币帛也。古者燕飨,酒食之外,复有酬侑之币,所以致其殷勤也。将者,奉送之。好我,与我相好也。周,至也。行,道也。终言"人之好我,示我同行"者,申上所以殷勤之意,期宾能以至道告我,庶不虚此燕乐之好也。孔昭,甚昭著也。恌同佻,偷薄也。视民不恌者,使民视之不偷薄也。是则是效,即则之效之。君子对民言,在下则民,在上则君子。此互文,言上下皆视而则效之也。旨酒,美酒。式犹用也,言嘉宾用此旨酒以燕以敖也。芩,草名,蔓生,叶如竹,生于下湿之地。湛与耽同,乐之甚也。燕乐,安乐也。三章,章八句。

节 南 山

　　节彼南山，维石岩岩。赫赫师尹，民具尔瞻。忧心如惔，不敢
戏谈。国既卒斩，何用不监！

　　节彼南山，有实其猗。赫赫师尹，不平谓何。天方荐瘥，丧乱
弘多。民言无嘉，憯莫惩嗟。

　　尹氏大师，维周之氐；秉国之均，四方是维。天子是毗，俾民
不迷。不吊昊天，不宜空我师。

　　弗躬弗亲，庶民弗信。弗问弗仕，勿罔君子。式夷式已，无小
人殆。琐琐姻亚，则无膴仕。

　　昊天不佣，降此鞠讻。昊天不惠，降此大戾。君子如届，俾民
心阕。君子如夷，恶怒是违。

　　不吊昊天，乱靡有定。式月斯生，俾民不宁。忧心如醒，谁秉
国成？不自为政，卒劳百姓。

　　驾彼四牡，四牡项领。我瞻四方，蹙蹙靡所骋。

　　方茂尔恶，相尔矛矣。既夷既怿，如相酬矣。

　　昊天不平，我王不宁。不惩其心，覆怨其正。

　　家父作诵，以究王讻。式讹尔心，以畜万邦。

　　十章。前六章，章八句，后四章，章四句。此为家父所作，诗有明
文，其刺师尹为政不平，亦无烦诠释。顾仅称尹氏而不举其名者，非有
所畏避也，特以其世秉国均，故概称其氏，《春秋》家所谓"讥世卿"者此
也。节同巀，高峻貌。南山，终南山也。岩岩，积石貌。赫赫，显盛也。
民具尔瞻者，民俱注视尔也。惔同炎，如炎者如焚也。不敢戏谈，见所
言关系之重，欲听之者之勿忘也。国谓四方之国，卒斩者，尽与朝廷断
绝也。监者，视之以为戒也。实，谓山间之草木，凡器之所盛曰实，草

223

木生于山，犹物之盛于器，故亦称实也。猗者倚也，山之生草木，偏倚不齐，如山阳则茂盛，山阴则稀疏，以兴下云不平也。谓何，犹奈何，"不平奈何"即奈何不平，倒言之也。荐同洊，薦瘥者，疫病相仍也。弘多，大多也，丧乱之事非一，故言大多。民言无嘉，民困而怨，无好言也。上章言四国之叛，此章言国人之怨，危愈甚，祸愈迫也。憯同曾，声之近也。憯莫惩嗟，惩字当顿，嗟为叹解，不与上属也。惩者，惩创，伤于前而改其后也。莫惩，则是安于旧恶而终不改，可叹孰甚于此，故以嗟叹终之也。尹氏大师即师尹，大师于周为三公，位之最尊者也。氏同柢，根也、本也。均，陶人所用，旋转之以取匀称之具也，故均有平义。大师秉国之政，而托喻于均者，承上不平言，谓其宜平也。维，谓维系之。毗，辅也。俾，使也。迷，惑也。不吊犹今云不幸，称昊天者，呼天而愬之也。师，众也。空与穷同，空我师者，使我众民并陷于困穷也。躬，为亲其事。亲，谓接其人。仕，察也。夷，平也，已，止也。勿罔君子、无小人殆，君子、小人对文，言勿罔于君子，无殆于小人。罔者不明，殆者不安。君子也而疑之，是谓之罔，小人也而近之，是谓之殆。疑君子，由于弗问弗察，近小人，由于不平不已，而一反言之，一正言之，所以变文以取致，又以见"惟问惟察"乃能平能止也。止者，止于其所，所谓当也。姻，婚姻男女之亲也。亚今作娅，俗所谓连襟也。琐琐，言其细也。膴，厚也。膴仕，谓厚任用之，予以高位重禄也。佣同庸，常也。惠，顺也。鞠，极也。訩同凶。戾，害也。届，至也，谓周至。阕，息也。违，离去也。上言心息，下言恶怒是违，心即恶怒之心，恶怒违即心息，互文以相足也。此君子指在位言，与上君子对小人者异。月同刖，折也。"刖斯生"者，摧折民之生计，下云"俾民不宁"者由此也。酲，酒病也。成。如成算之成，国成者，国之计算规划也。劳，敝也。项领，大领，驾久而领肿大，言其病也。骋，驰也。"靡所骋"者，四方皆乱，无所往之地也。蹙蹙，犹局促也。茂，盛也。恶即上恶怒之恶，旧读作善恶之恶，非是。恶与下怿字对，怿为悦怿，则恶为恶怒可知。此言民方盛恶尔时,自与尔相枝格,若其既夷而悦怿,则且相为酬对,非不可也。矛作动字用,故训为枝格,盖即斗争义也。"我王"承上"天子"言。"王不宁"者,见所以毗天子者失其道也。覆,反也。"覆怨其正"者,不自惩改而反怨恨人之规正己也。家父,周之大夫,父其字也。称字者,作诗之例则然,非不敢暴其名也。不曰诗而曰诵者,作是诗,本以诵之于王也。"究王讻"者,穷究王之所以凶,在师尹之非其人也。讻,化也。"式讻尔心"者,冀王之改易其心,黜师尹而别任贤能也。"蓄万邦"者,养万邦也。知此尔指王而与上尔指师尹异者,尹既不惩其心而覆怨其正矣,安能更以讻其心望之。且尹既无可望,斯不得不望之于王,望之,所以欲为王诵之,作诗之意固在卒章也。王,幽王,西周之末主。观于此诗,知其亡实不仅由宠一褒姒也。

敬　之

　　敬之敬之,天维显思,命不易哉。无曰高高在上,陟降厥士,日监在兹。维予小子,不聪敬止。日就月将,学有缉熙于光明。佛时仔肩,示我显德行。

　　此《周颂》也。颂者,宗庙祭祀之乐歌,此篇乃箴戒之辞,而列之于颂者,意者生时常颂之,死后纪念其事,遂用之于祭祀耳。《序》谓"群臣进戒嗣王",则作者群臣;或以为成王自箴,则作者成王。两说不一。窃谓当合而观之。朱子《集传》以前六句为成王受群臣之戒而述其言,后六句为成王自为答之之言,推寻文义,分画甚明。考《尚书·皋陶谟》,帝舜歌曰:"股肱喜哉,元首起哉,百工熙哉。"皋陶乃赓载歌曰:"元首明哉,股肱良哉,庶事康哉。"又歌曰:"元首丛脞哉,股肱惰哉,万事堕哉。"古人歌诗,一酬一唱,往往有之。即安知此诗非群臣进箴而成王赓之,后因合而为一者欤?然则朱子之说成王述群臣之戒,犹未为能尽其实也。敬者,敬其事也。显,明也。命,天命。"命不易"者,古者以天子为受天之命,而此命不易当也。高高在上,谓天也。陟降,犹升降。厥,犹其也。士与事通。监,视也。陟降二句互文,犹云天日日陟降在此,而监视其所事。故不得谓天为高高在上也。予小子,王自称也。"不聪敬止",聪,谓听受人言,因不听受人言,遂至不敬其事,故以聪敬连说。止,语辞无义。将,犹进也。缉,继续。熙,扩充。言虽未能进,然愿学之,日有所就,月有所进,继续之,扩充之,以至于光明也。佛同拂,亦通弼,辅而正之也。时同是。仔肩一义,承上天命言,谓所负荷国事之重,而望群臣有以辅正之,示之以明显之德行也。诗一章十二句。虽带有宗教气味,然其忧勤不懈与谦以纳言之意,亦后人所宜学,且颂之为体与风、雅迥异,不可不知,故特选录一篇,以见其概略云。

自汉五言兴,而四言渐微。其间虽不乏作者,如东方朔之《诫子》、仲长统之《述志》、嵇康之《幽愤》、束晳之《补亡》,大抵说理者多,言情者寡,雕琢之功多,自然之趣寡,于《雅》尚近,于《风》则远,盖比兴之旨几乎熄矣。兹选汉末之曹操、晋末之陶潜两家,以为四言之殿。一取其豪放,一取其秀逸,要之皆近乎自然者也。陶公以后,遗响殆绝,遂不复采录焉。

曹操

短 歌 行

对酒当歌,人生几何。譬如朝露,去日苦多。慨当以慷,忧思难忘。何以解忧,惟有杜康。青青子衿,悠悠我心。但为君故,沉吟至今。呦呦鹿鸣,食野之苹。我有嘉宾,鼓瑟吹笙。明明如月,何时可掇。忧从中来，不可断绝。越陌度阡，枉用相存。契阔谈讌，心念旧恩。月明星稀，乌鹊南飞。绕树三匝，何枝可依。山不厌高，海不厌深。周公吐哺，天下归心。

此孟德言志之作。志在天下，首须网罗豪杰之士。故藉用三百篇《子衿》、《鹿鸣》之辞以发其端，而后引周公吐哺之事以终其意。其叹人生之短，忧思之苦，皆以功业之难就，人才之未归。对酒之时，不觉触动此情，因以歌之。非真欲藉酒以解忧也。题曰《短歌行》者，汉乐府有《长歌行》、《短歌行》，此仿其声耳。行犹曲也，言其流动而不滞，故谓之行。譬如朝露二句，言来日少而去日多，人生若朝露之不久，盖倒文也。慨慷双声，慷亦慨也。但此言慨当以慷，犹诗云"和乐且湛"，湛甚于乐，慷亦甚于慨也。杜康周时人，善酿酒者。此则用以代言酒也。《子衿》，《诗·郑风》之一篇，"青青"二句并诗原文。衿，领也。青衿，当时学者之所服。悠悠者，怀念之久且切也。沉吟犹沉思，念念于心曰沉思，念之于口则曰沉吟也。"明明如月"承上"子衿"、"嘉宾"言，言其可望而不可得。掇者，拾取之也。阡陌，田间道。枉如枉驾之枉，屈也。存，存问也。契阔，勤劳也。追述昔时过从之谊，谈讌之勤，故曰"心念旧恩"。既思新好，因及旧欢也。希与稀同。三匝，三周也。吐哺，见《史记·鲁世家》，周公戒伯禽曰："我一沐三握发，一饭三吐哺，起以待士，犹恐失天下之贤。"吐哺者，已食而复吐之也。口中嚼食之物曰哺。

龟　虽　寿

神龟虽寿，犹有竟时。腾蛇乘雾，终为土灰。老骥伏枥，志在千里。烈士暮年，壮心不已。盈缩之期，不独在天。养怡之福，可得永年。幸甚至哉，歌以咏志。

此题即取诗首句，犹是三百篇之遗法也。竟，尽也。腾亦作螣，蛇之能乘云雾而腾上者。骥,千里马,产于冀地,故字从冀。枥,马枥,养马之所也。烈士,义烈之士。盈缩,言寿之修短也。养恬一作养怡。庄子曰:"古之治道者,以恬养知,生而无以知为也,谓之以知养恬。知与恬交相养,而和理出其性。"此养恬之所本也。恬谓恬静、恬淡。故今从之。末二句至、志相叶,哉字不入韵,亦与三百篇同例。

陶潜

《晋书》作潜字元亮。《宋书》则作潜字渊明。又曰,或云渊明,字元亮。后人因谓入宋后改名潜,未可信。

停　云

序曰:停云,思亲友也。罇湛新醪,园列初荣,愿言不从,叹息弥襟。

靄靄停云,濛濛时雨。八表同昏,平路伊阻。静寄东轩,春醪独抚。良朋悠邈,搔首延伫。

停云靄靄,时雨濛濛。八表同昏,平陆成江。有酒有酒,闲饮东窗。愿言怀人,舟车靡从。

东园之树,枝条载荣。竞用新好,以怡余情。人亦有言,日月于征。安得促席,说彼平生。

翩翩飞鸟,息我庭柯。敛翮闲止,好声相和。岂无他人,念子实多。愿言不获,抱恨如何!

此诗刻本或作一首,或作四章。以前二章观之,其分章有是也。诗意序言甚明。顾亲友云者,亦谓同调之人耳,非直寻常亲友已也。湛,如《小雅》"湛湛露斯"之湛,谓酒浓而溢出也。读丈减切,与前"和乐且湛"之湛不同,彼假借,此其本义也。醪,浊酒。弥襟,犹满怀也。

霭霭,云集貌。八表犹八方,八表同昏,喻言世之乱也。伊阻,阻也,伊字无义。轩,檐前也。抚犹把也。幽隐,邈远也。延,延望。伫,久立也。余同予。于征犹于迈,往也。促,迫也,促席,坐席相迫近也。翩翩,疾飞也。柯,树枝也。翮,鸟翼之大羽。敛,收也。不获,不得所愿也。

时　　运

序曰:时运,游暮春也。春服既成,景物斯和。偶影独游,欣慨交心。

迈迈时运,穆穆良朝。袭我春服,薄言东郊。山涤馀霭,宇暖微霄。有风自南,翼彼新苗。

洋洋平津,乃漱乃濯。邈邈遐景,载欣载瞩。人亦有言,称心易足。挥兹一觞,陶然自乐。

延目中流,悠悠清沂。童冠齐业,闲咏以归。我爱其静,寤寐交辉。但恨殊世,邈不可追。

斯晨斯夕,言息其庐。花药分列,林竹翳如。清琴横床,浊酒丰壶。黄唐莫逮,慨独在余。

时运,谓时节之运行也。春服既成,用《论语》曾晳语,彼文云:"暮春者,春服既成,冠者五六人,童子六七人,浴乎沂,风乎舞雩,咏而归。"所谓游暮春,以及诗中清沂、童冠、闲咏之语,皆本此为说。故知意有所托,非直游而已也。偶影,惟与影为偶也。欣慨交心,游固可欣,独则不能无慨也。迈迈,过而不留也。穆穆,和也。袭,衣着也。薄言东郊,且游于东郊也。不言游者,省文。霭,云气,此作实字用。涤者,涤除之也。宇,天宇。霄,云之薄而将消者。暖犹煦也。翼者,如鸟之翼其雏,言煦育之也。津,渡口。洋洋,水广也。遐景,远景也。瞩,属目,视也。"人亦有言"二句,一作"称心而言,人亦易足",以上篇之例准之,作"人亦有言"为合,且于文义亦较衔接,故定从此本也。觞,酒卮。挥者,古饮酒毕则挥之,《礼记》"饮玉爵者弗挥",注云"振去馀酒曰挥"是也。寤寐交辉,言心地之明净也。庐,草舍。翳如,如有覆盖,言阴暗也。床,琴床。黄唐,黄帝与陶唐氏。莫逮者,不及此盛事也。慨独在予,叹世人悠悠,不知慨即此,所以游惟独游也。

归　鸟

　　翼翼归鸟,晨去于林。远之八表,近憩云岑。和风弗洽,翩翩求心。顾俦相鸣,景庇清阴。

　　翼翼归鸟,载翔载飞。虽不怀游,见林情依。遇云颉颃,相鸣而归。遐路诚悠,性爱无遗。

　　翼翼归鸟,驯林徘徊。岂思天路,欣反旧栖。虽无昔侣,众声每谐。日夕气清,悠然其怀。

　　翼翼归鸟,戢羽寒条。游不旷林,宿则森标。晨风清兴,好音时交。矰缴奚施,已倦安劳。

此当是渊明去彭泽令赋《归去来辞》后之作。托意于归鸟,正三百篇比兴之遗音也。翼翼者,接翼而归,鸟非一鸟,故叠言翼翼也。之,往也。憩,息也。岑,山小而高,其高入云,因曰云岑也。弗洽,弗合也。翩,反也。求心,求其心之所安也。俦,同类也。景通影。翔,张翼也。颉颃犹低昂也,飞而上曰颉,飞而下曰颃。遐路犹远路。悠亦远也,此指归路之远言,故曰性爱无遗。无遗者,不失也。驯,习也。天路喻朝宁。反一作及,及,至也,意亦通。侣,犹俦也。谐,和也。悠然,超远也。戢羽犹敛翮,条犹柯也。标,木杪。森,谓高出也。兴,起也。矰,弋者所用短矢也。矢有丝缕系之,是为缴,故连言之曰矰缴,缴读若灼。奚施,何施也。安劳,何劳也。言奚施,又言安劳者,极言无意于世途,不劳人之相求、相迫也。

五　言　诗

至汉五言诗盛。说者或谓起于苏、李之相赠答，或谓起于《十九首》。以今观之，则皆未然。何也？事物发展，必有其渐。是岂一二人所能创为之者哉。考之诗三百篇，如《卫风》之《木瓜》，《魏风》之《十亩之间》，即全以五言成篇。他如《暇豫之歌》见于《国语》，《沧浪之歌》见于《孟子》，亦皆五言也。然则五言实滥觞于周秦之代，特至汉而波澜壮阔，其体始完备耳。故兹选先谣谚，后诗章，先乐府之所收，后文集之所载，正犹太师编诗，先闾里而后朝堂，夫子论礼乐，先野人而后君子之意，不徒谬附于近世贤哲艺文本末之论也。始至汉魏，至隋而止，以完古诗之局。若唐以后，律诗起而古体近体分途，歌行盛而五言七言竞骛，凡属大家，无不兼擅。是则当以人以时为经，而以诗之各体为纬，编选之法，不得同于六朝汉魏也。

汉

《史记·货殖传》引谚

百里不贩樵，千里不贩籴。居之一岁，种之以穀，十岁，树之以木，百岁，来之以德。

樵，柴薪也。籴，米穀，就买者言之，因谓之籴也。来读如徕，谓招徕人物也。

刘向《新序》引古语

蠹喙仆柱梁，蚊虻走牛羊。

蠹，蛀虫也，音妒。喙，嘴也，音秽。虻一作蝱，啮牛大蝇也。

成帝时谣见《汉书·五行志》

邪径败良田，谗口乱善人。桂树华不实，黄爵巢其颠。故为人所欣，今为人所怜。

此谣为善人遭谗而作，于文甚明。《五行志》乃谓"桂赤色，汉家象。华不实，无继嗣也。黄爵巢其颠，谓王莽。"此附会之说，不堪信。桂，香木，今药用肉桂是也。爵与雀通。

桓谭《新论》引谚

人闻长安乐,则出门而西向笑。知肉味美,则对屠门而大嚼。

长安,西汉之都城也。嚼古音如噍,嚼噍盖一声之转。

《后汉书》马廖引长安语

城中好高髻,四方高一尺。城中好广眉,四方且半额。城中好大袖,四方全匹帛。

此盖言上有好者,下必有甚焉者矣。

《山经》注引《相冢书》

山川而能语,葬师食无所。肺腑而能语,医师色如土。

《山经》注,晋郭璞所作,而以此列之于汉者,其所引书则汉时书也。

无名氏诗一首

采葵莫伤根,伤根葵不生。结交莫羞贫,羞贫交不成。

羞贫便言交不成者,势利之交不足以为交也。

又一首

甘瓜抱苦蒂,美枣生荆棘。利傍有倚刀,贪人还自贼。

荆棘,言刺也。蒂一作蒂,果鼻也。

又歌一首

高田种小麦,终久不成穗。男儿在他乡,焉得不憔悴。

穗一作穧,憔悴一作蕉萃,一也。

古诗十九首

行行重行行,与君生别离。相去万馀里,各在天一涯。道路
阻且长,会面安可知。胡马依北风,越鸟巢南枝。相去日已远,衣
带日已缓。浮云蔽白日,游子不顾反。思君令人老,岁月忽已晚。
弃捐勿复道,努力加餐饭。

青青河畔草,郁郁园中柳。盈盈楼上女,皎皎当窗牖。娥娥
红粉妆,纤纤出素手。昔为倡家女,今为荡子妇。荡子今不归,空
床难独守。

青青陵上柏,磊磊涧中石。人生天地间,忽如远行客。斗酒
相娱乐,聊厚不为薄。驱车策驽马,游戏宛与洛。洛中何郁郁,冠
带自相索。长衢罗夹巷,王侯多第宅。两宫遥相望,双阙百馀尺。
极宴娱心意,戚戚何所迫。

今日良宴会,欢乐难具陈。弹筝奋逸响,新声妙入神。令德唱高音,识曲听其真。齐心同所愿,含意俱未伸。人生寄一世,奄忽若飚尘。何不策高足,先据要路津。无为守穷贱,轗轲长苦辛。

西北有高楼,上与浮云齐。交疏结绮窗,阿阁三重阶。上有弦歌声,音响一何悲。谁能为此曲,无乃杞梁妻。清商随风发,中曲正徘徊。一弹再三叹,慷慨有馀哀。不惜歌者苦,但伤知音稀。愿为双黄鹄,奋翅起高飞。

涉江采芙蓉,兰泽多芳草。采之欲遗谁,所思在远道。还顾望旧乡,长路漫浩浩。同心而离居,忧伤以终老。

明月皎夜光,促织鸣东壁。玉衡指孟冬,众星何历历。白露沾野草,时节忽复易。秋蝉鸣树间,玄鸟逝安适。昔我同门友,高举振六翮。不念携手好,弃我如遗迹。南箕北有斗,牵牛不负轭。良无磐石固,虚名复何益。

冉冉孤生竹,结根泰山阿。与君为新婚,兔丝附女萝。兔丝生有时,夫妇会有宜。千里远结婚,悠悠隔山陂。思君令人老,轩车来何迟。伤彼蕙兰华,含英扬光辉。过时而不采,将随秋草萎。君亮执高节,贱妾亦何为。

庭中有奇树,绿叶发华滋。攀条折其荣,将以遗所思。馨香盈怀袖,路远莫致之。此物何足贵,但感别经时。

迢迢牵牛星,皎皎河汉女。纤纤擢素手,札札弄机杼。终日不成章,泣涕零如雨。河汉清且浅,相去复几许。盈盈一水间,脉脉不得语。

回车驾言迈,悠悠涉长道。四顾何茫茫,东风摇百草。所遇无故物,焉得不速老。盛衰各有时,立身苦不早。人生非金石,岂能长寿考。奄忽随物化,荣名以为宝。

东城高且长,逶迤自相属。回风动地起,秋草萋以绿。四时更变化,岁暮一何速。晨风怀苦心,蟋蟀伤局促。荡涤放情志,何为自结束。燕赵多佳人，美者颜如玉。被服罗裳衣，当户理清曲。音响一何悲，弦急知柱促。驰情整巾带，沈吟聊踯躅。思为双飞燕，衔泥巢君屋。

驱车上东门，遥望郭北墓。白杨何萧萧，松柏夹广路。下有陈死人，杳杳即长暮。潜寐黄泉下，千载永不寤。浩浩阴阳移，年命如朝露。人生忽如寄，寿无金石固。万岁更相送，贤圣莫能度。服食求神仙，多为药所误。不如饮美酒，被服纨与素。

去者日以疏，来者日以亲。出郭门直视，但见丘与坟。古墓犁为田，松柏摧为薪。白杨多悲风，萧萧愁杀人。思还故里闾，欲归道无因。

生年不满百，常怀千岁忧。昼短苦夜长，何不秉烛游。为乐当及时，何能待来兹。愚者爱惜费，但为后世嗤。仙人王子乔，难可与等期。

凛凛岁云暮，蝼蛄夕鸣悲。凉风率已厉，游子寒无衣。锦衾遗洛浦，同袍与我违。独宿累长夜，梦想见容辉。良人惟古欢，枉驾惠前绥。愿得长巧笑，携手同车归。既来不须臾，又不处重闱。亮无晨风翼，焉能凌风飞。眄睐以适意，引领遥相睎。徒倚怀感伤，垂涕沾双扉。

孟冬寒气至，北风何惨慄。愁多知夜长，仰观众星列。三五明月满，四五蟾兔缺。客从远方来，遗我一书札。上言长相思，下言久离别。置书怀袖中，三岁字不灭。一心抱区区，惧君不识察。

客从远方来，遗我一端绮。相去万馀里，故人心尚尔。文材双鸳鸯，裁为合欢被。著以长相思，缘以结不解。以胶投漆中，谁能别离此。

明月何皎皎，照我罗床帏。忧愁不能寐，揽衣起徘徊。客行虽云乐，不如早旋归。出户独彷徨，愁思当告谁。引领还入房，泪下沾裳衣。

《古诗十九首》之名,昉自梁昭明太子之《文选》。自梁时言之,因谓之古诗。若就汉言汉,则亦曰"诗"而已,无为加以"古"名也。故上"采葵莫伤根"、"甘瓜抱苦蒂"二首,各选本皆作"古诗",此但云"诗",盖存其朔也。然上去"古"字而此不去者,古诗十九首,其名沿用已久,去"古"字,则将疑为别一十九首,而名实乱矣。故袭其旧名,所以避惑也。十九首中,"行行重行行"、"青青河畔草"、"西北有高楼"、"涉江采芙蓉"、"庭中有奇树"、"迢迢牵牛星"、"东城高且长"、"明月何皎皎"八首,陈徐陵《玉台新咏》录为枚乘所作。梁刘勰《文心雕龙·明诗篇》亦云:"古诗佳丽,或称枚叔,其孤竹一篇,则傅毅之词。比类而推,两汉之作乎?"案《昭明文选》备极矜慎,若是八篇果枚乘之诗,不应没其本名。刘勰云"或称枚叔"者,或乃疑辞,非有确据。故唐李善作《文选注》即谓:"并云古诗,盖不知作者。或云枚乘,疑不能明也。"夫疑以存疑,则从昭明为是。故即"孤竹"一篇,亦不别出为傅毅之作。至彦和所谓两汉之作,明其非出于一时,实为要语。不独枚叔为西汉人、傅毅为东汉人也。"驱车策驽马,游戏宛与洛",光武起于南阳,而以洛阳为都城。宛即南阳县名,当时贵族大都居是两地,故恒以宛洛并称。"驱车上东门,遥望郭北墓",洛阳东有三门,最北者曰上东门。郭北即所谓北邙山,丛葬之所,故曰郭北墓。此二诗出于东汉人之手,昭昭甚明。大抵十九首之次,以类不以时,观"今日良宴会"与"西北有高楼"相次,皆言歌曲,"驱车上东门"与"去者日以陈"相次,皆言丘墓,推类可知。综其大旨,不外离乡去国,感物怀人,身世之悲,迟暮之戚。托之男女,而未必志在男女,歆言富贵,而非果情萦富贵。是又当会之于语言文字之外者也。

天涯犹言天边。涯有两音,此与离、知叶,读宜不读丫也。胡马二句,皆言不忘故土,所谓兴也。日已远、日已缓,两已字并同,以言"以日而远"、"以日而缓",以日犹逐日也。缓,宽也。不言体瘦而言带宽,所谓进一步写法也。浮云蔽白日,喻谗邪之蔽贤。李白《登金陵凤皇台》诗尾云:"总为浮云能蔽日,长安不见使人愁。"盖亦此意也。加餐饭者,古以一口饭为一餐,庄子云"适莽苍者,三餐而反,腹犹果然"是也。餐一作湌。

郁郁,茂密也。盈盈,犹轻盈。皎皎,鲜明也。娥娥,端丽貌。盈盈言其体态,皎皎言其容颜,娥娥言其妆束。纤,纤细也。倡,作倡伎者,今所谓卖艺人,非如后世之倡也。倡伎字,古皆从人,今从女作娼妓。荡子,出游而不返者。今谓浪荡破家者曰荡子,亦与古不同。

陵,大丘也。磊磊,聚石貌。驽马,马之不良者。冠带,指衣冠人物言。索,求也。衢,大道。第,谓赐宅,以甲乙等第之,故谓之第。两宫,洛阳有南北宫,相去盖数里,故曰遥相望。阙宫门,两旁筑台,为楼观于上,而中阙然为道,故为之阙。戚戚一作慽慽,心不安也。何所迫,言何所逼迫而为是戚戚,怪之之辞也。斗酒微矣,而曰聊厚不为薄,极宴盛矣,而曰戚戚何所迫。此正如商山四皓所歌,富贵畏人,不如贫贱之肆志者。诗人之意特于两两相形中,以见苦乐之实。而解者误会,以为是睹繁华而伤贫贱,抑何舛也。

筝似瑟,十二弦,相传秦蒙恬所作。后至唐加一弦为十三。奋,起也、发也。逸,脱也,此谓脱去寻常。令德指歌者,不称其善歌而称其令德,在德不在歌,是诗人之微意也。识曲听其真,承令德言,谓不识者但赏其声,而识者则能领其声外之意。声外有意,是以谓之高言也。"齐心同所愿"二句,言识者不乏,但有意未申耳,何也? 人同此心,即应人同此识也,是又诗人之微意也。奄忽犹倏忽,言其短暂也。飚,迅风,迅风所扬之尘,是为飚尘。高足谓快马,故下策字,策,鞭策也。要路,要津,喻要职高位,犹常言当道也。轗轲,车行不利也,人不得志,因亦谓之轗轲。轗亦作坎。末四句乃愤嫉之辞,非真劝人诡道求进也。杜甫《同谷七歌》末章亦云:"长安卿相多少年,富贵应须致身早。"皆反言以致讥刺。若以为子美亦歆美富贵之士,则差之千里矣。

疏,刻穿之也。刻为绮文,故曰交疏结绮。疏言交,绮为结,盖互辞。阿阁,阁之有四阿者,四阿犹今言四法也。杞梁名殖,齐庄公之臣,死于伐莒之役,其妻哭之哀,卒投水死。孟子所谓"华周杞梁之妻善哭其夫而变国俗"者也。此特藉以言其曲之哀,故曰"无乃杞梁妻",无乃犹今言莫不是,故作揣测之辞也。清商谓商调,商于五声属秋,故其调妻清而哀怨。中曲,当曲之中也。徘徊,犹往复也。"不惜歌者苦"二句为一篇要旨,犹是前篇"识曲听其真"之意也。黄鹄,一作鸿鹄,并雁之大者。芙蓉,荷华也。

兰,泽兰,非今之兰花也。兰泽多芳草,而独采芙蓉者,取其夫容之意也。遗读去声,馈遗,赠遗也。漫漫,浩浩,本言水,此藉以言长路,见其无际无竟也。"同心离居"四字乃一篇主要。

促织,蟋蟀也,古有里语曰:"蟋蟀鸣,懒妇惊。"促织之名,殆由此起。玉衡,斗柄也,北斗七星,一至四为斗魁,五至七为斗柄。古以斗柄所指占四时,故此云玉衡指孟冬也。顾此云"指",乃谓其将指近,盖犹是秋末之候,故促织、秋蝉尚鸣未已。注家以此疑孟冬,于时令不合,因谓此诗作于汉初沿用秦历之时。秦以亥月为首月,孟冬十月正当今之七月。若然,则是初秋,天尚炎热,玄鸟何为便逝而不返哉?此皆由看指字太死,所以孟子有"固哉高叟为诗"之讥也。玄鸟,燕也。高举,喻取高位。翮,鸟翅之大羽,左右各三,故曰六翮也。迹,行路之足迹。遗,弃而不顾也。箕斗、牵牛皆星名,《小雅·大东之诗》曰:"维南有箕,不可以簸扬。维北有斗,不可以挹酒浆。"又曰:"睆彼牵牛,不以服箱。"此盖用其意。不负轭即不以服箱,箱者车箱,轭之为言扼也,扼于牛头以驾车者。下云虚名盖本此。故前云玉衡指孟冬者,赋也;此云箕斗及牵牛者,则比兴也。辨夫此,而诗之意旨可明矣。磐石,石之盘固者,故亦通作盘。

冉冉,柔而摇动貌。兔丝一作菟丝,一种寄生植物,其茎甚细,缠绕于他种植物体上,故曰丝也。女萝,松萝也。会有宜者,言会合当以义,不可苟也。山陂,犹山阪也。悠悠,路之长也。轩车,妇人所乘车,闵二年《左传》"归妇人鱼轩"是也。来何迟者,言来迎之迟也。蕙,亦兰类,所谓薰草也,与今言春兰夏蕙异。英,英华。萎,败也。亮,与谅同。执高节,言其志节不改移也。"亦何为"承上"伤"字言,谓感伤之不必,盖故作宽慰之辞,正其怨思之切也。汉时有徵辟之制,自朝庭起用曰徵,公府或州郡招之则曰辟。此怀才不试,希求徵辟之作,故有轩车来迟之语。盖大夫车亦曰轩,其辞正相关合。若执以为男女恋爱之诗,失其旨也。

庭中,一作庭前。华滋犹言光润也。荣,华也。别言之则木曰华,草曰荣,花瓣大者曰华,小者曰荣;通言之则华荣一也。馨,香远闻也。馨香,叠言,则馨亦香也。此诗意大致与"涉江采芙蓉"同。但彼在外而思旧乡之好,此在家而思远路之人,则其异也。

河汉即天河,或曰银汉。河汉女,谓织女也。擢,举也。札札,机杼声。杼,机之持纬者,后世谓之梭。不成章,不成文彩也。脉脉,与眽眽通,相视貌。

回车,返车也。因是返车,所以下文有"所遇无故物"之语。涉,历也。茫茫,荒远貌。化,谓变化以死。"荣名以为宝"谓所以为宝者惟有荣名,盖哀之也。此诗着重立身责早,不重在荣名也。

逶迤,斜去貌。属,读烛,相属,相连也。萋通凄。萋以绿,言虽绿而色变,有凄凉之意也。晨风,《诗经·秦风》之一篇,其诗首云"鴥彼晨风",故以晨风为名。晨风,鹯也。鴥读如聿,疾飞也。中有云"未见君子,忧心靡乐",此所谓怀苦心也。蟋蟀,已见前所选《诗经》中,其云"今我不乐,日月其除"、"今我不乐,日月其迈",此所谓伤局促也。荡涤,对上苦伤言,谓清洗而去之。结束犹言约束、束缚。燕赵,战国时之一国,以名倡著闻,故云燕赵多佳人。理犹调也。柱,琴瑟之柱,所以定弦者。促,亦急也。驰情,情有所系而远驰也。踟蹰犹徘徊也。上云"荡涤放情志",而终复"沈吟踟蹰"者,忧思之深,固非排遣所能去也。"思为双飞燕"二句,乃沈吟意中语,谓但当如燕,傍君而以果,于愿已足。斯正前文所怀之苦心、所伤之局促。文章回旋宛转,于此始曲尽其妙。后人乃以其语义前后有似违连，又重一"促"字韵，便欲割"燕赵多佳人"以下别为一首，未为能知诗者也。

杳杳，幽暗也。长暮犹云长夜。更相送，更读平声，谓迭相送也。度，越也，谓虽圣贤亦不能免。服食，服食药也，令病人饮汤药，犹言服药。服食之服，服用也。下被服纨与素，反前诗被服罗裳衣，两被服之服，皆谓衣服之也。饮美酒，服纨素，岂遂足酬此短景而释其愁思哉？此诗人之诡辞，故作旷达耳。观美酒与纨素并举，不伦不类亦可见矣。纨，素之轻者，故古人常曰轻纨。素，帛也。去者谓死者，来者为生者。生则亲而死则疏，此诗人之感慨也。故末云"思还故里闾"，明不忘旧也。闾，里门也。欲归道无因，叹欲归不得。此当是放臣之诗，与上篇意旨有别。

常怀千岁忧，如所谓子孙帝王万世之业，悯世人之贪也。愚者爱惜费，如田舍翁之铢积寸累，悯世人之吝也。嗤，鄙笑也。王子乔，周灵王太子晋也，弃其位而修道于嵩山，世传其仙去，故曰仙人王子乔。王子乔仙去未可信，然其贪吝之心则亡矣。此所以难可与等期，等期者，相等相及也。

蝼蛄，俗所谓土狗子也。率，犹飒也。厉，严也。洛浦，洛水之滨，指洛阳言，盖游子所在地也。欲遗以锦衾，而同袍与我违，见遗之而不得也。同袍见《诗经·秦风》，曰："岂曰无衣，与子同袍。"夫妇有同袍之义，故此以称游子也。独宿累长夜，累者，牵累。此与"愁多知夜长"一意，谓以夜之长，益感独宿之苦，似为夜所累也。"良人惟古欢"以下写梦境。古欢，旧欢也。欢一作懽，字同。古从心之字亦或从欠。如忻欣、慊歉亦是也。枉驾犹屈驾。绥，编丝为带，把之以升车者。惠前绥，授之以绥，欲其升车也。不曰授而曰惠者，见相惠爱之意也。巧笑承上"古欢"言，欲欢笑无间断，故曰常巧笑也。巧笑亦见《诗经》，一《硕人》之诗曰："巧笑倩兮，美目盼兮。"一《竹竿》之诗，曰："巧笑之瑳，佩玉之傩。"倩，传谓好口辅，今云酒涡也。瑳，露齿貌，齿白如玉，故曰瑳也。合此二诗，知巧笑皆谓女子。然则"愿得常巧笑"者，盖良人之

言。良人，古夫妇相称谓之辞，犹今云爱人也。须臾犹顷刻。闱，闺门
也。上言同车归矣，此又怪其来不须臾，不入闺门，盖梦境之惝恍正如
是。"亮无晨风翼"以下则梦醒之辞。凌风犹乘风也。眄睐，旁视也。
引领，延颈。睎，遥望也。已知是梦，而犹眄睐相睎，聊以适意，盖眷念
之至，觉梦亦自可喜耳。宋人词云"并梦也新来不做"，正可与此对参。
徙倚，倚靡而徬徨也。徬徨不定，故曰徙。扉，门扇也。

　　惨悷，悽惨而懔悷也。三五，十五日也。四五谓二十日。蟾兔缺，
月缺也。古人谓月中有蟾蜍，又谓有兔，盖即月中暗影，其形若蟾兔
然。因即以蟾兔代作月名也。"遗我一书札"盖假设之辞。古无纸时，
书于木札，故曰书札。置书怀袖，三岁而字不灭，言宝爱此书之至也。
下所云"一心抱区区"者即此。区区，言微忱也。知遗书为假设之辞
者，若果有书，则心意相通，即不得有"不识察"之言。曰惧君不识察，
正期其识察之语，而君之不识不察，固自在言外也。一端，一匹也。匹
谓之端者，卷而来之，视其端即知其匹数也。尔，犹然也。著读如箸，
谓充之于绵。长相思，思者丝也。缘读去声，饰边也。在饰边以组紃，
组紃皆编结丝为之，故曰结不解也。别离此，谓分离之。

　　揽一作擥，提持之也。客谓游客在外者，虽乐不如归，代其盘算，
实即望其归也。望其归而不得，所以出户彷徨、入房泪下也。彷徨一
作徬徨，徬徨字同。

又古诗二首

　　上山采蘼芜，下山逢故夫。长跪问故夫，新人复何如。新人
虽言好，未若故人姝。颜色类相似，手爪不相如。新人从门入，故
人从阁去。新人工织缣，故人工织素。织缣日一匹，织素五丈馀。
将缣来比素，新人不如故。

十五从军征,八十始得归。道逢乡里人,家中有阿谁。遥望是君家,松柏冢累累。兔从狗窦入,雉从梁上飞。中庭生旅穀,井上生旅葵。烹穀持作饭,采葵持作羹。羹饭一时熟,不知贻阿谁。出门东西望,泪落沾我衣。

蘼芜,一作蔍芜,香草也。"新人复何如",问辞,亦刺辞。"新人虽言好"以下,代为之答,非夫辞也。知非夫辞者,夫不能答,亦无言可答。姝,亦好也,然有殊意,故与好别言之。手爪谓手指。阁,通閤,门旁户也。"手爪不相如"下,依文义当直接"新人工织缣"句,而插入"从门入"、"从阁去"二句,有似追忆往事者,正以斥夫之不辨美恶也。缣色黄,素色白,以喻人质之纯杂。一匹,四丈也,四丈与五尺馀比,故曰"新人不如故"。

"十五从军征"一首,当是汉末之作,以其时争战久未定也。"家中有阿谁",乃问乡里人之辞。"遥望是君家",是答辞,而连"松柏冢累累"言之者,盖一面答,一面指点,合写乃得其情,得其神也。若以"松柏"句亦视作答辞,则失之矣。旅穀、旅葵,皆不种而自生者,以其生非其地,故谓之曰旅,旅犹寄也。

乐 府

乐府乃教乐之官,非诗名也。自汉武帝立乐府,以李延年为协律都尉,采天下诗歌,被之管弦,于是乐府所收,乃尽一时才杰之作,习诗者必就乐府求之,而乐府之名著矣。故乐府者,特乐府诗之省称,后人习而用之,遂漫不加察尔。宋郭茂倩编著《乐府诗集》,有鼓吹、横吹、相和、清商、舞曲、杂曲诸目,部分甚细。然今曲调不传,仅观文字,即亦无从别其为鼓吹、为横吹也。是以兹选亦总而录之,先其浅易,次以艰深,不复别其为何曲焉。

243

江　南

　　江南可采莲,莲叶何田田。鱼戏莲叶间。鱼戏莲叶东。鱼戏莲叶西。鱼戏莲叶南。鱼戏莲叶北。

　　田田,莲叶散布之状。此诗明白易晓,不烦诠释。但上三句有韵,而下四句无韵。疑儿童游戏之歌,分四组各唱,故不须相协也。诗句虽浅,而意味则永,与三百篇《茉苢》之诗,同为天机鼓荡之作,非学士文人所得而摹拟也。或引曹植《吁嗟》中云"当南而更北,谓东而反西",与上"吹我入云间,故归彼中田"间、田相协,谓西当读如仙。然终无以解下南、北二韵。则知民间歌曲,自有不得以学士文人之规律绳之者。

枯鱼过河泣

　　枯鱼过河泣,何时悔复反。作书与鲂鱮,相交慎出入。

　　此诗全属比体。枯鱼,鲞鱼鱼干腊也。枯鱼何能过河,又何能泣,可谓奇想。"何时悔复反"者,言悔无时得及也。鲂,今谓之鳊。鱮,今谓之鲢。已不慎而遇祸,犹思以告其同类,忠厚之至也。

悲　歌

　　悲歌可以当泣,远望可以当归。思念故乡,郁郁累累。欲归家无人,欲渡河无船。心思不能言,肠中车轮转。

　　郁郁言念之深,累累言念之久。郁郁,不开也。累累,不断也。

"肠中车轮转",所谓回肠荡气也。首二句用意最深,亦感人最切。

日出东南隅

  日出东南隅,照我秦氏楼。秦氏有好女,自名为罗敷。罗敷喜蚕桑,采桑城南隅。青丝为笼绳,桂枝为笼钩。头上倭堕髻,耳中明月珠。缃绮为下裙,紫绮为上襦。行者见罗敷,下担捋髭须。少年见罗敷,脱帽着帩头。耕者忘其犁,锄者忘其锄。来归相怨怒,但坐观罗敷。解一 使君从南来,五马立踟蹰。使君遣吏往,问是谁家姝。秦氏有好女,自名为罗敷。罗敷年几何?二十尚不足,十五颇有馀。使君谢罗敷,宁可共载不。罗敷前致辞,使君一何愚,使君自有妇,罗敷自有夫。解二 东方千馀骑,夫婿居上头。何用识夫婿,白马从骊驹。青丝系马尾,黄金络马头。腰中鹿庐剑,可值千万馀。十五府小史,二十朝大夫,三十侍中郎,四十专城居。为人洁白皙,鬑鬑颇有须。盈盈公府步,冉冉府中趋。坐中数千人,皆言夫婿殊。解三

  《日出东南隅》一名《陌上桑》,一名《艳歌罗敷行》。古人为诗,大抵先不立名,只此首句为题。其曰《陌上桑》,曰《艳歌罗敷行》,当是入乐府后,流传渐广,遂别为之名耳。"罗敷行"上加"艳歌"二字者,《乐府诗集》于诗后注云:"三解前有艳歌。"艳,盖如今川剧,一曲完后,群相和之之类。此自关声乐,与诗意无涉也。三解,如三百篇之分章,亦乐府所分。但可助读者了解文字分段之法,故仍存之。晋崔豹《古今注》曰:"秦氏邯郸人,为邑人千乘王仁妻。王仁后为赵王家令。罗敷出采桑于陌上,赵王登台见而悦之,因置酒欲夺焉。罗敷巧弹筝,乃作《陌上桑》之歌以自明。赵王乃止。"此全出附会,不可信。诗首云"日出东南隅,照我秦氏楼。秦氏有好女",是女在母家尚未嫁也。后云:

"东方千馀骑,夫壻居上头"以至"三十侍中郎,四十专城居",皆悬空摹写,言其夫将来必至之耳,非事实也。豹乃因千馀骑语,谓其夫为千乘。即此,其附会之迹昭昭矣。豹特以下篇一大段言语若出诸罗敷之口,遂疑为罗敷自作。不知如上篇"行者见罗敷,下担捋髭须"至"来归相怨怒,但坐观罗敷"云云,以是为罗敷自白,罗敷乃成为甚等女子耶。或有误信《古今注》之说者,故不得不辩。自名为罗敷,罗敷当是古有好女名,此为西施、王嫱之类,故云女取以自名,若是女本名罗敷,则诗当言其名为罗敷,不得用自名语气也。笼,桑笼,即筐也。倭堕,后人写作鬌髻,髻斜而欲堕之状。珠,耳珰也。绮,帛浅黄色也。襦,今所谓短袄也。下,卸也。短曰髭,长曰须。通言之则髭须亦可不分。幧头,后世所谓包头也。捋髭须、着幧头,皆写其忘形也。怨怒,一作怒怒。坐,犹因也。因观罗敷归而怨怒,怨怒其妻之丑,不如罗敷之美也。使君,称郡太守也,以其为天子所使,故曰使,百姓以之为君,故曰君也。五马,郡守之车,四马外别加一骖,以示殊异,见《汉官仪》。踟蹰,与踌躇同,不前也。姝,好女子也。谢,告也。共载,欲其同车以归也。不,读否之平声,谓可乎、否乎。上头,犹前头。从,读若从者之从,从骊驹,谓后有骊驹相从也。黄金,铜也。鹿庐,即辘轳,今谓之滑车,中细而两头大。剑柄刻作此形,因谓之鹿庐剑。甚言其刻镂之精,故言可值千万馀。千万馀,钱也。小吏,录写文书者。府,对下"朝"字言,朝大夫,朝庭之官,府小吏,三公府自置之吏,由私而公,升迁之渐也。三公者,西汉以丞相、御史大夫、太尉为三公,东汉废丞相,则以太尉、司徒、司空为三公。侍中,天子侍从之官,中谓宫禁之中,以其常侍于宫禁,因曰侍中。专城居,言其居专据一城,义即为一城之主。此对上府君言,谓夫壻至四十时亦可仕至郡守,郡守实不足以歆动人也。晳,人肤色白也,故字亦从白。鬑鬑,须疏薄貌。"盈盈公府步"二句,回缴府小史语,盖是时夫壻正供职府史,当在二十岁以前。盈盈,冉冉。极作夸耀之辞,正以绝府君觊觎之想也。

艳 歌 行

　　翩翩堂前燕，冬藏夏来见。兄弟两三人，流宕在他县。故衣谁当补，新衣谁当绽。赖得贤主人，览取为我组。夫婿从门来，斜倚西北眄。语卿且勿眄，水清石自见。石见何累累，远行不如归。

　　流宕即流荡。宕本洞屋之名，声同藉用也。绽，裂也。新衣谁当绽，反跌上文，以见衣故自不能不绽，绽自不能不望人补也。贤主人，赁屋主人妇也。览与揽同。组读旦，缝也。旧以为与绽一字，非是。眄，斜视也。卿，所以称主人，春秋以来，执政者为卿，故古以卿为尊称，犹称君也。水清石见，言清白无他，心迹终当显然也。累累犹磊磊。心迹虽显，只身在外，终易遭人疑忌，故以"远行不如归"作结，以见兄弟虽有时而睽，而可托者仍是兄弟也。此意读者多忽略不晓，故特为发之。

白 头 吟

　　皑如山上雪，皎若云间月。闻君有两意，故来相决绝。今日斗酒会，明日沟水头。躞蹀御沟上，沟水东西流。凄凄复凄凄，嫁娶不须啼。愿得一心人，白头不相离。竹竿何袅袅，鱼尾何簁簁。男儿重意气，何用钱刀为。

　　名曰《白头吟》者，取篇中"白头不相离"意也。《乐府诗集》作古辞，不著作者姓氏。先乎此者《玉台新咏》，则题为《皑如山上雪》，亦不言作之者何人。至李白《拟白头吟》始云："相如作赋得黄金，丈夫好新多异心，一朝将聘茂陵女，文君因赋《白头吟》。"于是后之选家遂以此诗归之卓文君所作。案李白所据者乃《西京杂记》。《杂记》曰"司马相如将聘茂陵人女为妻,卓文君作《白头吟》以自绝,相如乃止"云云。《西京杂记》始见于《隋书·经籍志》,《唐志》谓是葛洪作。然《晋书》洪传初不言有是书。自是南北朝人伪撰,其言殊不可据。故兹削去卓文君名,以还其旧。皑读如皚,雪之白也。蹀躞,小步也。袅袅,长而弱也。簁,即籭也、筛也。簁簁,取簁之摆动义。刀亦钱也,其形如刀,故谓之刀。观"何用钱刀为"语,则其交之不终,乃为利而非为色。其云"嫁娶不须啼"者,亦藉夫妇以比友朋,诗人托兴,往往如此。若认作文君为相如而发,则此句即无法可解矣。

饮马长城窟行

　　青青河边草,绵绵思远道。远道不可思,宿昔梦见之。梦见在我旁,忽觉在他乡。他乡各异县,展转不可见。枯桑知天风,海水知天寒。入门各自媚,谁肯相为言。客从远方来,遗我双鲤鱼。呼儿烹鲤鱼,中有尺素书。长跪读素书,书中竟何如。上有加餐食,下有长相忆。

　　此亦省称"饮马行"。然详诗意,与题绝不相关涉。《乐府诗集》引《乐府解题》云"伤良人游荡不归",意为近之。若然,则郭氏谓征戍之客至于长城而饮其马,妇人念其勤劳,故作是曲者,犹是附会题文之说也。《昭明文选》作古辞,不著作者姓氏,惟《乐府解题》有"或云蔡邕之辞"语,未知何据。郭氏从《文选》不以为伯喈作,所见殊卓。古人见佳什,以为非名家莫能作,往往强以列之名家集中,实出偏见,不可从也。绵绵,思不绝也。宿昔犹夙夜,即前日之夜也。觉对梦言,梦时在我旁,觉时则仍在他乡也。"不可见"一作"不相见"。"枯桑"二句,反兴下文。言知相思之苦者少也。各自媚,各自取媚于其人,窥颜色,承意旨,故不肯为言也。观此,似其人游宦已颇显达,或竟忘其家室矣。

"客从远方来"以下，盖希冀之辞，不得作实事会。

焦仲卿妻

　　孔雀东南飞，五里一徘徊。十三能织素，十四学裁衣。十五弹箜篌，十六诵诗书。十七为君妇，心中常苦悲。君既为府吏，守节情不移。贱妾留空房，相见常日稀。鸡鸣入机织，夜夜不得息。三日断五匹，大人故嫌迟。非为织作迟，君家妇难为。妾不堪驱使，徒留无所施。便可白公姥，及时相遣归。府吏得闻之，堂上启阿母。儿已薄禄相，幸复得此妇。结发同枕席，黄泉共为友。共事三二年，始尔未为久。女行无偏斜，何意致不厚。阿母谓府吏，何乃太区区。此妇无礼节，举动自专由。吾意久怀忿，汝岂得自由。东家有贤女，自名秦罗敷。可怜体无比，阿母为汝求。便乃速遣之，遣去慎莫留。府吏长跪告，伏惟启阿母。今若遣此妇，终老不复取。阿母得闻之，槌床便大怒。小子无所畏，何敢助妇语。吾已失恩义，会不相从许。府吏默无声，再拜还入户。举言谓新妇，哽咽不能语。我自不驱卿，逼迫有阿母。卿但暂还家，吾今且报府。不久当归还，还必相迎取。以此下心意，慎勿违吾语。新妇谓府吏，勿复重纷纭。往昔初阳岁，谢家来贵门。奉事循公姥，进止敢自专。昼夜勤作息，伶俜萦苦心。谓言无罪过，供养卒大恩。仍更被驱遣，何言复来还。妾有绣腰襦，葳蕤自生光。红罗复斗帐，四角垂香囊。箱帘六七十，绿碧青丝绳。物物各自异，种种在其中。人贱物亦鄙，不足迎后人。留待作遗施，于今无会因。时时为安慰，久久莫相忘。鸡鸣外欲曙，新妇起严妆。着我绣袄裙，事事四五通。足下蹑丝履，头上玳瑁光。腰若流纨素，耳着明月珰。指如削葱根，口如含朱丹。纤纤作细步，精妙世无双。上

249

堂谢阿母,阿母怒不止。昔作儿女时,生小出野里。本自无教训,兼愧贵家子。受母钱帛多,不堪母驱使。今日还家去,念母劳家里。却与小姑别,泪落连珠子。新妇初来时,小姑始扶床。今日被驱遣,小姑如我长。勤心养公姥,好自相扶将。初七及下九,嬉戏莫相忘。出门登车去,涕落百馀行。府吏马在前,新妇车在后。隐隐何甸甸,俱会大道口。下马入车中,低头共耳语。誓不相隔卿,且暂还家去。吾今且赴府,不久当还归。誓天不相负,新妇谓府吏,感君区区怀。君既若见录,不久望君来。君当作盘石,妾当作蒲苇。蒲苇纫如丝,盘石无转移。我有亲父兄,性行暴如雷。恐不任我意,逆以煎我怀。举手常劳劳,二情同依依。入门上家堂,进退无颜仪。阿母大拊掌,不图子自归。十三教汝织,十四能裁衣。十五弹箜篌,十六知礼仪。十七遣汝嫁,谓言无誓违。汝今何罪过,不迎而自归。兰芝惭阿母,儿实无罪过。阿母大悲摧。还家十余日,县令遣媒来。云有第三郎,窈窕世无双。年始十八九,便言多令才。阿母谓阿女,汝可去应之。阿女含泪答,兰芝初还时,府吏见丁宁,结誓不别离。今日违情义,恐此事非奇。自可断来信,徐徐更谓之。阿母白媒人,贫贱有此女,始适还家门。不堪吏人妇,岂合令郎君。幸可广问讯,不得便相许。媒人去数日,寻遣丞请还。说有兰家女,承籍有宦官。云有第五郎,娇逸未有婚。遣丞为媒人,主簿通语言。直说太守家,有此令郎君。既欲结大义,故遣来贵门。阿母谢媒人,女子先有誓,老姥岂敢言。阿兄得闻之,怅然心中烦。举言谓阿妹,作计何不量。先嫁得府吏,后嫁得郎君,否泰如天地,足以荣汝身。不嫁义郎体,其往欲何云。兰芝仰头答,理实如兄言。谢家事夫婿,中道还兄门。处分适兄意,那得自任专。虽与府吏要,渠会永无缘。登即相许和,便可作婚姻。媒人下床去,诺诺复尔尔。还部白府君,下官奉使命,言谈大有缘。府君得闻之,心中大欢喜。视历复开书,便利此月内。六合正相应，良吉三十日。今已二十七，卿可去成婚。交语连装束，络绎如浮云。青雀白鹄舫，四角龙子幡。娥娜随风转，金车玉作轮。踯躅青骢马，流苏金镂鞍。赍钱三百万，皆用青丝穿。杂彩三百匹，交广市鲑珍。从人四五百，郁郁登郡门。阿母谓阿女，适得府君书，明日来迎汝。何不作衣裳，莫令事不举。阿女默无声，手巾掩口啼，泪落便如泻。移我瑠璃榻，出置前窗下。左手持刀尺，右手执绫罗。朝成绣袷裙，晚成单罗衫。晻晻日欲暝，愁思出门啼。府吏闻此变，因求假暂归。未至二三里，摧藏马悲哀。新妇识马声，蹑履相逢迎。怅然遥相望，知是故人来。举手拍马鞍，嗟叹使心伤。自君别我后，人事不可量。果不如先愿，又非君所详。我有亲父母，逼迫兼弟兄，以我应他人，君还何所望。府吏谓新妇，贺卿得高迁。盘石方且厚，可以卒千年。蒲苇一时纫，便作旦夕间。卿当日胜贵，吾独向黄泉。新妇谓府吏，何意出此言。同是被逼迫，君尔妾亦然。黄泉下相见，勿违今日言。执手分道去，各各还家门。生人作死别，恨恨那可论。念与世间辞，千万不复全。府吏还家去，上堂拜阿母。今日大风寒，寒风摧树木，严霜结庭兰。儿今日冥冥，令母在后单。故作不良计，勿复怨鬼神。命如南山石，四体康且直。阿母得闻之，零泪应声落。汝是大家子，仕宦于台阁。慎勿为妇死，贵贱情何薄。东家有贤女，窈窕艳城郭。阿母为汝求，便复在旦夕。府吏再拜还，长叹空房中，作计乃尔立。转头向户里，渐见愁煎迫。其日牛马嘶，新妇入青庐。奄奄黄昏后，寂寂人定初。我命绝今日，魂去尸长留。揽裙脱丝履，举身赴清池。府吏闻此事，心知长别离。徘徊庭树下，自挂东南枝。两家求合葬，合葬华山傍。东西植松柏，左右种梧桐。枝枝相覆盖，叶叶相交通。中有双飞鸟，自名为鸳鸯。仰头相向鸣，夜夜达五更。行人驻足听，寡妇起彷徨。多谢后世人，戒之慎勿忘。

　　《玉台新咏》题作《古诗为焦仲卿妻作》，此从《乐府诗集》。古诗题恒简短，乐府题亦然，《玉台》所题自是后人改加，非本名也。《乐府诗集》云"《焦仲卿妻》不知谁氏之所作也"。其序曰："汉末建安中，庐江府小吏焦仲卿妻刘氏，为仲卿母所遣，自誓不嫁。其家逼之，乃投水而死。仲卿闻之，亦自缢于庭树。时人伤之，而为之辞也。"玩序文末语，作序之人乃传此诗者，序非作者所为甚明，是以不复着之题下。此诗几两千字，古诗之长，未有长于此者。既叙事有致，亦复口吻逼真。辞藻华缛，尚其馀事。不但可作诗读，直可作剧本读也。徘徊，不忍去也。以孔雀起，以鸳鸯结，首尾映射，亦章法之奇。箜篌，乐器，似瑟而小，以木拨弹之。有竖弹、卧弹两种，今失传。守节，犹守职也。故，故意也。大人，称其姑也。施犹用也。白，禀告也。姥与姆同，姥犹父母。启亦白也。禄谓禄命。相，骨相也。结发犹束发，谓及年也。黄泉共为友，即《三百篇·大车》之诗所谓"死则同穴"也。共事读供事，与下文言奉事义同。始尔未为久，言久则供事可渐如母意也。偏斜之"斜"读如"邪"，古斜、邪一音也。不厚，不亲厚也。区区犹琐琐，责其烦也。自专由者，自专自由也。可怜，可爱也。伏惟，古禀告开端之辞，惟犹念也，后世奏章书札亦沿用之。取与娶同。会犹当也。府，庐江郡府也。下心意，谓抑下其意，望其忍耐也。纷纭，言多事。重，加也。初阳谓冬至，一阳初生也。谢，辞也。循，遵从也。伶俜，孤独也。萦犹缠也。卒，终也。腰襦，袜腹，俗所谓肚兜也。葳蕤，花叶纷披之貌。箱簾犹箱栊，亦作箱笼，皆编竹为之。密者曰箱，疏者曰笼。笼之疏者如帘，故亦曰簾也。或曰帘，簾之借，大曰箱、小曰簾，亦通。绳所以缚箱帘者。绿碧青，则殊色以为之识别，故曰"物物各自异，种种在其中"也。遗施谓馈遗、布施。"时时为安慰"两句，兼叙事记言而一之，宜、善、会。若即划入兰芝之言内，则不足以引起下文，使文有脱节也。严妆，整妆也。事事四五通，言检点周密，正严妆"严"字注脚。蹑，登也，谓着履。玳瑁即瑇瑁，出南海，以其甲为首饰。光者，有光彩也。若,顺也,亦即"称"义。流纨素,素之轻熟如流波然者。明月,谓珠也。朱,藉作砗。"昔作女儿时"以下八句乃兰芝语。兼愧贵家子,贵家与上"野里"对,言出身野里,与贵家子匹配,不能无愧也。"念母劳家里"者,言我去后,母将为家事而操劳,不能不念也。语虽谦婉,而意实愤怨,亦平时郁积,于此决绝时,不得不一倾吐之耳。却,还也、退也。勤心犹劳心。扶将即扶持也。初七、下九,莫可考,《瑯嬛记》谓"汉人以月之二十九为上九,初九日为中九,十九日为下九,妇女置酒如欢"云云。此特因本诗而附会为之说,未可信也。隐隐犹殷殷,甸甸犹阗阗,皆车声。隐隐而甸甸,声之由远而近,由微而显也。区区怀,此"区区"犹言一片一点也。录,收录也。纫藉作韧。逆,如逆计、逆料之逆。煎,煎熬,喻言摧折也。劳,如慰劳之劳。拊掌,拍手也。拊掌有二:一欢乐时拊掌,所谓拊掌称快也;一惊讶时之拊掌,则此文是。"无誓违"谓"无违誓",倒文也。"儿实无罪过",仅五字,而哀恸如见。古人谓文有以少胜多者,观此可知也。窈窕,美好也,与《关雎》之诗言"窈窕"义别。便言谓善言,便读平声。"丁宁"与"叮咛"同,嘱付也。违情义,就府吏言,谓虽结誓不离,而日久境迁,背弃情义者,世固有之,故接曰"恐此事非奇"。盖故为是言以安其母之心,非信府吏遂有是事也。适,谓适人。广问讯者,欲其别谋也。寻,不久也。"遣丞请还",太守遣丞请媒人还也。不言太守者,见于下文也。"说有兰家女,承藉有宦官",说者,媒人说,兰家女即指兰芝,不言刘家而言兰家者,取兰为香草之名,艳称之也。承藉有宦官,言其上世曾有仕宦著藉者,盖以配太守之子,自非官宦之家不可也。此四句特以过渡下文。不然,太守何从而知刘氏有女,而令主簿通语言也。云有第五郎,云者,丞云也。主簿通语言,而又曰遣丞为媒人者,重其事也。丞为媒人,而不亲来,由主簿通语言者,丞者,太守之贰,官大于主簿,不欲亵尊也。此一段文字纳叙事于记言之中,一时纠结似不可解,故详为释之。谢媒人者,辞媒人也。此媒人即主簿代丞为之者,非上之媒人也。否泰,

《易经》之两卦名，泰者通也，否者塞也。义郎指第五郎，谓之义者，以反见仲卿之不义也。何云，何说也。适兄意犹言听兄意，适者，合也、如也。要读平声，要约也。渠，犹彼也。会，当也。尔尔，犹然然。诺诺尔尔，写卑官声态如绘也。书，阴阳选择之书也。六合，谓子与丑合、寅与亥合、卯与戌合、辰与酉合、巳与申合、午与未合，古以干支纪日，故曰有子丑午未等，其云合者，则阴阳家之言也。卿，以称主簿。成婚，谓告婚期也。交语，犹传语。络绎如浮云，言奔走者之众也。青雀，鹝也。舫，船之阔而方者也。船头刻作青雀白鹄之形，故曰青雀白鹄舫。婀娜，摇曳貌。骢，马毛青白杂者。流苏，马颈下缨也。齎同赍，携，持也。交广，交州、广州，交州，今越南也。鲑珍，谓海产鱼菜。珍即珍羞之珍，言难得也。

　　赍钱以下，昔时所谓财礼也。手巾之"手"，言握也。瑠璃同琉璃。榻之镶嵌有瑠璃者，曰瑠璃榻。晻晻，暗也。摧藏，马困病也。便作旦夕间，作如作色之作，谓改变也。千万不复全，言不复全顾及种种也。冥冥，犹昏昏。"今日大风寒"至"四体康且直"，语杂乱无次，若明若晦。盖既不能明言，又不能不言，人到此境地发言几同狂呓，不知作者何以能揣摩到此。或疑其故作艰涩，非知文者也。仕宦于台阁，台阁谓尚书。东汉三公殆同虚设，政事一归尚书，因之尚书郎之权至重，故此云然。然亦是希冀后来之辞，非谓眼前也。艳城郭，谓艳动城郭，实字作活字用也。作计乃尔立，立犹定也。言计乃如此定，不复改移矣。青庐，以青布为幔，张之门外，为新妇到夫家暂憩之所。于此交拜，然后迎入成礼，此风至南北朝尚存，见唐段成式《酉阳杂俎》。奄奄与晻晻同。自挂东南枝，自缢也。首句言"孔雀东南飞"，正与此关合，不独因庐江一地在洛阳东南也。合葬华山傍，华山特以其名美藉用耳。此为白居易《长恨歌》云"峨嵋山下少人行，旌旗无光日色薄"。以峨嵋之音同于蛾眉，藉以影射杨妃。实则明皇由长安入蜀，初不经过峨嵋也。说者泥于地理，便谓此华山乃青阳之九华。不知九华之名，起于李白，汉时此山名并不著。且即以道里言,九华去庐江亦非咫尺,安得远葬至此。读诗而拘山川名物之间,即处处窒碍。如兰芝一府吏妇,非甚富有,安得有箱簾六七十,以此求之,则诗人妄语之咎殆莫能辞,然乎?否乎?自名为鸳鸯,《山海经》于禽兽之名,每云自呼。盖语言文字,多即鸟兽之声以为之名,如鸡鸭鹅雁皆是也。鸳鸯之为鸳鸯,盖亦如此,故曰自名。"多谢后世人,戒之慎勿忘",临终揭出作诗之旨。信乎风雅之遗,忧深思远,不独以文采藻丽为传也。

战　城　南

　　战城南,死郭北,野死不葬乌可食。为我谓乌,且为客豪。野死谅不葬,腐肉安能去子逃。水深激激,蒲苇冥冥。枭骑战斗死,驽马徘徊鸣。梁筑室,何以南,何以北?禾黍不获君何食,愿为忠臣安可得。思子良臣,良臣诚可思,朝行出攻,莫不夜归。

　　此铙歌十八曲之一也。十八曲语多不解,了解者才三四耳。盖声文相离,流传日久,不复能断其何字为声,何字为文,是以难解也。此作明白易了,故选之。然在乐府中,此为最早,而今列之于后,何也?其文参差不齐,实开后世长短句歌行之局,于五言则为变体。区而别之,所以附之于后也。且,暂也。且为客豪,客即指战死者,战死为勇者之事,故足为之豪矜。然豪而曰且,腐肉终不能逃于乌口,斯其豪也亦可哀矣。诗不言哀而偏言豪,使读者自玩味得之。此立言之巧也。枭骑同骁骑,谓勇健之骑士也。骑读去声。枭骑死而驽马为之鸣,喻懦者亦知感也。"梁筑室"三句意甚隐,盖藉筑室有方,以见立国有道,不在专恃武功。故接言"禾黍不获君何食,愿为忠臣安可得",谓设使人皆战死,耕种无人,君即无从得食,斯时虽欲为君尽忠,亦且不能,然则内外本末之理,从可知矣。良臣对忠臣言,知国之大计者为良臣,仅知以死报国者为忠臣。朝行出攻，莫不夜归，莫即暮字。是皆忠臣使然，故更重之曰"良臣诚可思"也。不曰"莫夜不归"，而曰"莫不夜归"者，莫不归，犹将期其夜归，至夜不归，是真不归矣。分两层说之，意义深至，非细心体会不能知也。

有 所 思

有所思，乃在大海南。何用问遗君，双珠玳瑁簪，用玉绍缭之。闻君有他心，拉杂摧烧之。摧烧之，当风扬其灰。从今已往，勿复相思，相思与君绝。鸡鸣狗吠，兄嫂当知之。妃呼豨！秋风萧萧晨风飔，东方须臾高知之！

此六十曲之一。语不关军事，而亦入铙歌者，当取其辞意悲壮耳。珠簪不足，而绍缭以玉，情何殷也。摧烧不足，而风扬其灰，绝何甚也。不知绝之甚，正以见其情之殷。不然，既已无复相思，相思与君绝矣。何以又言"鸡鸣狗吠，兄嫂当知之"也？"鸡鸣狗吠，兄嫂当知之"者，见其清白无他也。见其清白无他，亦欲使有他心者为之回心转意。故曰"兄嫂当知之"者，正犹曰"君当知之"云尔。且下云"东方须臾高知之"，是于秋风萧瑟之中，未尝绝望于阳光之照临也。读者宜善体此意。不然，认为此绝交之书，负作者之苦心矣。绍缭，犹盘绕。飔，本凉风之名，此作状字用，即但言其凉也。"妃呼豨"三字皆有声无义，即曲家所谓"衬"字也。

东 门 行

出东门，不顾归。来入门，怅欲悲。盎中无斗储，还视架上无悬衣。解—拔剑东门去，儿女牵衣啼。他家但愿富贵，贱妾与君共哺糜。解二上用仓浪天故,下为黄口小儿。今时清廉,难犯教言。

君复自爱莫为非。解三今时清廉,难犯教言。君复自爱莫为非。

行吾去为迟。平慎行,望君归。解四

盎亦从瓦作瓷,即甕也。斗储谓斗米之储。桁,衣架也。"他家"以下,妻之言。哺,食也。糜,粥也。仓浪天即苍天,苍字长读之,则成二声也。用,犹因也。今时清廉,乃作者故作此语以讥刺当世。世果清廉,宁可使人不能畜其妻子者哉。教言,所谓名教之言。自爱上加复字者,承上为黄口小儿言也。"今时清廉"三句复重一遍者,前者出于其妻之口,此则是夫意中所念,观下接"行吾去为迟"句可见。曰行又曰去为迟者,念无储无衣,则不得不行,念儿教言,则去又不得不迟也。沉吟瞻顾,悲愤抑塞之情,尽此五字中矣。平慎行,望君归,又其妻之言。终之以此者,爱其人,望其平慎,不陷于刑网也。此则作者之意,托于其妻之口以言之者,可深长思也。

妇　病　行

　　妇病连年累岁,传呼丈人前一言。当言未及得言,不知泪下一何翩翩。属累君两三孤子,莫我儿饥且寒。有过慎莫笪笞,行当折摇,思复念之。乱曰:抱时无衣,襦复无里。闭门塞牖,舍孤儿到市。道逢亲交,泣坐不能起,从乞求与孤买饵。对交啼泣,泪不可止,我欲不伤,悲不能已,探怀中钱持授交。入门见孤,啼索其母,抱徘徊空舍中,行复尔耳,弃置勿复道。

丈人谓其夫。无丈人之称,而曰丈人者,以儿女之称称之也。翩翩,言不止也。属,属托。累,劳累。笪通挞,笪笞,捶责也。折摇,喻如草木之被摧折摇撼,惧其不成长也。此行如常言"行且"之行,"行当"犹"将当"也。思复念之者,思之后念之,丁宁之辞也。乱者,乐之卒章之名,《论语》子曰"关雎之乱"是也。此云"乱曰",犹云"卒曰",盖上写妻嘱夫,下则写夫之所遇,以卒前文,故谓之"乱"也。闭门塞牖,恐儿之寒也。舍同捨,舍孤儿到市者,儿无衣,不能抱之出也。"从乞求与孤买饵"者,饵,碎米为之,如今蒸糕之类,儿幼,惟当以饵哺之也。"对交啼泣"至"探怀中钱持授交"。写所遇之人亦感动而授之以钱。其称交者,即此从乞之人,而在彼言之,固亦交也。虽从交得钱,而妻死儿啼,终莫能为计,故曰"抱徘徊空舍中,行复尔"耳。尔者,如此,对前"行当折摇"言,谓终不免于折摇以死也。文字至此,凄惋极矣!不可卒闻矣!故以"弃置勿复道"一语结之。此句不入韵。惟无韵,乃能突出,此诗之一变格也。

孤　儿　行

　　孤儿生,孤儿遇生,命独当苦。父母在时,乘坚车,驾驷马。父母已去,兄嫂令我行贾。南行九江,东到齐与鲁。腊月来归,不敢自言苦。头多虮虱,面目多尘。大兄言办饭,大嫂言视马。上高堂,行取殿下堂,孤儿泪下如雨。使我朝行汲,暮得水来归。手为错,足下无菲。怆怆履霜,中多蒺藜,拔断蒺藜肠月中,怆欲悲,泪下渫渫,清涕累累。冬无复襦,夏无单衣。居生不乐,不如早去,下从地下黄泉。春风动,草萌芽。三月蚕桑,六月收瓜。将是瓜车,来到还家。瓜车反覆,助我者少,啖瓜者多。愿还我蒂,兄与嫂严。独且急归,当兴校计。乱曰:里中一何譊譊,愿欲寄尺书,将与地下父母,兄嫂难与久居。

　　贾,本坐商之名,出而商贩,故曰行贾。九江,汉郡名,其辖境包括今江苏、安徽两省江北之南部及江西省地,非今之九江也。齐鲁,汉所封建王子国名,皆在今山东境。虮,虱子也。堂后曰殿,与常言宫殿之殿不同。下堂而取道堂后者,不欲兄嫂见也。上堂下堂,写孤儿徬徨无依之状,与《诗·蓼莪篇》"出则衔恤,入则靡至"语同,即俗所云没投奔者。所以泪下如右也。错,敧之借字,皱也。为,读去声。菲一作扉,麻或草所作履也。怆怆,犹凄凄。蒺藜一作蒺藜,草之有刺者也。月即肉字。怆,伤痛也。连肠与肉言之者,伤在肉而痛在肠,一时肠与肉不能别也。漯漯,滴不止也。累累,连贯也。"下从地下黄泉"者,从亡父母于地下也。春风一作春气。反与翻同。反覆,车翻而瓜覆也。忽言瓜者,瓜从孤字生意。唅瓜者多,意即谓欺凌孤者多也。唅同啖、噉,食也。还我蒂者,瓜有蒂,人亦有蒂,人之蒂,父母是也。故愿还我蒂,为唅瓜者言之,实即为兄嫂言之,此文外之意也。校计,即今言计较,校与较通。兴,起也。不独与孤儿计较,且将与唅瓜者计较,轩然大波将起,故不得不独且急归,避其纷扰也。即此而其兄其嫂之横可知,仅仅下一严字,又何其含蓄也。譊譊与嘵嘵同,所谓议论纷纷也。"愿欲寄尺书"以下,所以戒天下之为兄嫂者。不明言戒,而视明言为尤切,乱辞之善也。

李陵与苏武诗三首

　　良时不再至,离别在须臾。屏营衢路侧,执手野踟蹰。仰视浮云驰,奄忽互相瑜。风波一失所,各在天一隅。长当从此别,且复立斯须。欲因晨风发,送子以贱躯。

　　嘉会难再遇,三载为千秋。临河濯长缨,念子怅悠悠。远望悲风至,对酒不能酬。行人怀往路,何以慰我愁。独有盈觞酒,与子结绸缪。

　　携手上河梁,游子暮何之。徘徊蹊路侧,恨恨不能辞。行人难久留,各言长相思。安知非日月,弦望自有时。努力崇明德,皓首以为期。

　　陵字少卿,陇西成纪人。其祖广,匈奴所畏避,号之"飞将军"者也。陵亦有广风,尝将八百骑深入匈奴二千馀里,还拜骑都尉。后武帝遣贰师将军李广利击匈奴,陵以步卒五千自当一队,至浚稽山,为虏八万骑所围。陵军连战,杀虏几万人,虏欲退。会军候管敢亡降匈奴,告以陵无后救,且矢将尽。匈奴复急攻。陵转战至陬谷中,军士殆尽,为虏所获,遂降。苏武与陵尝同为侍中,素相厚,武使匈奴,为单于遮留,牧羊北海上,窘困,陵时接济之。至昭帝时,匈奴与汉和亲,汉求苏武等,匈奴乃送武等还。此诗盖陵送别武时作以赠武者。陵降匈奴非本意,故其诗颇有难以尽言之。如"风波失所"、"游子何之",以及"念子怅悠悠,何以慰我愁"等语,中皆包含有无数悔恨心情在。若"恨恨不能辞",尤其显焉者也。李周翰注《文选》谓"武将使匈奴,陵赠以诗"。此但观诗中"长当从此别"句,即知其谬。人方奉使,而即逆计其不得归,岂情也哉? 又或疑其为齐梁间人伪作,并引《文心雕龙·明诗篇》"辞人遗翰,莫见五言,所以李陵、班婕好见疑于后代"之言以为证。不知彦和虽有"见疑"之言,而即未始以疑者为是。故其后复云:"阅时取证,则五言久矣。"五言既久,则"莫见五言",其说已破。莫见之言破,斯见疑之基毁。若然,则信彦和以为排斥李陵者,真盲瞽之论也。屏营,屏气而目营,言惶恐也。夫送别何惶恐之有? 下"此"字,则知此别非寻常之别,一成名而归,一辱身而留,诚所谓"风波一失所,各在天一隅"者,能无惶恐乎。野踟蹰,犹云踟蹰于野,但野不作实字用而作状字用耳。踰,越也。斯须,犹须臾也。晨风已见前。"欲因晨风发,送子以贱躯",与苏诗"愿为双黄鹄,送子俱远飞"一意。李善《文选注》以晨风为早风,亦误也。

　　三载为千秋,言此别非直三载,而将为千秋,即所谓"长当从此别"也。缨,冠缨。濯冠缨,欲以自洁也。欲以自洁者,恨己之尝被污也。若武则始终未污者,故曰"念子怅悠悠"。此其心境可想也。一本"念子"作"念别",意则浅矣。酬,答也。古者燕飨之礼,主人以酒敬客曰献,客答主人曰酬,主人再献客曰酢,故有献酬与酬酢之名。行人谓武。绸缪犹缠绵,言情之深且永也。我愁不独在离别,故曰"何以慰我愁"。结绸缪而独有酒,所以对酒不能酬也。心绪前端,低回曲折,于是为至矣。

游子,自谓。"暮何之"者,不知所以自处也。承上"何以慰我愁"言。蹊,小径,路,大路也。悢悢,悲恨也。不能辞者,不能成辞也。弦望有时,犹言圆缺有时,希万一之复圆也。皓首为期,谓终老而后已也。

苏武诗四首

　　骨肉缘枝叶,结交亦相因。四海皆兄弟,谁为行路人。况我连枝树,与子同一身。昔为鸳和鸯,今为参与辰。昔者常相近,邈若胡与秦。惟念当乖离,恩情日以新。鹿鸣思远草,可以喻嘉宾。我有一尊酒,欲以赠远人。愿子留斟酌,叙此平生亲。

　　黄鹄一远别,千里顾徘徊。胡马失其群,思心常依依。何况双飞龙,羽翼临当乖。幸有弦歌曲,可以喻中怀。请为游子吟,泠泠一何悲。丝竹厉清声,慷慨有馀哀。长歌正激烈,中心怆以摧。欲展清商曲,念子不得归。俛仰内伤心,泪下不可挥。愿为双黄鹄,送子俱远飞。

　　结发为夫妻,恩爱两不疑。欢娱在今夕,嬿婉及良时。征夫怀往路,起视夜何其。参辰皆已没,去去从此辞。行役在战场,相见未有期。握手一长叹,泪为生别滋。努力爱春华,莫忘欢乐时。生当复来归,死当长相思。

　　烛烛晨明月,馥馥秋兰芳。芳馨良夜发,随风闻我室。征夫怀远路,游子恋故乡。寒冬十二月,晨起践严霜。俯观汉江流,仰视浮云翔。良友远别离,各在天一方。山海隔中州,相去悠且长。

261

嘉会难再遇，欢乐殊未央。愿君崇令德，随时爱景光。

武字子卿，杜陵人。天汉中，武帝遣武与张胜、常惠等使匈奴。匈奴且鞮侯单于以事欲降之。武引佩刀自刺，半日始复息。单于壮其节，愈益欲降之。初幽武大窖中，后又徙之北海上无人处，使牧羝，谓羝生子乃得归。武终不屈。杖汉节卧起，节旄尽落。至昭帝立，求武等，武始得还。留匈奴凡十九岁。以典属国终。宣帝图名臣于麒麟阁，自大将军霍光以下，仅十一人，而武与其选焉。四诗盖武以答陵者。后人以《昭明文选》未言李陵，又《结发为夫妻》一首，徐陵收入《玉台新咏》，题曰留别妻，遂疑李有倡而苏无和。或乃以第一首为别昆弟，末一首为寻常赠别之辞。但合李作与苏诗并玩之，不独意相照射，辞亦多同，若"愿子留斟酌"、"念子不得归"之语，即非少卿无以当之。斯其为酬答之作，凿然无疑。昭明以题承上文，不言可知，安得因此而遂谓诗非为李作也。至第三首托辞夫妇，意在友朋，古如三百篇，往往有之。果以其辞为疑，则"鸳鸯"之云，"双飞龙"、"双黄鹄"之云，亦皆系夫妇之比而非友朋也。《玉台新咏》专收艳体，故割其一以充选，此陵之私意，安足以为信据乎。骨肉，谓兄弟也。兄弟之托于父母，犹枝叶之托于本根，故曰"缘枝叶"，缘犹因也。此首以兄弟比友朋，下云"与子同一身"，同一身即同一根也。参、辰，两星名，辰即大火也，参没则辰见，辰没则参见，参辰永不相值，故以比人之隔离。亦谓之参商，杜甫《赠卫八处士诗》云"人生不相见，动如参与商"是也。邈，远也。邈若胡与秦，不言"今者"，承上文可知也。乖，背也，乖离犹分离。恩情日以新，言身虽隔而情不隔，无今昔之异，故曰"日以新"。远人谓李陵。曰"愿子留斟酌"者，慰陵之不得归也。平生亲，承上"恩情日以新"言，亲曰平生，见终始之如一也。

顾，返顾也。虽行千里，而犹徘徊返顾，是为"千里顾徘徊"。常依依，谓依恋不舍也。双飞龙喻己与陵。喻，晓也，谓解喻，与前首"喻嘉宾"喻训比喻者不同。"中怀"难以明言，乃托于弦歌以抒写之，是不得已之情也。故曰"幸"、曰"可以",下所谓"游子者"是也。泠泠,弦声,此其始也。厉,大作也。曰丝又曰竹者,弦之外更配以箫笛也。此曲之中,故曰有馀哀。长歌言歌正激烈者,歌至此而声益高也。展,开伸也。欲展清商曲,而继以"念子不能归",是欲展而终不得展,中怀可喻而终不得而喻也。俛同俯。伤心曰内,即不得而喻之心。又曰"俯仰者",俯之仰之,终不能解其悲伤也。"不可挥"者,挥之不尽也。"愿为双飞鹄,送子俱远飞",重在后五字,与十九首中所云不同。"俱远飞"则是永无别离也。然此特无可奈何之想耳。想至无可奈何,则亦适以增其悲伤而已矣。四首之中,当以此首感人为最深。

恩爱两不疑,不疑字当着眼。陵之降,可疑者也。降出于不得已,而心终未尝忘汉,此则不可疑者也。即此"不疑"二字,知此诗为陵作矣。不然,夫妇之际言恩爱足也,何为着此"不疑"二字,不几于唐突乎哉。"嬿婉"见《诗经》,本作"燕婉"。燕,言安也,婉,言顺也。何其,亦见《诗经》,本作"夜如何其",此省"如"字,其,语辞无义,犹言夜何时也。行役在战场,武归国,何言在战场?认此诗为武留别妻作者,每执此以破别陵之说。不知夫妇喻言,战场亦喻言耳。若曰别妻,武去国为奉使,而非领军,则战场云云,亦有未合也。滋,犹多也、加也。春华谓年华。"生当复来归,死当长相思",上句宾而下句主。死当长相思,即陵诗所云"各言长相思"也。或疑陵不得归决矣,而此乃言生当来归,是非对陵之辞也。当知此首纯属比体,何得胶泥于事实。且即以事言诗,生当来归,亦武之自谓,非谓陵也。其意不过曰"生则相见,死则相思",以誓不相忘而已,以示不相疑而已。此正所以慰陵者。而奈何曲为之解,必断其为非别陵之作哉。

烛烛,明之微也。馥馥,香之盛也。以兰拟陵,深信陵之芳洁,是真所谓不疑也。征夫,自谓,游子,谓陵。恋故乡,不忘故国也。江汉流,江汉各流,以喻分别也。浮云翔,即陵诗所云"奄忽互相踰"者,义与上文同。观下云"各在天一方",亦可知也。中州犹云中土、中国。

悠,远也。欢乐未央,承前"莫忘欢乐时"言,未央犹未已也。景光犹时光。随时者,随时之宜也。此二字亦宜着眼。陵所处之时实人生极难处之时,惧其不忍而或至于灭裂也,故以"随时"之道勖之,非寻常挨排时日之谓也。

李延年歌一首

北方有佳人,绝世而独立。一顾倾人城,再顾倾人国。宁不知倾城与倾国,佳人难在得。

延年,中山人,故倡也。坐法腐刑,给事宫中。以知音善歌舞,为武帝所爱。帝既立乐府,遂以延年为协律都尉,主乐府事。此延年侍帝起舞时所歌。其女弟李夫人因以是进。及李夫人死,兄贰师将军广利败降匈奴,弟季坐奸乱后宫,延年家乃族灭矣。绝世,犹超世。独立,谓无以并也。倾城倾国,本谓一城一国之人为之倾动。而"宁不知倾城与倾国",则谓倾覆人之邦国矣。盖一字前后取义不同如此。《诗经·大雅·瞻卬》之篇云:"哲夫成城,哲妇倾城。"此后云"倾城倾国"之所本。宁,犹岂也。

班婕妤怨歌行

新裂齐纨素,皎洁如霜雪。裁为合欢扇,团团似明月。出入君怀袖,动摇微风发。常恐秋节至,凉飚夺炎热。弃捐箧笥中,恩情中道绝。

婕妤一作倢伃,字同,汉女官名,实则天子之嫔妾也。班为成帝婕妤,失其名,故以官称。成帝始颇宠爱之,后宠衰,恐见危,乃求供养太后长信宫以终。此诗盖作于宠未衰时。然观"常恐"二字,其懔懔之情可见。李白诗云:"以色事他人,能得几时好。"岂不信哉! 齐纨素,齐地所出之纨素。皎,一作鲜。扇曰合欢,盖团扇而能摺合者,故可以出入怀袖也。箧、笥,皆箱子小者,方者曰笥,狭而长者曰箧。中道犹半道。绝,断也。

梁鸿五噫歌

陟彼北芒兮,噫。顾览帝京兮,噫。宫室崔嵬兮,噫。民之劬劳兮,噫。辽辽未央兮,噫。

鸿字伯鸾,扶风平陵人。娶同县丑女孟光。夫妇同隐霸陵山中,耕织自给。因东出关,过洛京,作《五噫之歌》,即此是也。章帝闻而非之,求鸿不得。乃易姓运期,名燿,避居齐鲁之间。后又徙吴,卒。著书十馀篇,不传。北芒即北邙,洛阳城北山也。崔嵬,高貌,嵬一作巍。辽辽,远也。噫,读平声,叹辞。叹者,叹民之劬劳也。以民之劬劳句置于"宫室崔嵬"之下而"辽辽未央"之上,则民之劬劳正随宫室之崔嵬,辽辽而未已也。此文字传神在乎布局者,不可不知。

辛延年羽林郎

昔有霍家奴,姓冯名子都。依倚将军势,调笑酒家胡。胡姬年十五,春日独当垆。长裾连理带,广袖合欢襦。头上蓝田玉,耳后大秦珠。两鬟何窈窕,一世良所无。一鬟五百万,两鬟千万馀。不意金吾子,娉婷过我庐。银鞍何煜爚,翠盖空踟蹰。就我求清酒,丝绳提玉壶。就我求珍肴,金盘鲙鲤鱼。贻我青铜镜,结我红

罗裾。不惜红罗裂,何论轻贱躯。男儿爱后妇,女子重前夫。人
生有新故,贵贱不相踰。多谢金吾子,私爱徒区区。

延年,东汉人,事迹无考。霍,谓宣帝时大将军霍光。诗不便言当
代事,故托之于前朝也。冯子都亦假名。孟子曰:"不知子都之姣者,
无目者也。"子都,盖古之美男子,故借以名字。酒家胡,酒家之胡女
也。姬,本周室之姓,古者女子称姓,故周女曰姬,后以其名之贵也,乃
用以为凡女子之称。垆者,买酒之台,以土筑成之,故字从土。古亦谓
之酒区,以区之名推之,知其安置酒器,各有区分,与今之酒肆温酒之
炉,略相似矣。当垆,今犹云掌柜。裾,衣襟也。蓝田,县名,有山亦名
蓝田,古产玉,故亦名玉山。县今存,在陕西西安附近。此云蓝田玉,
盖谓玉簪也。大秦,古罗马之称,大秦珠,谓耳珰也。鬟,髻之作環形
者。此云窈窕,犹玲珑也。鬟岂有价,而云一鬟五百万,两鬟千万馀
者,极言其可贵云尔。金吾子,即题所云羽林郎。羽林,本天子宿卫之
士。金吾,棒也,吾与牙通,以黄金涂其两端,因曰金吾,今戏台上尚可见
之。羽林郎执此,故亦称曰"金吾子"。诗首又云"霍家奴"者,本权贵家
奴,夤缘而得跻于羽林之列,穷其出身之由,故先揭之也。娉婷,夭娇也。
煜爚,光耀也。翠盖,以翠羽为盖也。鲙同脍,细切肉也。"贵贱不相
踰",不以贵踰贱也,拒之矣。而曰"不惜红罗裂,何论轻贱躯",又曰"多
谢金吾子,私爱徒区区"者,盖有一将军之势在,不得不委婉其辞。以此
知诗刺羽林郎,实刺将军。开首四句,笔挟风霜,未可轻轻读过也。

宋子侯董娇娆

　　洛阳城东路,桃李生路旁。花花自相对,叶叶自相当。春风
东北起,花叶正低昂。不知谁家子,提笼行采桑。纤手折其枝,花
落何飘飏。请谢彼姝子,何为见损伤。高秋八九月,白露变为霜。

终年会飘堕，安得久馨香。秋时自零落，春月复芬芳。何时盛年去，
欢爱永相忘。吾欲竟此曲，此曲愁人肠。归来酌美酒，挟瑟上高堂。

宋子侯事迹亦无考。董娇娆，盖女子之名，诗为娇娆作，故即以之
名篇。诗中云"不知谁家子"，意即指娇娆也。"请谢彼姝子"二句，代
花言。"高秋八九月"四句，代董答花。"秋时自零落"四句，又花之言。
全诗之意在此，盖花落可复开，人老则不复少。"欢爱永相忘"，下一永
字，伤可知矣。故继之曰"吾欲竟此曲，此曲愁人肠"、"归来酌美酒，挟
瑟上高堂"，乃无可如何之思，与《十九首》"不如饮美酒，被服纨与素"，
正同一意。以上二首与班婕妤《怨歌行》，亦选入乐府，以其作者有名
可稽，故别出之。

蔡琰悲愤诗

　　汉季失权柄，董卓乱天常。志欲图篡弑，先害诸贤良。逼迫
迁旧邦，拥主以自强。海内兴义师，欲共讨不祥。卓众来东下，金
甲耀日光。平土人脆弱，来兵皆胡羌。猎野围城邑，所向悉破亡。
斩截无孑遗，尸骸相撑拒。马边悬男头，马后载妇女。长驱西入
关，迥路险且阻。还顾邈冥冥，肝脾为烂腐。所略有万计，不得令
屯聚。或有骨肉俱，欲言不敢语。失意几微间，辄言毙降虏。要
当以亭刃，我曹不活汝。岂复惜性命，不堪其詈骂。或便加棰杖，
毒痛参并下。旦则号泣行，夜则悲吟坐。欲死不能得，欲生无一
可。彼苍者何辜，乃遭此戹祸。边荒与华异，人俗少义理。所处
多霜雪，胡风春夏起。翩翩吹我衣，肃肃入我耳。感时念父母，哀
叹无穷已。有客从外来，闻之常欢喜。迎问其消息，辄复非乡里。
邂逅徼时愿，骨肉来迎己。己得自解免，当复弃儿子。天属缀人
心，念别无会期。存亡永乖隔，不忍与之辞。儿前抱我颈，问母欲

何之。人言母当去，岂复有还时。阿母常仁恻，今何更不慈。我尚未成人，奈何不顾思。见此崩五内，恍惚生狂痴。号泣手抚摩，当发复回疑。兼有同时辈，相送告别离。慕我独得归，哀叫声摧裂。马为立踟蹰，车为不转辙。观者皆歔欷，行路亦呜咽。去去割情爱，遄征日遐迈。悠悠三千里，何时复交会。念我出腹子，胸臆为摧败。既至家人尽，又复无中外。城郭为山林，庭宇生荆艾。白骨不知谁，从横莫覆盖。出门无人声，豺狼嗥且吠。茕茕对孤景，怛咤糜肝肺。登高远眺望，魂神忽飞逝。奄若寿命尽，傍人相宽大。为复强视息，何生何聊赖。托命于新人，竭心自勖励。流离成鄙贱，常恐复捐废。人生几何时，怀忧终年岁。

琰字文姬，陈留人。邕之女，博学通音律。初适河东卫仲道，夫亡，归宁于家。董卓之乱，为胡骑所虏，没于南匈奴左贤王。在胡中十二年，生二子。曹操素与邕善，闻而怜之，以金帛赎归。复嫁同郡人董祀以殁。此诗见范晔《后汉书·列女传》，盖追伤乱离之作，语语自肺腑流出，因以“悲愤”名篇。《乐府诗集》别有《胡笳十八拍》，与此诗绝不相类，则出后人伪托，以为琰作者，误也。天常，指君臣之常道言，谓之天常者，以为出于天理之当然，尊而重之之辞也。逼迫迁旧邦，谓董卓挟汉献帝迁都长安事。海内兴义师，谓袁绍等兴兵讨卓也。平土人脆弱，指东诸侯之兵。来兵皆胡羌，指董卓所用羌胡杂种之兵，胡即匈奴也。猎野，抄略乡野，如行猎然，比说之辞也。无孑遗，无遗馀也。掌今作撑，掌拒，言相交往也。几微，细小也。亭刃谓以刃相对，亭犹直也，即对义。参并犹交拜。彼苍者，谓天也。《诗经·秦风·黄鸟》之篇云：“彼苍者天，歼我良人。”此用其语。犹云天乎我何罪也。戹亦作阸，今作厄，困也。邂逅犹遭逢也，引申之义，则凡出意计之外者皆曰邂逅。徼即徼幸之徼，谓不求而得之。“时愿”之“时”，谓应时、及时也。骨肉来迎己，操实赎之，而云骨肉者，盖必托名于其宗族昆弟，方可相赎，故琰云然也。天属，谓母子之亲。缀，谓连结不解也。“问母欲何之"以下至"奈何不顾思",皆子问辞。顾思犹顾念也。五内犹五藏。崩,言解,坏也。手抚摩,抚摩其子也。回疑,心回而迟疑也。摧裂,谓如摧如裂也。歔欷,抽咽也。去去,绝绝之辞。割谓割断也。遄,速。征,行也。遐、迈,皆远也。中外犹内外。茕茕,孤独貌。景即影字,晋葛洪《字苑》始加彡作影。怛咤,怛在心而咤在口,皆惊畏也。糜,碎也。奄犹忽也。相宽大,谓慰之,欲其从宽处大处想也。强,勉强。视息谓活也。人之存活在能看能呼吸,故古人以视息作存活言。托命于新人,新人谓董祀也。竭心犹尽心。勖,勉也。流离犹流转。鄙贱,谓失身胡虏,不免见轻于人也。

曹操

薤　露

惟汉二十世,所任诚不良。沐猴而冠带,知小而谋疆。犹豫不敢断,因狩执君王。白虹为贯日,己亦先受殃。贼臣执国柄,杀主灭宇京。荡覆帝基业,宗庙以燔丧。播越西迁移,号泣而且行。瞻彼洛城郭,微子为哀伤。

曹操已见上四言诗,其事迹人所熟知,故不更注。《薤露》与下一篇《蒿里》,皆古丧歌也。两诗并赋当时之事,而取丧歌名篇者,盖亦言其可哀而已。二十世者,西汉自高帝至孺子婴,十二帝计十世,东汉自光武至少帝亦十二帝,计十世,合之故云二十世也。所任不良,谓灵帝后兄大将军何进也。沐猴即猕猴,谓之沐猴者,楚人语也。知读智。谋疆犹云谋大,"知小而谋大,力小而任重",本《易经·系辞传》之文。犹豫,犹,兽名,能上树,而胆怯,闻有人声,则豫上树以避,见无人则下,旋又复上,故凡柔懦无决断者谓之犹豫。此指虎贲中郎将袁绍劝进诛杀宦官而进不能早决也。因狩执君王,谓中常侍张让、段珪等劫持少帝及陈留王等出走此宫也,又奔小平津。古凡天子出走则曰巡狩,而实非为狩也。白虹贯日,古以虹为天地之淫气,日者君象,贯日即犯君也。己,指何进。张让等先杀进于省中,后因进部将吴匡与袁术等攻烧南宫门及东西宫,乃挟帝出走,故曰"己亦先受殃"也。贼臣,谓董卓,卓本驻兵河东,其将兵入朝,实进召之也。杀主,谓废少帝而卒杀之。宇京犹京宇,谓卓既立献帝,西迁长安,遂焚烧洛阳宫殿与宗庙与民居也。播越犹流离。微子哀伤,盖指过殷故墟,感宫室毁坏生禾黍,作《麦秀之歌》事,见《史记·宋微子世家》。然乃箕子而非微子,意阿瞒偶误记之耳。

蒿　里

　　关东有义士,兴兵讨群凶。初期会盟津,乃心在咸阳。军合力不齐,踌躇而雁行。势利使人争,嗣还自相戕。淮南弟称号,刻玺于北方。铠甲生虮虱,万姓以死亡。白骨露于野,千里无鸡鸣。生民百遗一,念之断人肠。

　　蒿里下或有行字,《乐府诗集》无之。又各本"薤露"无行字,有则当俱有,二题不应有歧也,故此从《乐府诗集》。关东,谓函谷关以东。此指袁绍以渤海太守兴兵,与冀州牧韩馥、豫州刺史孔伷、兖州刺史刘岱等,及绍从弟后将军术,共讨董卓,而操公亦以行奋武将军与于是役者也。盟津即孟津,此暗用武王伐纣诸侯会于盟津事。咸阳,暗用汉高、项羽入秦事。秦之咸阳,即汉之长安也。雁行,谓相推让不肯先进也。嗣犹继也。自相戕,指袁术表孙坚为豫州刺史,率荆豫之众击卓于阳人,绍乘间夺坚豫州,及刘岱杀东郡太守桥瑁,绍又逼夺韩馥冀州也。"淮南弟称号",谓术称帝号于寿春。"刻玺于北方",指绍也。铠、甲,一也。古用皮谓之甲,后用金,谓之铠也。两诗叙当时成败,如"知小而谋强"、"犹豫不敢断"及"军合力不齐"、"势利使人争",皆下语不多,而极中其肯綮。此足见孟德之识过人,又不仅文字之工已也。

苦 寒 行

北上大行山,艰哉何巍巍。羊肠坂诘屈,车轮为之摧。树木何萧瑟,北风声正悲。熊罴对我蹲,虎豹夹路啼。溪谷少人民,雪落何霏霏。延颈长叹息,远行多所怀。我心何怫郁,思欲一东归。水深桥梁绝,中路正徘徊。迷惑失故路,薄暮无宿栖。行行日已远,人马同时饥。担囊行取薪,斧冰持作糜。悲彼东山诗,悠悠使我哀。

此诗言行军之苦,盖北征乌桓时作,于此不无悔心焉。羊肠坂,太行山径道之名,以其形曲折如羊肠,故有此称。南口在河南之怀庆,北口在山西之潞安。诘屈谓艰涩也。罴,熊之大者。对我蹲,言其不畏人。夹路啼,言其多也。霏霏,落不止也。怫郁,心拂逆而抑塞也。薄暮,迫暮也。斧冰谓以斧敲冰。《东山》诗已见前。悠悠。忧思也。

魏晋

襄阳择妇谚见《三国志·诸葛亮传》注引襄阳记

莫作孔明择妇,正得阿承配女。

记曰:黄承彦者,沔南名士,谓诸葛孔明曰:"闻君择妇,身有丑女,黄头黑色,而才堪相配。"孔明许,即载送之,乡里为之谚曰云云。身为自身,古人用以称己。

吴孙皓时童谣见《三国志·陆凯传》

宁饮建业水，不食武昌鱼。宁还建业死，不止武昌居。

皓时徙都武昌，扬土百姓泝流供给，以为患苦，故童谣云然。建业，吴旧都，今南京也。

又童谣见《晋书·五行志》

阿童复阿童，衔刀游渡江。不畏岸上虎，但畏水中龙。

案《晋书·羊祜传》云："祜以吴童谣云，思应其名，以王濬小字阿童，遂表濬监益州诸军事加龙骧将军，令修舟楫为顺流之计，后二岁而濬平吴。"说者以此往往谓童谣有验。不知童谣本不谓是，但要人习于水嬉，水中龙亦自矜其矫健耳。祜因而用之，以坚兵士必胜之心，败吴人战守之志，此所谓战术，岂如《五行志》之说哉？

又平吴后江南童谣三则亦见《五行志》

局缩肉，数横目。中国当败吴当复。

宫门柱，且莫朽。吴当复，在三十年后。

鸡鸣不拊翼，吴复不用刀。

此吴人不服晋而望兴复之辞也。《五行志》以东晋当之，谓有天数，非也。横目盖指蜀言。局缩肉，言其地偏局一隅，蜀字形亦象之。此以见吴非蜀比也。《晋志》以横目为四字，谓自吴亡至元帝兴几四十年。谣明言吴复在三十年后,今云四十年,是岂与谣合哉。莫朽,《晋书》误作"当朽",依《宋书》改正。

晋襄阳儿童歌见《晋书·山简传》

　　山公出何许,往至高阳池。日夕倒载归,酩酊无所知。时时能骑马,倒着白接羅。举鞭向葛强,何如并州儿。

　　山简以怀帝永嘉初以征南将军镇襄阳。于时四方寇乱,朝野危急,而简优游卒岁,常之习氏池嬉游,置酒辄醉。有儿童歌曰云云。盖讥之也。何许,犹云何所。高阳池即习氏池,简所名也。酩酊,醉貌。接羅,阔边帽也。葛强,简所爱小将也。何如并州儿,代简之言,谓己骑术与强优劣何如也。强,并州人,故以"并州儿"呼之。后世词章家用此典实,每以为风流胜事,不知此诗讥刺显然,即"无所知"三字,意已可见,何风流之有哉。

蜀人言罗尚见《晋书·尚传》

　　蜀贼尚可,罗尚杀我。平西将军,反更为祸。

　　惠帝之末,蜀中李特等起。尚为平西将军、益州刺史、西戎校尉,不能定乱,而性贪少断,兵士为暴,甚于土贼。故蜀人言如此。

吴人歌邓攸见《晋书·攸传》

　　统如打五鼓,鸡鸣天欲曙。邓侯挽不留,谢令推不去。

邓攸，襄陵人。东晋之初为吴君太守，刑政清明，百姓欢悦。后以疾去职，郡人留之不得，因歌之如此。訧如，犹訧然。鼓声，读如邓。谢令，盖当时县令。

孝武太元末京口谣见《晋书·五行志》

黄雌鸡，莫作雄父啼。一旦去毛衣，衣被拉飒栖。

又谣亦见《五行志》

昔年食白饭，今年食麦犂。天公诛谴汝，教汝捻咙喉。咙喉喝复喝，京口败复败。

此二谣皆为王恭发也。恭自孝武帝时以都督假节镇京口，数正色直言于会稽王道子，因诛王国宝、王绪，于晋室不谓不忠。然史称其自矜贵，与下殊隔，尤信佛道，调役百姓，修营佛寺，务在壮丽，士庶怨嗟。观此二谣，怨嗟如见。黄雌鸡，既谓恭也。拉飒即垃圾，亦作攋㩉。"拉飒栖"者，言将与垃圾同归于抛弃也。犂与麩、䴬字同，麦屑皮也。咙喉即喉咙。喝，读如嗌，噎也。败复败，诅咒之也。后恭果以讨王愉出兵，为司马刘牢之所卖，败走曲阿，为湖浦尉收送京师处死。《五行志》语多附会，不足信。京口即今镇江也。

无名氏桃叶歌

桃叶复桃叶，渡江不用楫。但渡无所苦，我自迎接汝。

旧说以此歌为王献之所作,并曰桃叶为献之妾名。此附会之说也。桃叶但为兴语,岂人名哉! 若果为献之妾,何取于渡江不用楫,又何为而有"我自迎接汝"之言。断为无名氏诗,较可信耳。楫,一作戢,字同。

又作蚕丝二曲

春蚕不应老,昼夜常怀丝。何惜微躯尽,缠绵自有时。

绩蚕初成茧,相思条女密。投身汤水中,贵得共成匹。

怀丝谓怀思也。女读汝。条通调,谓调弄也。

又子夜歌八首

始欲识郎时,两心望如一。理丝入残机,何悟不成匹。

今日已欢别,合会在何时。明灯照空局,悠然未有期。

朝思出前门,暮思还后渚。语笑向谁道,腹中阴忆汝。

郎为傍人取,负侬非一事。摛门不安横,无复相关意。

欢愁侬亦惨,郎笑我便喜。不见连理树,异根同条起。

感欢初殷勤,叹子后辽落。打金侧瑇瑁,外艳里怀薄。

我念欢的的,子行由豫情。雾露隐芙蓉,见莲不分明。

怜欢好情怀,移居作乡里。桐树生门前,出入见梧子。

此非一人一时之作,谓之子夜歌者,旧传晋有女子名子夜,首创此声,或当然也。汉有《藁砧》之诗云:"藁砧今何在,山上复有山。何当大刀头,破镜飞上天。"后人释之云,藁砧谓铁也,藉言夫。山上山,出也。刀头,环也,藉言还。破镜飞上天,谓月半也。已开隐语

275

成诗之端。然不若此数诗之显豁而有情致。悠然即油燃。期言棋也。摛门谓张门也，横即闩也。侧谓镶也。辽落同寥落。的的，分明也。由豫同犹豫。见莲谓见怜也。梧子犹吾子。子、郎、欢，皆以称所爱也。

又 团 扇 歌

团扇复团扇，持许自障面。憔悴无复理，羞与郎相见。

许，犹此也。理，谓理料。

又休洗红二章

休洗红，洗多红色淡。不惜故缝衣，记得初按茜。人寿百年能几何，后来新妇今为婆。

休洗红，洗多红在水。新红裁作衣，旧红番作里。回黄转绿无定期，世事返复君所知。

茜通作蒨，俗名地血，染红草也。番同翻。回黄转绿，言草木秋黄而春绿也。返复同反覆。

又 西 洲 曲

忆梅下西洲，折梅寄江北。单衫杏子红，双鬓鸦雏色。西洲在何处，两桨桥头渡。日暮伯劳飞，风吹乌柏树。树下即门前，门中露翠钿。开门郎不至，出门采红莲。采莲南塘秋，莲花过人头。

低头弄莲子,莲子青如水。置莲怀袖中,莲心彻底红。忆郎郎不至,仰首望飞鸿。飞鸿满西洲,望郎上青楼。楼高望不见,尽日阑干头。阑干十二曲,垂手明如玉。卷帘天自高,海水摇空绿。海水梦悠悠,君愁我亦愁。南风知我意,吹梦到西洲。

此诗曲折缴绕,非细心玩索,不易得其条绪。中间"树下即门前"一语,尤令人迷惑。树下者,郎之树下,门前者,女之门前。后文云:"飞鸿满西洲,望郎上青楼。楼高望不见,尽日阑干头。"夫楼高尚望不见,何云"树下即门前"耶?不知望不见者以境地言,即门前者以心事言,境虽隔而心不隔,故君愁我亦愁,而能梦到西洲也。文字之妙,正在于此。至忆梅、折梅云者,古梅字亦作楳,取意于媒合也。采莲、弄莲云者,莲与怜同声,取意于相怜也。若执泥文字以求,则梅与莲固不同时,而伯劳即《诗·七月》"鸣鹏"之"鹏",其时又安得有"飞鸿满西洲"哉?诗以忆起,以梦收。中间除"采莲南塘秋"四句分用两韵外,馀皆四句一转韵,韵转而意随以转。如珠走盘,如丸在坂,虽极尽变幻,而终莫离其宗。或有以为梁武帝萧衍所作者,是非萧衍之所能为也,仍归之晋辞为是。西洲者,江中洲名,以在建康之西,故曰西洲。今地势迁改,不可究矣。乌桕,一作乌臼,其子可以榨油,谓之桕黄,旧时用以制烛。钿,妇人发饰,以翠羽填嵌之,故曰翠钿。青楼,楼之涂以青漆者。曹植诗云:"青楼临大路,高门结重关。"古惟显贵之家,方得有此。若以青楼为倡家之号,则唐以后事,不可不知。阑,或加木作欄。

曹植

七 步 诗

煮豆燃豆萁,豆在釜中泣。本是同根生,相煎何太急。

植字子建，操子。汉时封平原侯，又改封临菑。曹丕黄初二年为鄄城王。后屡徙封，至曹叡太和六年加封陈王，薨，年四十一，谥曰思。五言至汉之建安为最盛。而莫盛于操之一门。一门之中，尤以子建为巨擘。所谓建安七子（孔融、陈琳、王粲、徐幹、阮瑀、应玚、刘桢）未有能与比肩者也。梁钟嵘《诗品》谓"陈思之于文章，譬人伦之有周孔"，又谓"孔氏之门如有诗，则公幹升堂，思王入室"，洵非过论。惜乎不容于丕父子，寿仅同于颜渊，摧折以死。今读其《七步诗》以及《怨歌行》、《吁嗟篇》等作，犹不免为之低回愤惋至于泣下也。《七步诗》者，丕令植于七步中作诗，不成将行大法，植应声便为诗云云，后人因以《七步诗》题之，实则非七步中作也。诗有二本，一本六句，上三句云"煮豆持作羹，漉豉以为汁，萁在釜中然"，下三句与此同。四句者语尤简至，故兹选从之。燃一作然，然本燃烧字，后复加火耳。萁，豆稭也。禾曰稭（或作秸），豆曰萁，实即一声之转。煎云煮也，然义兼迫害，不可不知。漉，滤也。豉，今曰豆豉，熟豆经发霉而成。滤以为汁，殆若今酱油之类欤。

野田黄雀行

　　高树多悲风，海水扬其波。利剑不在掌，结友何须多。不见篱间雀，见鹞自投罗。罗家得雀喜，少年见雀悲。拔剑捎罗网，黄雀得飞飞。飞飞摩苍天，来下谢少年。

　　此诗盖为友人如杨修辈被祸而作，伤己之不能援也。"利剑不在掌"句，反及下文。结友何须多，意谓多友则多忧患，语最沈痛，非择友取少之意也。鹞，鹯类。见鹞自投罗，以见祸机四伏，避彼则触此。捎，掠而去之也。摩，相切触也。

名 都 篇

名都多妖女,京洛出少年。宝剑值千金,被服丽且鲜。斗鸡东郊道,走马长楸间。驰骋未能半,双兔过我前。揽弓捷鸣镝,长驱上南山。左挽因右发,一纵两禽连。馀巧未及展,仰手接飞鸢。观者咸称善,众工归我妍。归来宴平乐,美酒斗十千。脍鲤臇胎鰕,炮鳖炙熊蹯。鸣俦啸匹侣,列坐竟长筵。连翩击鞠壤,巧捷惟万端。白日西南驰,光景不可攀。云散还城邑,清晨复来还。

此诗写纨绔少年斗鸡走马游猎宴饮之乐,不著一字褒贬,而褒贬自在言外,盖美之正以刺之也。曰"京洛出少年",曹丕既篡,复迁都洛阳,其为魏后之作不待言。斗鸡之戏,自春秋时已有之,其见于《左传》者曰:"季郈之鸡斗,季氏介其鸡,郈氏为之金距。"楸,道傍所植树,盖梓属也。鸣镝,响箭也。捷犹插也。两禽即指双兔,猎所获曰禽。纵,放矢也。接飞鸢,又射鸢而中之也。此不言射,射意已在"馀巧"字中也。归我妍,谓以妍归于我。妍,妙也,承上巧字言。众工,谓众射者。此句与《还》之诗"揖我谓我儇"、"揖我谓我好"、"揖我谓我臧"同一笔法,得意之犹如见。平乐,谓平乐观,汉明帝所置,在洛阳城西。臇胎鰕,谓以幼鰕作羹也。羹之稠浓者曰臇。鰕与虾同。熊蹯,熊掌也。俦匹侣三字义近,泛称之则曰俦,引而亲之则曰匹、曰侣。鸣啸二字义亦近,鸣,张口,啸,蹙口也。不曰命曰召而曰鸣啸,无赖之状亦如见矣。连翩,轻迅貌。鞠即球。壤以木为之,其形略如履,侧立其一于地,而于数十步外,以手中壤击之。今儿童亦有此戏,但以小木棒,不作履形耳。攀谓攀留。云散,如云之散也。

白　马　篇

　　白马饰金羁，连翩西北驰。借问谁家子，幽并遊侠儿。少小去乡邑，扬声沙漠垂。宿昔秉良弓，楛矢何参差。控弦破左的，右发摧月支。仰首接飞猱，俯身散马蹄。狡捷过猴猨，勇剽若豹螭。边城多警急，胡虏数移迁。羽檄从北来，厉马登高隄。长驱蹈匈奴，左顾凌鲜卑。弃身锋刃端，性命安可怀。父母且不顾，何言子与妻。名编壮士籍，不得中顾私。捐躯赴国难，视死忽如归。

　　羁，马络头也。幽并，幽泽、并州，今北京与山西也。遊侠，遊谓好交遊，侠谓急人难。遊亦作游。《史记》有《遊侠传》，言之甚详。垂与陲同，谓边也。此云宿昔犹往昔也。秉，执也。楛，木名，似荆而赤心，无竹箭之地，以充矢干，谓之楛矢。破犹中也。的，射质也，今曰靶子。月支亦曰素支，射帖之名。射帖者，校射计数之具。摧谓破其等也。猱同夒，兽名，能于木上飞走，故曰飞猱。散马蹄，今谓放开马蹄，言疾驰也。猨同猿。剽，轻剽。螭，蛟类。羽檄，告警之书也，俗谓之鸡毛报。厉马犹策马。隄，障也。蹈，践踏之也。凌同鲮，鲮轹也。鲜卑，匈奴别种。五胡十六国之慕容燕，南北朝之拓跋魏，皆其族也。怀，念也。名编壮士籍，列名单籍也。中犹内也。私谓私人之事。忽，不经意也。此诗最好与前诗并看，美刺显然矣。

赠白马王彪

　　序曰,黄初四年正月,白马王、任城王与余俱朝京师,会节气。到洛阳,任城王薨。至七月,与白马王还国。后有司以二王归藩,道路宜异宿止。意毒恨之,盖以大别在数日,是用自剖,与王辞焉。愤而成篇。

谒帝承明庐,逝将归旧疆。清晨发皇邑,日夕过首阳。伊洛广且深,欲济川无梁。泛舟越洪涛,怨彼东路长。顾瞻恋城阙,引领情内伤。其一

大谷何寥廓,山树郁苍苍。霖雨泥我途,流潦浩纵横。中逵绝无轨,改辙登高岗。修坂造云日,我马玄以黄。其二

玄黄犹能进,我思郁以纡。郁纡将何念,亲爱在离居。本图相与偕,中更不克俱。鸱枭鸣衡轭,豺狼当路衢。苍蝇间白黑,谗巧令亲疏。欲还绝无蹊,揽辔止踟蹰。其三

踟蹰亦何留,相思无终极。秋风发微凉,寒蝉鸣我侧。原野何萧条,白日忽西匿。归鸟赴乔林,翩翩厉羽翼。孤兽走索群,衔草不遑食。感物伤我怀,抚心长太息。其四

太息将何为,天命与我违。奈何念同生,一往形不归。孤魂翔故域,灵柩寄京师。存者忽复过,亡没身自衰。人生处一世,去若朝露晞。年在桑榆间,影响不能追。自顾非金石,咄唶令心悲。其五

心悲动我神,弃之莫复陈。丈夫志四海,万里犹比邻。恩爱苟不亏,在远分日亲。何必同衾帱,然后展殷勤。忧思成疾疢,无乃儿女仁。仓卒骨肉情,能不怀苦辛。其六

苦辛何虑思,天命信可疑。虚无求列仙,松子久吾欺。变故在斯须,百年谁能持。离别永无会,执手将何时。王其爱玉体,俱想黄发期。收泪即长路,援笔从此辞。其七

白马王彪,孙姬所生。任城王彰与丕、植,皆卞夫人所生。黄初,丕年号。任城暴薨,而序云"会节气",若时令不正以疫气死者,盖不得不讳之也。道路宜异宿止,隔离二王,不使相会也。毒恨犹痛恨。大别犹永别。剖谓开心相示也。承明,洛阳宫门名。庐,植宿所寓也。疆谓所封之地,时植虽徙封雍丘,仍居鄄城,故曰旧疆。首阳,山名,在洛阳东北,去洛阳二十里。伊洛,伊川洛川也。东路,白马在今河南滑

281

县，鄄城在今山东兖州，皆向东行，故曰东路。大谷，谷名，大读太。谷在洛阳南，非道途所经，盖承上"顾瞻"二字言遥望之也。寥廓，广远也。霖雨，雨过三日为霖。潦，路上流水。浩纵横，言其多且大也。逵，大道。轨，车所行径。辙，车轮迹也。修，长也。造，到也。玄黄，马病也。郁纡，郁积而纡曲也。亲爱，谓白马王。中更，中变也。衡、轭，并见前。间，乱也。谗巧，谗言与巧言也。乔林，高林也。厉犹鼓也。索群，求其群也。遑，暇也。违，背也。同生，谓任城王，植同母兄也。故域指任城国。存者，谓白马王与己。忽复过，一奠不再留也。亡没身自衰，彰死正在壮年，何云自衰，此实隐痛之微辞也。桑榆，日将西没，景射于桑榆，言晚暮也。语本"失之东隅，收之桑榆"，盖汉光武尝言之，实当时里谚也。咄嗟，并惊叹声。比邻，古五家为比，又五家为邻，故以比邻并称。分，读去声，谓情分也。帱，帐也。疾疢谓病，在内为疾，发外为疢。仓卒犹仓皇。怀，抱也。松子，赤松子，张良所云"愿从赤松子游"者也。持犹保也。玉体犹贵体，贵莫如玉，故曰玉体也。黄发谓寿考，《诗·鲁颂》"黄发台背"是也。援笔，把笔也。此诗次章之首，即承前章之末发端，与《诗经·大雅·文王》之篇同一体制。

怨　歌　行

　　为君既不易，为臣良独难。忠信事不显，乃有见疑患。周公佐成王，金縢功不刊。推心辅王室，二叔反流言。待罪居东国，泣涕常留连。皇灵大动变，震雷风且寒。拔树偃林稼，天威不可干。素服开金縢，感悟求其端。公旦事既显，成王乃哀叹。吾欲竟此曲，此曲恐且长。今日乐相乐，别后莫相忘。

　　此托古事以抒己意之作也。"为君难，为臣不易"，本孔子之言，见于《论语》。良，犹甚也。独，犹特也。不显，事在隐微，人所不能见也。

患,读平声,谓祸患也。金縢、二叔,并见前《鸱鸮》诗注,详在《书经·金縢篇》。金縢,匮也。不刊犹不磨。流言即公将不利于孺子之言。待罪居东国,子建之情事正如此。若周公则虽见疑于成王,成王何得而罪之。故知此诗为曹叡发,无疑也。流连,犹彷徨。皇灵,谓天。偃,倒伏也。干,犯也。端,由也。公旦即周公,旦,公名也。叹亦读平声。自"皇灵动变"以下,并据《金縢》为说。此曲即指此诗,谓之"怨歌行"者,歌以怨而作也。诗不长,而曰"此曲悲且长"者,长在事不在诗也。末两句"乐相乐",即以排怨,"莫相忘",则以垂戒也。

吁 嗟 篇

吁嗟此转蓬,居世何独然。长去本根逝,夙夜无休闲。东西经七陌,南北越九阡。卒遇回风起,吹我入云间。自谓终天路,忽然下沈渊。惊飙接我出,故归彼中田。当南而更北,谓东而反西。宕宕当何依,忽亡而复存。飘飘周八泽,连翩历五山。流转无恒处,谁知吾苦艰。愿为中林草,秋随野火燔。糜灭岂不痛,愿与根荄连。

此痛屡屡徙封而作也。托之转蓬,全然比体。蓬,俗谓之蓬蒿,根浅而易拔,秋风起,则随风飞转以去,故谓之转蓬,或曰飞蓬,《卫风·伯兮》之诗云"自伯之东,首如飞蓬"是也。夙夜犹早晚。七、九,皆言其多也。卒同猝。中田犹田中。西,叶音读先。宕宕同荡荡。八泽,八方之泽,五山,五岳之山也。恒处,常处也。苦艰即艰苦。中林草,林中之草也。燔,烧也。糜,糜烂,灭,毁灭。根荄一义,木曰根,草曰荄。末四句造语最苦。然文明二帝,其不以子建为一本之亲者非伊朝夕,安得复望其与根荄连哉。封建之世,地位益亲,残害益烈,固又不独一曹植为然也。噫!

283

陈琳饮马长城窟行

　　饮马长城窟，水寒伤马骨。往谓长城吏，慎莫稽留太原卒。官作自有程，举筑谐汝声。男儿宁当格斗死，何能怫郁筑长城。长城何连连，连连三千里。边城多健少，内舍多寡妇。作书与内舍，便嫁莫留住。善待新姑嫜，时时念我夫子。报书往边地，君今出语一何鄙。身在祸难中，何为稽留他家子。生男慎莫举，生女哺用脯。君独不见长城下，死人骸骨相撑拄。结发行事君，慊慊心意关。明知边地苦，贱妾何能久自全？

　　琳字孔彰，广陵人。初事袁绍，绍起兵讨曹操，其檄文即琳所作也。绍败，操爱琳才，不杀而用之，与阮瑀同管记室。后为门下督卒。此诗全用对话组成。前则太原卒与长城吏对话，后则卒寄书与妇，妇报书，卒又答书，妇又报书，亦对话也。而中间夹以"长城何连连，连连三千里，边城多健少，内舍多寡妇"四句。实则只是"边城多健少，内舍多寡妇"十字，为一诗之骨干。其凄楚哀痛，一一从对话中表达出之，若作者自己未着一字然者。是神于诗者也。"稽留"如今云"耽阁"。汝谓太原卒。"谐汝声"者，筑城时大众用力必以声齐一之，今之打夯歌是也。有程，有常规也。"男儿"二句，卒答吏言。格斗谓战斗，格之为言抵也。内舍犹今言家里。姑嫜同翁姑，夫之父母之称。故夫子，谓己所生子也。出语何鄙，指便嫁之辞言。祸难，谓筑城，筑城而曰祸难者，吏不惜卒，督责无时也。此二字正篇中须着眼处。他家子指妻，犹今言别家人也。"生男慎莫举"四句亦作书中语出之，便益见哀痛。行事君，往事君也。此追述语。慊慊，不足也。关，谓相关切，一作间，非也。明知边地苦，顶上祸难言。何能久自全，言己亦不能久存。语至此戛然而止，不加一字议论，欲读者自味之，胜于议论千万也。

284

王粲七哀诗二首

西京乱无象，豺虎方遘患。复弃中国去，委身适荆蛮。亲戚对我悲，朋友相追攀。出门无所见，白骨蔽平原。路有饥妇人，抱子弃草间。顾闻号泣声，挥涕独不还。未知生死处，何能两相完。驱马弃之去，不忍听此言。南登霸陵岸，回首望长安。悟彼下泉人，喟然伤心肝。

荆蛮非我乡，何为久滞淫。方舟溯大江，日暮愁我心。山岗有馀映，岩阿增重阴。狐狸驰赴穴，飞鸟翔故林。流波激清响，猿猴临岸吟。迅风拂裳袂，白露沾衣襟。独夜不能寐，摄衣起抚琴。丝桐感人情，为我发哀音。羁旅无终极，忧思壮难任。

粲字仲宣，山阳高平人。本居洛阳，随汉献帝西迁长安，以乱避之荆州依刘表。表卒，粲说表子琮归降，曹操辟为丞相掾。魏国建，拜侍中。从伐吴，卒。琳、粲皆死于建安中，应为汉人，然其传在《魏书》，又与丕、植兄弟往来甚亲。故兹选以置曹植之后，从其类也。"乱无象"犹言乱无度。遘与构通，构患，结祸也。此指董卓死后李傕、郭汜相攻杀事。中国犹中原。荆蛮即荆州，本蛮夷所居，故曰荆蛮也。委身有听命之义，以适荆州保全与否未可知也。攀，留也。两相完，两相全也。霸陵，汉文帝陵所在，因置县焉，在长安东二十里。以霸水所经，故曰岸。霸一作灞也。下泉，《诗·曹风篇》名，其诗曰："冽彼下泉，浸彼苞稂。忾我寤叹，念彼周京。"下泉，曹地，以泉得名。稂，莠类。忾，叹息声。寤叹，觉而叹也。此用其事，悟与寤同。喟然亦叹声也。

淫，沈也，滞淫犹沈滞。溯一作泝，字同。馀映，日之馀光所映照也。岩阿，山凹也，本日光所不及，今日将没，阴与益甚，故曰增重阴。重读平声。此非只写景，实隐寓世多昏浊之意。"狐狸"二句，言鸟兽

犹知恋其故地也。吟犹鸣也。迅风，疾风也。摄衣犹揽衣。抚一作
拊，字同。丝桐即谓琴，琴之身以桐木为之，其弦则丝也。壮难任，言
虽在壮躯，犹不堪受也。粲本羸弱，故其言如此。诗名"七哀"者，言七
弦皆哀也。即从"丝桐感人情，为我发哀音"意出。《文选》吕向注："七
哀，谓痛而哀、意而哀、感而哀、怨而哀、耳目闻见而哀、口叹而哀、鼻酸
而哀。"故穿凿无理。或以七为七情，亦非是。哀特居其一，焉能尽为
哀乎。曹植亦有《七哀诗》，盖仿粲作也。

徐幹杂诗一首

　　浮云何洋洋，愿因我通辞。飘飘不可寄，徒倚徒相思。人离
皆复会，君独无返期。自君之出矣，明镜暗不治。思君如流水，何
有穷已时。

　　幹字伟长，北海剧人。曹丕与吴质书，有云："伟长怀文抱质，恬淡
寡欲，有箕山之志。"盖七子之中，不为操所宠絷者，伟长一人而已。所
著《中论》二十馀篇，成一家之言。幹本不以诗显，而诗亦兀傲有奇气。
杂诗大抵无题，合之则称杂诗。本有多首，兹选其一，以"自君之出
矣"，后仿作者多，遂成一体也。此诗明白易解，更不待注。治，读平
声，古凡作动字用者皆然，如《大学》言治国、国治，即两声也。

应璩

百一诗一首

　　下流不可处，君子慎厥初。名高不宿著，易用受侵诬。前者

黜官去,有人适我间。田家无所有,酌醴焚枯鱼。问我何功德,三人承明庐。所占于此土,是谓仁智居。文章不经国,筐箧无尺书。用等称才学,往往见叹誉。避席跪自陈,贱子实空虚。宋人遇周客,惭愧靡所如。

璩字休琏,汝南人。与兄玚齐名。曹叡时,由侍郎迁常侍,齐王芳即位,改侍中,典著作。嘉平四年卒。"百一诗"者,或云"有百有一篇",故名,或云诗用以规讽,取义于有百一之助。今其诗多散佚,不可考,大抵后一说是也。"下流"语出《论语》,子贡曰"君子恶居下流"。宿著,早著也。侵诬,侵陵欺诬也。黜官,罢官也。意者曹爽为司马懿所杀后,璩曾为所累去职。观"下流不可处"之言,亦可见也。田家,自称。酌醴焚鱼,所以待客也。三人承明庐,即指官侍郎、常侍、侍中言。此土,犹此地,谓所居位。占读平声,估量也。不经国,不足以经论国计也。"无尺书"谓无著作。等,乃何等之省,后音转为底,如南唐李景云"吹皱一池春水干卿底事"是也。叹誉,赞叹称誉。誉作动字用,亦读平声。避席,离席也。离席跪而自陈,以表愧悚也。宋人周客,事出《韩非子》云:"宋之愚人得燕石于梧台之侧,藏之以为大宝。周客闻而观焉。笑曰,此燕石也,与瓦甓同。"靡所如,无与比似也。

杂诗一首

细微可不慎,堤溃自蚁穴。腠理蚤从事,安复劳鍼石。哲人睹未形,愚夫闇明白。曲突不见宾,燋烂为上客。思愿献良规,江海倘不逆。狂言虽寡善,犹有如鸡跖。鸡跖食不已,齐王为肥泽。可不慎,言不可不慎也。穴,一作隙,义同。腠理,谓皮肤凑合之处。蚤与早同。石,砭石也。针砭一物,以金曰鍼,以石曰砭。又古亦以竹为之,故字或从竹作箴。今作针,鍼之省文也。哲人,明智之人。

闇与暗同。曲突燋烂,并见《汉书·霍光传》,大意谓客见主人灶突直而下有积薪,劝主人曲突徙薪,不然将有火患。主人不应,后果失火,邻里共救之。火息谢客,焦头烂额者皆居上坐,而向之言曲突徙薪者不与焉。不见宾,即不与客之列。江海,喻量大也。倘,或也,亦作傥。不逆,不拒也。狂言,谓不避忌讳之言。鸡跖,字亦作蹠,语本《吕氏春秋》曰:"善学者若齐王之食鸡也,必食其跖,数千而后足。"彼言学,此言纳言,义一也。鸡跖,鸡脚。肥泽,肥而润泽也。

三　叟

古有行道人,陌上见三叟。年各百馀岁,相与锄禾莠。驻车问三叟,何以得此寿。上叟前致辞,内中妪貌丑。中叟前致辞,量腹节所受。下叟前致辞,夜卧不覆首。要哉三叟言,所以能长久。

叟,老者之称,字亦作傁。锄禾莠,锄去禾中之莠也。内中犹室中,故室人亦称内人。妪,老妇之称,称其妻也。节所受,谓节饮食也。不覆首,不以被蒙头也。长久,言长生久视,语出《老子》。

程晓嘲热客

平生三伏时,道路无行车。闭门避暑卧,出入不相过。今世褦襶子,触热到人家。主人闻客来,颦蹙奈此何。谓当起行去,安坐正咨嗟。所说无一急,沓晗一何多。疲瘁向之久,甫问君极那。摇扇髀中痛,流汗正滂沱。莫谓为小事,亦是一大瑕。传戒诸高明,热行宜见呵。

晓字季明,东河人。以祖昱功封列侯。齐王芳时尝为黄门侍郎。

嘲热客者,嘲热中奔走之客,托之于暑热云尔。三伏见《历书》,夏至后第三庚日为初伏,第四庚日为中伏,立秋后第一庚日为末伏,中历大暑,盖最热之时也。襁褓,衣服拥肿也。今以为不晓事之称。触热,冒热也。颦蹙,颦眉颦额也。沓晻,犹今云唠叨。瘝与倦同。甫,始也。极,困病也。那,语辞,与今所用同。髀,臀也。髀痛,因坐久也。滂沱,大下也。瑕犹疵也。呵,叱责也。

阮籍

咏怀八首

嘉树下成蹊,东园桃与李。秋风吹飞藿,零落从此始。繁华有憔悴,堂上生荆杞。驱马舍之去,去上西山趾。一身不自保,何况恋妻子。凝霜被野草,岁暮亦云已。

灼灼西隤日,馀光照我衣。回风吹四壁,寒鸟相因依。周周尚衔羽,蛩蛩亦念饥。如何当路子,磬折忘所归。岂为夸誉名,憔悴使心悲。宁与燕雀翔,不随黄鹄飞。黄鹄游四海,中路将安归?

湛湛长江水,上有枫树林。皋兰被径路,青骊逝骎骎。远望令人悲,春气感我心。三楚多秀士,朝云进荒淫。朱华振芬芳,高蔡相追寻。一为黄雀哀,泪下谁能禁。

徘徊蓬池上,还顾望大梁。绿水扬洪波,旷野莽茫茫。走兽交横驰,飞鸟相随翔。是时鹑大中,日月正相望。朔风厉严寒,阴气下微霜。羁旅无俦匹,俯仰怀哀伤。小人计其功,君子道其常。岂惜终憔悴,咏言著斯章。

独坐空堂上,谁可与欢者。出门临永路,不见行车马。登高望九州,悠悠分旷野。孤鸟西北飞,离兽东南下。日暮思亲友,晤言用自写。

　　驱车出门去,意欲远征行。征行安所如,背弃夸与名。夸名不在己,但愿适中情。单帷蔽皎日,高榭隔微声。逸邪使交疏,浮云令昼冥。嬿婉同衣裳,一顾倾人城。从容在一时,繁华不再荣。晨朝奄复暮,不见所欢形。黄鸟东南飞,寄言谢友生。

　　驾言发魏都,南向望吹台。箫管有遗音,梁王安在哉?战士食糟糠,贤者处蒿莱。歌舞曲未终,秦兵已复来。夹林非吾有,朱宫生尘埃。军败华阳下,身竟为土灰。

　　天网弥四野,六翮掩不舒。随波纷纶客,泛泛若浮凫。生命无期度,朝夕有不虞。列仙停修龄,养志在冲虚。飘飘云日间,邈与世路殊。荣名非己宝,声色焉足娱。采药无旋返,神仙志不符。逼此良可惑,令我久踌躇。

籍字嗣宗,陈留尉氏人。父瑀,建安七子之一也。籍志气宏远,傲然不羁。虽仕于朝,而以酣饮自放。闻步兵营厨人善酿,有贮酒三百斛,乃求于司马昭为步兵校尉,后世因称之为阮步兵云。所作《咏怀诗》八十馀首,颜延年、沈约皆尝为之注。颜延年曰:"籍在晋文世(晋文即司马昭),常虑祸患,故发此咏。"李善注《文选》,《咏怀诗》十七首,亦同此论。夫苟求避祸,孰如不言。且司马氏方汲汲欲引,籍以自重,而籍每避之若浼,又见人时作青白眼,此岂虑祸之士所当出者哉?后人因以《咏怀》为悲晋将代魏而作。此似矣,然而未尽也。籍固薄晋,而魏晋一丘之貉,以籍之识,岂不知之。《咏怀》盖忧乱伤时之作也。八十馀首中,其意灼然可见。兹选八首,随文释之。虽时与旧注相违,自信不悖嗣宗之旨。"嘉树"二句喻富贵所在,人争奔走之也。"桃李不言,下自成蹊",本汉时里谚,见《汉书·李广传赞》。藿,豆叶也。"繁华有憔悴"二句,与曹植《箜篌引》云"生存华屋处,临落归山丘"正同一意。西山即首阳山,周时伯夷、叔齐隐处。人争奔走富贵,而己独欲从夷齐游,何哉?盖富贵者危机,一身不自保,富贵累累也。凝霜被

290

野草,岁未暮也,而岁暮已迫,喻智者当见于将然,不必待祸至而始觉也。已,毕也、终也。

隤同頽。灼灼,明也。日虽明而已頽,故曰馀光。魏固馀光矣,司马氏方在盛时也,而在籍视之,亦与馀光无异。观下言"如何当路子,磬折忘所归",可知也。磬折,曲躬,言其恭且勤也。夸与名,谓权与名也。《庄子》曰"夸者死权",故贪权为夸。憔悴使心悲,最是警醒之论。所以皇皇于权与名者,不过徒使斯民憔悴而已,则亦何为者哉?收云:"宁与燕雀翔,不随黄鹄飞。黄鹄游四海,中路将安归。""将安归"正与"志所归"相应。注家知此诗用韵重一归字,不知其重一归字,乃是一诗要旨所在。上之所归,归于民也。失民,即失所归矣。此归字从第四句"寒鸟相因依"来,寒鸟喻民也。民之与民相依,人易知也。上之非民莫归,人不易知也。固更以"周周"、"衔羽"二句显之。"周周"见《韩非子》曰:"鸟有周周者,首重而屈尾,将欲饮于河,则必颠,乃衔羽而饮。"屈尾者,厥尾也。蛩蛩见《山海经》,亦见《尔雅》。曰:"西方有比肩兽焉,与邛邛岠虚比,为邛邛岠虚啮甘草,即有难,邛邛岠虚负而走。其名谓之蟨。"邛邛即蛩蛩也,一名岠虚,故曰邛邛岠虚。念饥者,念非蟨则不得饱焉。然则上下相依,其理甚显,憔悴其民者,终必为民手弃。此忘归安归之义也。《易·丰卦》上六之象曰:"丰其屋,天际翔也。阒其户,阒其无人,自藏也。"可为末二句注解矣。

第三首,引楚事以证也。湛湛,水深而清也。皋兰即泽兰。骎骎,疾驰也。三楚即谓战国之楚。秦后分楚为三,江陵谓南楚,吴为东楚,彭城为西楚,故曰三楚也。朝云,用宋玉《高唐赋》"神女朝为行云,暮为行雨,朝朝暮暮,阳台之下"语。高蔡、黄雀,并见《战国策》:"庄辛谏楚襄王,始言黄雀俯啄白粒,仰栖茂树,自以为与人无争,不知公子王孙,挟弹摄丸,加己乎十仞之上。次言蔡圣侯左幼妾,右嬖女,驰骋乎高蔡之中,不以国家为事,不知夫子发方系己以朱丝也。卒言襄王左州侯,右夏侯,驰骋乎云梦之中,不以天下国家为事,不知夫穰侯方受命乎秦王,填黽塞之内,而投己乎黽塞之外。"子发,楚将也。穰侯,秦相魏冉也。黽音盲,楚之边塞也,在今河南信阳。此云"一为黄雀哀",盖直包后楚秦弱事言。注家多以楚为指魏,以愚观之,则是为吴孙皓作。何者?吴为楚地,一也;魏主如芳、如髦,皆制于权臣,柔弱则有之,不得谓之荒淫。可当荒淫者,其为孙皓乎,二也。籍之所慨,岂独在区区一魏哉?

蓬池,池名,在开封东北。大梁,魏惠王所都,即今开封也。莽茫茫,莽草茫茫也。鹑火,南方七宿之柳也。鹑火昏中,为夏历九、十月之交。日月相望,月之十五、十六也。"小人计其功"二句本《荀子》语,但《荀子》"君子"句在上耳。道,由也,道其常,由其常道也。功犹利也。此憔悴指一身言。道其常,不以不义进,所以不惜终于憔悴也。"咏言著斯章",即谓本篇。

与欢,与为欢也。永路,长道也。不见行车马,非谓无车马也。《叔于田》之诗曰:"叔于田,巷无居人。岂无居人。不如叔也,洵美且仁。叔适野,巷无服马。岂无服马,不如叔也,洵美且武。"此亦为车马之客,皆为无足轻重之人耳。"孤鸟、离兽"二句,喻民之离散也。"晤言"犹"对谈"也。"写"字为言"泻"也,谓倾泻其怀抱也。诗名"咏怀",观此可知其意。

征、行一义。如犹之也。"不在己"犹言不关己。适犹遂也。榭,筑高台而作屋其上,故曰高榭。嬿婉即燕妮。从容谓闲逸也。奄犹忽也。友生即友朋。《常棣》之诗曰:"虽有兄弟,不如友生。""谢友生"承上"远征行"言,告辞之意,亦兼有规劝之情焉。

第七首亦咏古事以为后戒。魏都即大梁也。吹台在大梁东南,吹读去声,谓歌吹之台也。梁王谓安釐王,魏为秦困,自安釐王始。至其孙假遂归于秦。夹林,梁地,盖游猎之所。华阳,本韩地,后入于魏,秦攻魏,必由此入。安釐王三年,秦将白起即尝破魏于此,走其将芒卯,于是围大梁焉。处蒿莱,谓遗于野而不用也。

天网,喻法网之密。随波,喻与俗浮沈。纷纶犹纷纷。凫,鸭也。"无期度"犹言无准。不虞,谓意外也。停,留也。冲虚,冲和亲虚也。"采药无旋返",言列仙采药无有复返者,则是长生亦不足据,故曰"神仙志不符","志不符"者与"其夙志"相乖刺也。籍与嵇康叔夜齐名,后世谈诗者亦每以嵇阮并称。兹选有阮无嵇,盖嵇之长在四言,故五言不入焉。

陆机

猛 虎 行

渴不饮盗泉水,热不息恶木阴。恶木岂无枝,志士多苦心。整驾肃时命,杖策将远寻。饥食猛虎窟,寒栖野雀林。日归功未建,时往岁载阴。崇云临岸骇,鸣条随风吟。静言幽谷底,长啸高山岑。急弦无懦响,亮节难为音。人生诚未易,曷云开此衿。眷我耿介怀,俯仰愧古今。

鼎足之际,文学之士,萃于北方。吴蜀罕闻,实嫌寂寂。江东赖有二陆,发其精英,虽入晋始显,要自霸业之遗。选者乌得遗诸。机字士衡,吴郡人,逊之孙,抗之子也。抗卒,领父兵为牙门将。晋兵下吴,乃归故里华亭,十年不出。后入洛,展转至平原内史。成都王颖起兵讨长沙王乂,以机假后将军河北大都督,战败被谗诛死。猛虎行,乐府旧有此题,此袭用之。不饮盗泉水,见《尸子》曰:"孔子过于盗泉,渴矣,而不饮,恶其名也。"不息恶木阴,见《管子》佚文,曰:"士怀耿介之心不荫恶木之枝。恶木尚能耻之,况与恶人同处。"肃,敬也。时命,时君之命。策,马挝也。日归犹日入。载阴,则阴也,谓岁暮。崇,高也。骇,动也。条,小枝也。言,念也。岑,山尖也。懦犹缓也。亮与谅通。亮节谓贞信之节。难为音者,非音声所可表达也。衿同襟,即谓怀抱也,此指下"耿介"字。眷犹顾也。"俯仰愧古今"者,虽有耿介之怀而不得展,有愧于古今之志士,与篇首相应也。此诗当是入晋以后之作。

赴洛道中作二首

　　总辔登长路,呜咽辞密亲。借问子何之,世网婴我身。永叹遵北渚,遗思结南津。行行遂已远,野途旷无人。山泽纷纡馀,林薄杳阡眠。虎啸深谷底,鸡鸣高树颠。哀风中夜流,孤兽更我前。悲情触物感,沈思郁缠绵。伫立望故乡,顾影凄自怜。

　　远游越山川,山川修且广。振策涉崇丘,安辔遵平莽。夕息抱影寐,朝徂衔思往。顿辔倚高岩,侧听悲风响。清露坠素辉,明月一何朗。抚枕不能寐,振衣独长想。

　　密亲谓至亲也。婴,加也、萦也。北渚、南津,江之南北也。纡馀,曲折而悠远。阡眠,一作芊眠,茂密也。木丛生曰林,草丛生曰薄。杳,暗也。更,读去声。我前,谓经我前也。思,亦读去声,下同。伫立,久立也。安辔,犹缓辔,不加鞭策,故曰安。顿,停顿。

陆云答张士然

　　行迈越长川,飘飘冒风尘。通波激狂渚,悲风薄丘榛。修路无穷迹,井邑自相循。百城各异俗,千室非良邻。欢旧难假合,风土岂虚亲。感念桑梓域,髣髴眼中人。靡靡日夜远,眷眷怀苦心。

　　云字士龙,机弟。与机他入洛,亦事成都王颖,表为清河内史。机败,云亦被害。此诗亦言赴洛道中光景。张士然,云吴中旧友也。枉渚曲渚也。薄,迫也。迹为行人之迹。古有邑之处必有井,故以井、邑连言。相循,相依连也。"良邻"之"良"与孟子言"良贵"、"良知"之"良"同,谓本然、本有也,非善良之谓。欢旧,欢好、故旧也。《桑梓》见《诗经·小弁》之诗曰:"维桑与梓,必恭敬止。"言父祖之所手植,见之不敢怠慢也。此云"桑梓域",意即桑梓之地,谓乡里也。髣髴,亦作仿佛、彷彿。眼中人指张士然,髣髴谓髣髴见之也。靡靡犹迟迟,行不进也。眷眷,依念也。

傅玄

豫章行苦相篇

苦相身为女,卑陋难再陈。男儿当门户,堕地自生神。雄心志四海,万里望风尘。女育无欣爱,不为家所珍。长大逃深室,藏头羞见人。垂泪适他乡,忽如雨绝云。低头和颜色,素齿结朱唇。跪拜无复数,婢妾如严宾。情合同云深,葵藿仰阳春。心乖甚水火,百恶集其身。玉颜随年变,丈夫多好新。昔为形与影,今为胡与秦。胡秦时相见,一绝逾参辰。

玄字休奕,北地泥阳人。司马炎为晋王,以玄为散骑常侍。及受魏禅,玄与皇甫陶共掌谏职,履有封奏。后为司隶校尉,以事免官,卒于家。所著有《傅子》内、外、中篇,合百四十首,数十万言,今多散佚。豫章,汉郡邑名。《乐府》旧有此辞,首曰"白杨初生时,乃在豫章山",下多残缺,大致言为山客所伐,离其根株,不复连合。玄取其意,以言女子既嫁,一旦见捐,亦不再好合,故题曰《豫章行苦相篇》。苦相者,禄相之苦,犹言薄命也。文辞晓达,不注可知。当重男轻女之世,而有此诗为女子鸣其不平,实为难能可贵,不可不特为表章者也。

秋　胡　行

　　秋胡纳令室,三日宦他乡。皎皎絜妇姿,冷冷守空房。燕婉不终夕,别如参与商。忧来犹四海,易感难可防。人言生日短,愁者苦夜长。百草扬春华,攘腕采柔桑。素手寻繁枝,落叶不盈筐。罗衣翳玉体,回目流采章。君子倦仕途,车马如龙骧。精诚驰万里,既至两相忘。行人悦令颜,借息此路傍。诱以逢卿喻,遂下黄金装。烈烈贞女忿,言辞厉秋霜。长驱及居室,奉金升北堂。母立呼妇来,欢情乐未央。秋胡见此妇,惕然怀探汤。负心岂不惭,永誓非所望。清浊必异源,枭凤不并翔。引身赴长流,果哉絜妇肠。彼夫既不淑,此妇亦太刚。

　　《秋胡妻》见汉刘向《列女传》曰:"鲁秋潔妇者,秋胡之妻也。纳之五日,去而宦于陈,五年乃归。未至其家,见路傍有美妇人方采桑,而悦之。下车谓曰:'力田,不如逢丰年;力桑,不如见国卿。今吾有金,愿以与夫人。'妇曰:'采桑力作,纺绩织纴,以供衣食奉二亲,养夫子,已矣。不愿人之金。'秋胡遂去妇至家,奉金遗母。母使人呼其妇,妇至,乃向采桑者也。妇污其行,去而东走,自投于河而死。"此诗即本《列女传》而赋之,但传言五日,此云三日,或后世传写而讹耳。絜字同潔,称为潔妇者,言其不受污也。攘腕,攘袖而露其腕也。流采谓目之光采,犹后世言流波送盼之流波也。章与彰同。君子指秋胡。骧,腾也。逢卿喻,即指力桑不如见国卿之言。厉秋霜,谓厉于秋霜也。奉金即捧金。北堂,母所居也。"探汤"见《孟子》曰"见不善如探汤"。汤,今所谓沸水也。"负心"句就秋胡言,"永誓"句则就其妻言。永誓犹永盟,言不相背也。"枭凤"一作"凫凤","凫"疑乃"枭"字之讹。果,决也。不淑,不善也。此妇亦太刚,评语甚正。今演此剧,改作秋胡悔谢结局,倘亦由此启发欤?

秦 女 休 行

　　庞氏有烈妇,义声驰雍凉。父母家有重怨,仇人暴且强。虽有男兄弟,志弱不能当。烈女念此痛,丹心为寸伤。外若无意者,内潜思其方。白日入都市,怨家如平常。匿剑藏白刃,一奋寻身僵。身首为之异处,伏尸列肆旁。肉与土合成泥,洒血溅飞梁。猛气上干云霓,仇党失守为披攘。一市称烈义,观者收泪并慨忼。百男何当益,不如一女良。烈女直造县门,云父不幸遭祸殃。今仇身已分裂,虽死情益扬。杀人当伏法,义不苟活隳旧章。县令解印绶,令我伤心不忍听。刑部垂头塞耳,令我吏举不能成。烈著希代之绩,义立无穷之名。夫家同受其祚,子子孙孙咸享其荣,今我作歌咏高风,激扬壮发悲且清。

《秦氏休行》,魏左延年作,见《乐府诗集》。此诗咏庞氏妇,事与秦女略同,假其名用之。傅诗较左作为精采,故遗彼而取此。案《三国志·庞淯传》附传其母娥云:"初,淯外祖父赵安为同县李寿所杀,淯舅兄弟三人同时病死。寿家喜,淯母娥自伤父雠不报,乃帏车袖剑,白日刺寿于都亭前。徐诣县,颜色不变,曰:'父雠已报,请受戮。'禄福长尹嘉解印绶纵娥。娥不肯去,遂强载还家。会赦得免。"禄福即今酒泉,于汉正凉州属。诗云"义声驰雍凉",事合地亦合。然则休奕所赋为庞娥无疑也,事盖在汉之末年。其方,各本作无方,"无"自是讹字,兹校正。都市即都亭。汉制十里一亭,十亭一乡。都亭为一亭市集之所,泛言之,亦得曰都市也。寻犹旋也,登时之义。失守谓失其主张。披攘,分散也。慨忼即慨慷。"百男"二句乃市人观者之言。情益扬,情益畅也。隳,坏也。章,刑章。至此为烈女之言。"令我伤心不忍听",我,县令自我也，此县令之言。汉制，大县曰令，小县曰长。然通言之令亦长也。"令我吏举不能成"，我，刑部自我也。举谓举其案辞，此刑部之言也。希代犹希世。绩，业也。祚，福也。

左思

咏史诗八首

弱冠弄柔翰，卓荦观群书。著论准过秦，作赋拟子虚。边城苦鸣镝，羽檄飞京都。虽非甲胄士，畴昔览穰苴。长啸激清风，志若无东吴。铅刀贵一割，梦想骋良图。左眄澄江湘，右盼定羌胡。功成不受爵，长揖归田庐。

郁郁涧底松，离离山上苗。以彼径寸茎，荫此百尺条。世胄蹑高位，英俊沈下僚。地势使之然，由来非一朝。金张藉旧业，七叶珥汉貂。冯公岂不伟，白首不见招。

吾希段干木，偃息藩魏君。吾慕鲁仲连，谈笑却秦军。当世贵不羁，遭难能解纷。功成耻受赏，高节卓不群。临组不肯绁，对珪宁肯分。连玺曜前庭，比之犹浮云。

济济京城内，赫赫王侯居。冠盖荫四术，朱轮竟长衢。朝集金张馆，暮宿许史庐。南邻击钟磬，北里吹笙竽。寂寂扬子宅，门无卿相舆。寥寥空宇中，所讲在玄虚。言论准宣尼，辞赋拟相如。悠悠百世后，英名擅八区。

皓天舒白日，灵景耀神州。列宅紫宫里，飞宇若云浮。峨峨高门内，蔼蔼皆王侯。自非攀龙客，何为欻来游。被褐出阊阖，高步追许由。振衣千仞冈，濯足万里流。

荆轲饮燕中，酒酣气意震。哀歌和渐离，谓若旁无人。虽无壮士节,与世亦殊伦。高眄邈四海,豪右何足陈。贵者虽自贵,视之若埃尘。贱者虽自贱,重之若千钧。

主父宦不达,骨肉还相薄。买臣困樵采,伉俪不安宅。陈平无产业,归来翳负郭。长卿还成都,壁立何寥廓。四贤岂不伟,遗烈光篇籍。当其未遇时,忧在填沟壑。英雄有迍邅,由来自古昔。何世无奇才,遗之在草泽。

习习笼中鸟,举翮触四隅。落落穷巷士,抱影守空庐。出门无通路,枳棘塞中途。计策弃不收,块若枯池鱼。外望无寸禄,内顾无斗储。亲戚还相蔑,朋友日夜疏。苏秦北游说,李斯西上书。俛仰生荣华,咄嗟复彫枯。饮河期满腹,贵足不愿余。巢林栖一枝,可为达士模。

思字太冲,临淄人。尝欲作蜀吴魏《三都赋》,自以所见不博,因求为秘书郎。赋成争相传写,洛阳为之纸贵焉。后齐王冏命为记室,辞不就。以疾卒。此诗八首虽曰咏史,实同述怀,第一首盖其总冒,末首最后四句,则结论也。弱冠,见《小戴礼记·曲礼篇》曰:"二十曰弱,冠。"冠者,加冠,谓成人之礼也。翰,鸡羽,古取鸡羽为笔,此云柔翰,即笔也。卓荦,超绝之意,谓观书而不为书所缚也。准即準字。《过秦论》,汉贾谊所作,《子虚赋》,司马相如所作也。穰苴,齐景公将。后齐威王使大夫追论古者法,而以穰苴附其中,号曰"司马穰苴兵法",此云览穰苴,即览其兵法也。思作此诗时,吴尚未灭,故曰"志若无东吴"。铅刀,自谦之辞,铅刀虽非利,然未始无一割之用,故曰"贵一割"也。骋与逞通。江湘谓吴,羌胡谓西戎。吴在东故曰左,戎在西故曰右。"功成"二句,即后第三首希干木、慕仲连之旨也。

离离,细弱貌。苗,草初生也。荫,犹覆也、掩也。世胄,谓世家之子,长子曰胄,取其在首也。蹑,履也、践也。英俊,才力过人者,或曰过千人曰英,过万人曰俊。下僚犹下属,僚亦作寮,古同官曰同寮。"金张"谓汉金日磾、张汤之子孙,"日磾"音密鞮,本匈奴王子也。七叶即七世，由武帝而昭宣元成哀平，凡七也。珥貂者，侍中常侍之服，悬于耳旁曰珥。冯公，选注皆云冯唐，非也。唐在文帝时为郎中署长，事在武帝前，先后不合。且文帝闻唐言云中守魏尚之冤，即令唐持节赦尚，而武帝时又举唐贤良，以其年老不能复为官，乃以其子遂为郎，即非"不见招"也。冯公当是指冯衍。衍当王莽时，为廉丹掾属，从丹征山东，说丹弃莽兴汉，丹不从，因亡从更使。更使没，归光武。光武怨其不时至而黜之。尝一度为曲阳令，有功，而尝不行。后竟老废而死。于时则顺，于境则符，又衍能文章，与太冲正一类人物。吾决知太冲之意在衍而不在唐也。

段干木，子夏弟子，为魏文侯师。诸侯以是不敢加兵于魏，故曰"偃息藩魏君"。藩之为言护也。偃息，安居不动声色之意。赵孝成王时，秦兵围赵，魏使客将军辛垣衍说赵尊秦昭王为帝，仲连适在赵，因责辛垣衍曰："秦权使其士，虏使其民。彼则肆然而为帝，连有赴东海而死耳，不忍为之民也。"衍遂不敢言帝秦，而秦兵闻之，亦为退五十里，故曰"谈笑却秦军"。详见《战国策》及《史记》列传。秦兵既引去，赵相平原君欲封仲连，连辞谢。平原君乃置酒，以千金为连寿，连笑曰："所贵于天下之士者，为人排急释难解纷而无所取也。即有取者，是商贾之行，连不忍为也。""遭难"以下盖言此事。组，印绶也。缧同绁，系也。鲁连未尝为官，故云"临组不肯绁"，亦承上"不羁"言。珪者，诸侯所执，一作圭。此言赵欲封连事。分，谓分地也。玺，印也。连玺，如苏秦佩上国相印之类。曜同耀，谓照耀也。孔子曰："不义而富且贵，于我如浮云。"言不值一顾也。

济济，言人物之盛也。盖，车盖。术犹道也。朱轮，朱漆其车轮，二千石以上得乘之。竟者，自头至尾也。馆者，所以馆客，庐者临时所设也。许史，皆外戚之家。许者，宣帝许皇后，史者，宣帝祖母史良娣也。太子之妾曰良娣。扬子，扬雄也，雄字子云，成都人。所著书曰《太玄》以拟《易》，曰《法言》以拟《论语》。玄虚，指《太玄》言，准宣尼，指《法言》言。尼者,孔子之字,宣者,汉平帝所赠孔子之谥也。雄亦能辞赋,有《甘泉》、《羽猎》、《长杨》等赋,并采入《文选》。故曰"辞赋拟相如"。悠悠,久也。八区犹八方也。

灵景即谓日景。神州,言中国也。中国名曰赤县神州,其说始于邹衍,见《史记》。紫宫,神仙所居,此以喻帝京也。蔼蔼,盛多也。"攀龙鳞,附凤翼",语本扬子《法言》,言趋竟富贵也。欻犹忽也。"被褐而怀玉",语本《老子》。闾阖,洛阳西城门名。许由,尧时人。尧让天下于由,由不受,隐于箕山以终。追谓步其后尘也。仞,八尺。振衣濯足,并言不污于尘俗。

荆轲为燕太子丹刺秦皇,读者所熟知,不更注。震同振,读平声。渐离,高渐离也,善击筑,后始皇使矐其目而令击筑。渐离灌铅筑中以撞始皇,不中,遂遇害。"虽无壮士节"以下,思自谓也。邈通藐,孟子所谓说大人则藐之,言小视之也。豪右,豪强有势之称,古以右为上,故曰豪右。何足陈,何足道也。钧,三十斤也。

主父,主父偃也。骨肉,父子兄弟之亲。偃自言:"游学四十年,身不得遂,亲不以为子,昆弟不收。"所谓骨肉相薄也。买臣,朱买臣。优俪谓其妻也。不安宅犹不安于室,言其妻求去也。偃与买臣皆汉武时人。负郭犹背郭。翳,蔽也,谓屋足以蔽身而已。壁立,所谓家徒四壁立,言无余物也。长卿,司马相如字。遗烈犹言遗耀,故曰"光篇籍"。迍邅,一作屯邅,困而不进也。草泽犹草野。

习习,飞也。落落,与世不相入也。枳,俗所谓野桔子。枳棘并举,皆以其有刺也。中途犹途中。块若犹块然。禄,俸禄。蔑,言轻也。苏秦,洛阳人,其言合从,自赵与燕始,故曰北游说。说,读如税。李斯,上蔡人,入秦上书,故曰西。俛仰咄嗟,皆言俄顷也。俛仰以身形言,咄嗟以口气言。彫同凋,彫枯谓秦与斯皆不得其死也。饮河、巢林,并见《庄子》,曰:"鹪鹩巢于深林,不过一枝,偃鼠饮河,不过满腹。"偃鼠即鼹鼠,亦作鼷,今谓之田鼠。达士谓明达之士。模,楷模、模范也。

刘琨赠卢谌

　　握中有玄璧,本自荆山璆。惟彼太公望,昔在渭滨叟。邓生何感激,千里来相求。白登幸曲逆,鸿门赖留侯。重耳任五贤,小白相射钩。苟能隆二伯,安问党与仇。中夜抚枕叹,想与数子游。吾衰久矣夫,何其不梦周。谁云圣达节,知命故无忧。宣尼悲获麟,西狩涕孔丘。功业未及建,夕阳忽西流。时哉不我与,去矣如云浮。朱实陨劲风,繁英落素秋。狭路倾华盖,骇驷摧双辀。何意百炼刚,化为绕指柔。

　　琨字越石,中山魏昌人。永嘉之初,为并州刺史,领匈奴中郎将。值寇乱相仍,加以饥荒,到郡之日,馀户不满二万。琨抚循劳来,流人稍集。终以刘聪、石勒前后逼胁,战亡颇众。不得已从飞狐入蓟,依幽州刺史鲜卑段匹磾。匹磾与从弟末波相图,琨以嫌为匹磾所拘。诗作于是时。卢谌者,琨妻妹妹之子也,尝为琨从事,与琨投匹磾,匹磾用为别驾,甚见信任。琨诗举白登、鸿门之事,盖望谌能有奇略以相救,而谌未之能也。琨竟为匹磾缢死,年才四十八。琨诗有奇气,论者以为可继魏武。兹选不尽从昭明《文选》,参以《晋书》本传所载,略有考订焉。玄璧,玄色之璧,璆,玉之美者也。荆山产玉,世夸和氏璧,即其所出也。二句盖藉以誉谌之才美。太公望,吕尚也。叟,读平声,太公钓于渭滨,故曰渭滨叟。曲逆,陈平所封。汉高为匈奴冒顿困于平城,因陈平出奇计得免。留侯张良,鸿门宴事,众所习知也。重耳晋文公名,五贤者,狐偃、赵衰、颠颉、魏犨、胥臣,后文之所谓党也。小白,齐桓公名,射钩,谓管仲,乾时之战,管仲尝射桓公,中其带钩,后文之所谓仇也。伯即霸也。隆谓使之尊重。数子谓太公已下。《论语》"子曰:甚矣吾衰也,久矣吾不复梦见周公",此用其语,谓想数子而不得遇之也。"乐天知命故不忧",《易·系辞传》文。此文"谁云"直贯两句,盖欲反其说也。鲁哀公十四年,西狩获麟,孔子曰:"孰为来哉,孰为来哉。"反袂拭面,涕泣沾袍。见《公羊传》。此引其事,以见圣人亦守节而有忧也。"不我与"犹云"不我待"。"云浮"之"浮"犹飘也、过也。实,果实。英,华也。华盖,车盖之华美者。骇,惊也。双辀所谓夹辕也。末二仅自伤俯仰随人不能强立也。刚,今作钢。

赵整讽谏诗二首

　　昔闻孟津河,千里作一曲。此水本自清,是谁搅令浊。
　　北园有枣树,布叶垂重阴。外虽饶棘刺,内实有赤心。

　　整一名正,字文业,洛阳人,一曰济阴人。事苻坚为著作郎,后迁至黄门侍郎。坚末年,宠惑鲜卑,惰于政事。整因歌谏曰"昔闻孟津河",坚动容曰:"是朕也。"又歌曰"北园有枣树",坚笑曰:"将非赵文业耶?"北方胡乱,文事阒然无闻。惟坚用王猛,治国稍有规模,故其下得有赵整。诗虽简,而意则切矣。亦略近于汉之古诗。枣木赤色,故云内实有赤心。

吴隐之酌贪泉赋诗

　　古人云此水,一歃怀千金。试使夷齐饮,终当不易心。

　　隐之字处默,鄄城人。安帝隆安中,隐之为广州刺史,未至州二十里,地名石门,有水曰贪泉。咸云饮之者怀无厌之欲。隐之酌而饮之,因赋此诗。及在州,清操逾厉。歃亦作唼,啜也。夷齐,伯夷叔齐。

陶潜

赠 羊 长 史

序曰：左军羊长史衔使秦川，作此与之。

愚生三季后，慨然念黄虞。得知千载外，正赖古人书。贤圣
留馀迹，事事在中都。岂忘游心目，关河不可逾。九域甫已一，逝
将理舟舆。

闻君当先迈，负疴不获俱。路若经商山，为我少踌躇。多谢
绮与角，精爽今何如。紫芝谁复采，深谷久应芜。驷马无贳患，
贫贱有交娱。清谣结心曲，人乖运见疏。拥怀累代下，言尽意
不舒。

此诗作于刘裕平姚泓时。序云"衔使秦川"者，盖羊奉使至长
安，关中之地为秦川之流所经，故曰秦川。秦川，今之清水河也。羊
名松龄，长史者众史之长，若今之秘书长。愚，自称。三季即三代。
黄虞，黄帝与虞舜也。中都谓中原。九域犹九州也。刘裕既灭南燕
慕容超，擒蜀谯纵，今又破姚秦，骎骎有收复中原之势，故云"九域甫
已一"也。

商山，四皓隐居之所，在今商县东。少踌躇，少停也。绮谓绮里
季，角谓(古音角如禄，今别作甪，非也)角里先生。馀二曰东园公、夏
黄公，相传四皓之名也。精爽，如今言精采。紫芝，芝草之一种，《古今
乐录》载有《紫芝歌》，谓是四皓所作，其辞曰："莫莫高山，深谷逶迤。
晔晔紫芝，可以疗饥。唐虞世远，吾将何归。驷马高盖，其忧甚大。富
贵之畏人兮，不若贫贱之肆志。""紫芝"以下诸句，大抵本此歌为说，其
云清谣，亦指此歌也。无贳患，贳，贷也，谓患不可宽贷，即歌所云，其
忧甚大也。运见疏，谓不与运相值，即歌所云"唐虞世远，吾将何归"
也。慨念黄虞，皆由不满于当世。理想所托，托之于古云尔。若以为

304

眷怀古初,是欲返于朴野,未为能知作者之意者也。累代犹历代。意不舒谓意未尽也。

桃 花 源 诗

　　嬴氏乱天纪,贤者避其世。黄绮之商山,伊人亦云逝。往迹浸复淹,来径遂芜废。相命肆农耕,日入从所憩。桑竹垂馀荫,黍稷随时艺。春蚕收长丝,秋熟靡王税。荒路暧交通,鸡犬互鸣吠。俎豆犹古法,衣裳无新制。童孺纵行歌,斑白欢游诣。草荣识节和,木衰知风厉。虽无纪历志,四时自成岁。怡然有馀乐,于何劳智慧。奇踪隐五百,一朝敞神界。淳薄既异源,旋复还幽蔽。借问游方士,焉测尘嚣外。愿言蹑轻风,高举行吾契。

诗前本有记,以人所习诵也,略之。嬴氏谓秦也,秦之先姓嬴。天纪犹天理。贤者避世,孔子语,见《论语》。黄绮指四皓。伊人谓桃源中人。《秦风·蒹葭》之诗曰:"所谓伊人,在水一方。"淹,没也。肆,习也。憩,息也。时艺,谓种植有常时也。靡,无也。暧,暗也。谓之"荒路"者,往来人寡也。俎豆,食用之器。豆以盛脯醢,俎以供牲体也。游诣,交游而问候也。"纪历"之纪与记通。五百者,五百年也。由秦始至晋孝武太元,殆六百年,而云五百年者,以孟子有"五百年必有王者兴"之说,谓其时理应有变革也。敞,开也。神界即指桃源,神犹秘也。还幽蔽,谓渔人辞去后遂无问津者,还其不与世通之原来也。游方士,谓游方之内之士。"游方之内"、"游方之外",语见《庄子·大宗师篇》,方内、方外犹域内、域外也。下云"尘嚣外"即方外矣。吾契,与相契合者。《桃源》一诗,即慨念黄虞之所托,非实有其地其人也,以记合观,当能深知其意。

归田园居二首

　　少无适俗韵，性本爱丘山。误落尘网中，一去三十年。羁鸟恋旧林，池鱼思故渊。开荒南野际，守拙归园田。方宅十馀亩，草屋八九间。榆柳荫后檐，桃李罗堂前。暧暧远人村，依依墟里烟。狗吠深巷中，鸡鸣桑树颠。户庭无尘杂，虚室有馀闲。久在樊笼里，复得返自然。

　　种豆南山下，草盛豆苗稀。晨兴理荒秽，带月荷锄归。道狭草木长，夕露沾我衣。衣沾不足惜，但使愿无违。

诗本五首，此其第一第三首也。语自易晓，不更注。

癸卯岁始春怀古田舍二首

　　在昔闻南亩，当年竟未践。屡空既有人，春兴岂自免。夙晨装吾驾，启涂情已缅。鸟弄欢新节，泠风送馀善。寒竹被荒蹊，地为罕人远。是以植杖翁，悠然不复返。即理愧通识，所保讵乃浅。

　　先师有遗训，忧道不忧贫。瞻望邈难逮，转欲志常勤。秉耒欢时务，解颜劝农人。平畴交远风，良苗亦怀新。虽未量岁功，即事多所欣。耕种有时息，行者无问津。日入相与归，壶浆劳近邻。长吟掩柴门，聊为陇亩民。

怀古田舍，怀古田舍之贤也。甲子纪年，古人常事。说者为义熙^{晋安帝年号}以后，渊明知宋将代晋，因用甲子纪年，以示不臣宋之义。此瞽说也。癸卯在义熙之前，其时刘裕方在草莽，即此知纪年无深意矣。"南亩"即用《豳风·七月》"馌彼南亩"语，谓稼穑之事也。未践者，未能实践此事。"屡空"见《论语》,孔子以此称颜子,言其常空乏也。春兴即春作,兴读平声。非春兴、秋兴后人诗题之云也。缅,远也。弄同哢,鸣也。新节谓始春。泠风,轻风。《庄子·消摇游篇》云:"列子御风而行,泠然善也。"故下云"送馀善"。善者适意之谓,犹今时言馀爽尔。本有作冷风者,误也。《论语》:"子路从而后,遇丈人以杖荷蓧。子路问曰:'子见夫子乎?'丈人曰:'四体不勤,五谷不分,孰为夫子?'植其杖而芸。"植杖翁即谓是也。即理愧通识,谓其但知躬耕自养,而不能关怀天下之休戚。然而足以保其清节而不污,故又转曰"所保讵乃浅"。讵与岂同,岂乃浅,不浅也。

先师,称孔子。"君子忧道不忧贫",孔子之言。逮,及也。常勤指田事。勤,勉也。畴,旱田也。岁功谓一岁之收成。量犹测也。问津,亦见《论语》,曰:"长沮桀溺耦而耕。孔子过之,使子路问津焉。"津,渡口。浆,酒浆也。劳,读慰劳之劳。陇亩民,谓农民也。

庚戌岁九月中于西田获早稻

人生归有道,衣食固其端。孰是都不营,而以求自安。开春理常业,岁功聊可观。晨出肆微勤,日入负未还。山中饶霜露,风气亦先寒。田家岂不苦,弗获辞此难。四体诚乃疲,庶无异患干。盥濯息檐下,斗酒散襟颜。遥遥沮溺心,千载乃相关。但愿常如此,躬耕非所叹。

归有道,归于有道也。其端,犹云其本。肆即肆力之肆,谓尽其微勤也。弗获犹不得也。异患,谓非常之患,如刑僇之类。干,犯也。盥,洗手。濯,濯足。散襟颜,散怀解颜也。沮溺即长沮、桀溺,以其长大魁桀,而耕于沮溺之中,记者因以所见名之,实非其本名也。古之隐逸之士,恒讳其姓字,不欲人知,盖不独薄于权利,亦且羞于声誉也。

饮 酒 四 首

序从略

结庐在人境，而无车马喧。问君何能尔，心远地自偏。采菊东篱下，悠然见南山。山气日夕佳，飞鸟相与还。此中有真意，欲辨已忘言。

清晨闻叩门，倒裳往自开。问子为谁与，田父有好怀。壶浆远见候，疑我与时乖。繿缕茅檐下，未足为高栖。一世皆尚同，愿君汩其泥。深感父老言，禀气寡所谐。纡辔诚可学，违己讵非迷。且共欢此饮，吾驾不可回。

子云性嗜酒，家贫无由得。时赖好事人，载醪祛所惑。觞来为之尽，是谘无不塞。有时不肯言，岂不在伐国。仁者用其心，何尝失显默。

羲农去我久，举世少复真。汲汲鲁中叟，弥缝使其淳。凤鸟虽不至，礼乐暂得新。洙泗辍微响，漂流逮狂秦。诗书复何罪，一朝成灰尘。区区诸老翁，为事诚殷勤。如何绝世下，六籍无一亲。终日驰车走，不见所问津。若复不快饮，空负头上巾。但恨多谬误，君当恕醉人。

本二十首，兹选其四。题曰《饮酒》，实则言志之作。序所言既醉之后辄题数句自娱，是也。采菊，古人菊以供蔬，非赏其花也。后人言赏菊自渊明始，盖不考之过。

倒裳，用《诗·东方未明》"颠倒衣裳"语。"谁与"之"与"，"与"、"欤"同，问辞也。好怀，犹言好心、好意。繿缕同襤褛，衣敝也。"汩其泥"见《楚辞·渔父篇》曰"世人皆浊，何不汩其泥而扬其波。众人皆醉，何不哺其糟而歠其醨"。汩一作淈，没也。寡所谐，谓寡合也。纡辔，犹云纡轸，今之所谓走弯路也。吾驾不可回，喻志不可变也。

醪,浊酒。祛所惑,谓解其惑也。谘,问也。塞,充也、满也,谓满足问者之意。伐国,用柳下惠事,"昔者鲁君问于柳下惠曰:我欲攻齐如何。柳下惠对曰:不可。退而有忧色,曰:吾闻之也,谋伐国者不问于仁人也。此何为至于我"。见董仲舒《春秋繁露》。显默,犹语默也。

羲农,伏羲、神农也。鲁中叟,谓孔子。"凤鸟不至",孔子之言,见《论语》。洙泗,二水名,鲁正在二水之间,意指孔子讲学之地。响,承上礼乐言,谓孔子之声教。辍,止也。"诗书"二句,指秦焚书事。诸老翁,谓汉之诸经师,如伏生、申公之辈。六籍,即六经也。"终日"二句,喻世人之不明道也。头上巾,谓儒巾也。但恨多谬误,谦辞,亦反语,盖谓谬误惟当出于醉人,世人自不醉,而何为谬误如是也。

南北朝隋

南豫州军士为王玄谟、宗越语

宁作五年徒,莫逢王玄谟。玄谟犹自可,宗越更杀我。

《宋书·王玄谟传》,迁南豫州刺史,加都督。玄谟性严克少恩,而将军宗越御下更奇酷。军士为之语如此。南豫州治历阳,今安徽和县也。

时人为檀道济歌

可怜白浮鸠,枉杀檀江州。

歌见《南史·道济传》。道济金乡人,尝从宋武伐秦有功。文帝

309

义隆即位，拜征南大将军、江州刺史。命督师伐魏，三十馀战皆捷，以粮尽，全军而还。镇寿阳。朝庭忌其威名，又诸子并有才气，文帝疾笃，召其入朝，彭城王义康矫诏收付廷尉，及其八子并诛之。道济见收时，脱帻投地曰"乃自坏汝万里长城"。魏人闻之喜曰"道济死，吴子不足惮矣"。此歌为哀道济而作，以白浮鸠起兴者，白浮鸠本拂舞曲名，当时盛行于江左，藉以见宋自此不能有为也。浮鸠，他书亦作"符鸠"。

时人为胡母颢语

　　禾绢闭眼诺，胡母大张橐。

　　宋明帝刘彧时，官以贿命，中书舍人胡母颢专权，奏无不可。时人语之如此。见《南史·明帝纪》。"禾绢闭眼诺"者，言是禾是绢茫然莫辨，但知昼日诺而已。指宋明已。张橐，谓胡母颢尽收禾绢而有之。

百姓为袁粲、褚渊语

　　可怜石头城。宁为袁粲死，不作颜回生。

　　萧道成既有代宋之谋，以粲镇石头有异志，乃遣军主戴僧静刺杀粲。僧静入，粲子最觉有异，大叫抱父乞先死。粲曰："我不失忠臣，汝不失孝子。"遂并遇害。兵士知之，人人陨涕。褚渊与袁粲同受宋明遗命，亦尝许粲以同心。而卒泄粲谋，甘为齐高帝佐命之臣。故百姓语以讥之。见《南史·褚彦回传》。《南史》以避唐高祖李渊讳，故举褚字而不书名。粲字景倩。

鹿子开城门谣

　　鹿子开城门,城门鹿子开。当开复未开,使我心徘徊。城中诸少年,逐欢归去来。

　　谣见《南史·梁昭明太子萧统传》。前注屡言《昭明文选》,即其人也。史以为此谣为昭明早死之谶,并释鹿子开反语为来子哭,又以欢即昭明长子华容公欢,嫡孙次当嗣位,而梁武迟疑不决,卒立晋安王纲,故有"心徘徊"之语。此皆附会,不足信。详推谣意,只是刺讥梁武政事无常,优容而寡断。逐欢归去来,盖告人勿作奢望。其云鹿子,必有所指,但今则不可考耳。谣辞宛转生姿,确是妙笔。若作谶语观,便觉都无声色。故就文论文,亦不得不为之纠正,不仅病其附会已也。

巴 马 子 谣

　　可怜巴马子,一日行千里。不见马上郎,但见黄尘起。黄尘污人衣,卓荚相料理。

　　谣见《南史·陈本纪赞》,谓之童谣,以为指王僧辩。僧辩本乘巴马以击侯景,"马上郎"王字也。此自可信。但又云"尘"为"陈"也,为陈霸先袭杀僧辩之谶。又以为江东谓杀羊角为卓荚,隋民姓杨,杨,羊也。言陈终灭于隋,兴亡之兆盖有数云。牵强附会,不独害理,亦违事实。考姚思廉《梁书》僧辩本传言"侯景退走朱方,僧辩全众将入据台城。时军人卤掠京邑剥剔士庶,民为其执缚者,袒衣不免,尽驱逼居民以求购赎。自石头至于东城,缘淮号叫之声震响京邑。于是百姓失望"云云。谣当作于僧辩入都之时,黄尘起者,正言其不戢兵士姿意掠夺。僧辩用兵素有名,民之属望甚切,今乃如是,故云不见马上郎。至"皁荚相料理",盖怨愤之馀,欲有起而驱除之者。案之当时事实,意自可通,不知李延寿何以错解。无他,"一语谶"之见误之也。

陈人齐云观歌

　　齐云观,寇来无际畔。

　　见《南史·陈后主纪》。观此歌,知民怨之深,果也。观未毕功,后主便为隋师所虏。

魏李彪引谚

　　一日不书,百事荒芜。

　　见魏收《魏书·彪传》。因论复旧职修史官,表内引此。

高谦之引谚

　　迷而知返,得道未远。

　　见《魏书·谦之传》。谦之为河阴令,在县上疏引此。

魏孝明帝时洛下谣

　　铜拔打铁拔,元家世将末。

见《北齐书·神武纪》,云:"初孝明之时,洛下以两拔相击,谣曰云云。好事者以二拔谓拓拔、贺拔,言俱将衰败之兆。"案拔即钹也。魏本鲜卑种,以拓拔为姓,自孝文帝由平城迁都洛阳,乃改姓元氏。贺拔谓贺拔胜、贺拔岳兄弟,《魏书》各有传,其先与拓拔同出。后岳为齐神武高欢所害,胜随魏孝武西奔长安,于是魏分为东西焉。拓拔亦书作拓跋。齐神武者,高欢也。

魏静帝时童谣

可怜青雀子,飞来邺城里,羽翮垂欲成,化作鹦鹉子。

亦见《北齐书·神武纪》。魏孝武既西奔长安,欢乃立清河王亶子善见为帝,是为孝静帝。以洛阳逼近西魏,乃迁都于邺。故谣云"飞来邺城里"也。鹦鹉子指高欢,言政在欢手,齐终将代魏也。

隋长安人为崔弘度、屈突盖语

宁饮三升酢,不见崔弘度。宁茹三升艾,不逢屈突盖。

《隋书·崔弘度传》:弘度素贵,御下严急,动行捶罚。吏人詟气,闻其声莫不战栗。检校太府卿,官属百工,见之者莫不流汗。时有屈突盖为武侯骠骑,亦严刻。长安为之语曰云云。《北史》略同。惟"升"字作"斗","茹"字作"灸","酢"字作"醋"。案酢、醋一也。太府卿掌府库财物。屈突亦鲜卑种姓。又《旧唐书·屈突通传》,通隋开皇中为右武侯车骑将军,通弟盖为长安令。时人语曰:"宁食三升艾,不见屈突盖。宁服三斗葱,不见屈突通。"以盖与通兄弟并说,盖官名又异,自是传闻不同,无妨并存也。

无名氏读曲歌十首

思欢久。不爱独枝莲,只惜同心藕。

奈何许。石厥生口中,衔碑不得语。

忆欢不能食。徘徊三路间,因风觅消息。

奈何不可言。朝看暮牛迹,知是宿蹄痕。

怜欢敢唤名,念欢不呼字。连唤欢复欢,两誓不相弃。

暂出白门前,杨柳可藏乌。欢作沈水香,侬作博山炉。

种莲长江边,藕生黄蘖浦。必得莲子时,流离经辛苦。

坐倚无精魂,使我生百虑。方局十七道,期会是何处。

黄丝呷素琴,泛弹弦不断。百弄任郎作,唯莫广陵散。

打杀长鸣鸡,弹去乌臼鸟。愿得连冥不复曙,一年都一晓。

　歌名"读曲"者,其谁不一。惟《古今乐录》曰:"读曲歌者,元嘉十七年(元嘉,宋文帝年号)袁后崩,百官不敢作声歌,或因酒讌,止窃声读曲,细吟而已。"案之辞义,此说最近。盖以其曼声微吟,有似读曲然,故谓之《读曲歌》云。但作者非止一人,又不必皆在宋时。《乐府诗集》所载,多至八十九首,兹仅选十首。其中有三句成章者,又有四句中插入一七言句者,读此可以知诗之变。至其多用隐语,则正承《子夜歌》之遗风,郭茂倩总之为"吴声歌曲",是也。沈水香,即今云沈香。博山炉,香炉上刻镂作众山形者。蘖,亦作檗,其木皮与实皆入药,以味苦著,俗作黄柏,则省写之讹也。方局十七道,即谓棋局也。呷,以口吮丝使润也。广陵散,琴曲名。嵇康将刑东市,索琴弹之,曰:"昔袁孝尼尝从吾学广陵散,吾每靳固之,于今绝矣。"见《晋书·康传》。此诗则但取散义。乌臼鸟,乌臼树上之鸟也。唐人金昌绪《打起黄莺儿》一绝,当从此出。

又华山畿三首

相送劳劳渚。长江不应满,是侬泪成许。

奈何许。天下人何限,慊慊只为汝。

腹中如乱丝,愦愦适得去,愁毒已复来。

　　华山畿,地名。华山者,即今江苏句容之花山,亦谓之宝华山者是。《乐府诗集》所辑凡二十五首。其第一首曰:"华山畿,君既为侬死,独生为谁施。欢若见怜时,棺木为侬开。"诗名为"华山畿"者,当由此始。而《古今乐录》造作一事以实之,亦若今所传梁山伯、祝英台者然,谓男子死后,棺从华山过,女子歌此,棺即应声而开,女遂奔入。此好事之说,不足凭也。

又襄阳乐二首

朝发襄阳城,暮至大堤宿。大堤诸女儿,花艳惊郎目。

人言襄阳乐,乐作非侬处。乘星冒风流,还侬扬州去。

　　此襄阳人所作曲也,故谓之《襄阳乐》。第二首则扬州人作,观辞可知,即此可证非出一手。大堤,地名,襄阳最繁盛处。冒风流,冒风与流水也。而亦语涉双关。

又企喻歌四首

男儿欲作健,结伴不须多。鹞子经天飞,群雀两向波。

　　放马大泽中，草好马著臕。牌子铁裲裆，铔鍪鹖尾条。

　　前行看后行，齐着铁裲裆。前头看后头，齐者铁铔鍪。

　　男儿可怜虫，出门怀死忧。尸丧狭谷中，白骨无人收。

　　企喻歌，北曲也。其名企喻不可晓，当是鲜卑或氐、羌语之译音。今辞亦是译成。考汉时有匈奴歌云："失我焉支山，令我妇女无颜色。失我祁连山，令我六畜不蕃息。"翻胡语为汉文，与汉人所自为者几无二，可谓译才之尤者矣。此四诗亦自不逊。波，为播之转音，播者，分散而逃也。著臕，今云长臕，肥也。牌子，即腰牌也。裲裆，亦作两当。言一当胸前，一当背后，即今云背心也。铔鍪，即兜鍪之俗字，本"胄"声之缓读，今所云盔也。鹖，同翟，雉之长尾者。《男儿可怜虫》一首，或云是苻融作。融，坚之季弟也，死于淝水之战。

琅 琊 王 歌

　　琅琊复琅琊，琅琊大刀王。鹿鸣思长草，愁人思故乡。

　　新买五尺刀，悬着中梁柱。一日三摩娑，剧于十五女。

　　客行依主人，愿得主人强。猛虎依深山，愿得松柏长。

　　憹马高缠鬃，遥知身是龙。谁能骑此马，唯有广平公。

　　本八首，选四首。此亦北人所歌。然遗民所作，非出羌胡之口。以其辞意可推知也。第一首疑是思晋而作。其曰琅琊王者，晋元帝之本封也。然则此首当入晋诗，以《乐府诗集》编入梁鼓角横吹曲，故从旧列于南北朝。第三首则与虏相习后之作，故有"愿得主人强"之语。第四首"广平公"，考之《晋书·载记》，为姚弼封号。弼，姚兴之子，姚泓之弟。则此为姚秦时诗无疑。娑，同挲。剧，犹甚也。憹，与快同。《琅琊》一首，《乐府诗集》本列在后，兹特移前。

折杨柳歌三首

上马不捉鞭,反折杨柳枝。下马吹长笛,愁杀行客儿。

遥看孟津河,杨柳郁婆娑。我是虏家儿,不解汉儿歌。

健儿须快马,快马须健儿。跋跋黄尘下,然后别雄雌。

本五曲,选其三。第二首必是译作,其自云虏家儿,可见也。跋跋,快马蹄声,以《企喻》等歌辞与前《读曲歌》、《华山畿》相较,南歌多道男女之爱,北歌则侈言戎马之雄。南之不竞于北,即此可知。谁云声音之道不与政通哉?

无名氏木兰诗

唧唧复唧唧,木兰当户织。不闻机杼声,唯闻女叹息。问女何所思,问女何所忆。女亦无所思,女亦无所忆。昨夜见军帖,可汗大点兵,军书十二卷,卷卷有爷名。阿爷无大儿,木兰无长兄。愿为市鞍马,从此替爷征。东市买骏马,西市买鞍鞯。南市买辔头,北市买长鞭。旦辞爷娘去,暮宿黄河边。不闻爷娘唤女声,但闻黄河流水鸣溅溅。旦辞黄河去,暮宿黑山头。不闻爷娘唤女声,但闻燕山胡骑鸣啾啾。万里赴戎机,关山度若飞。朔气传金柝,寒光照铁衣。将军百战死,壮士十年归。归来见天子,天子坐明堂。策勋十二转,赏赐百千强。可汗问所欲,木兰不用尚书郎。愿借明驼千里足,送儿还故乡。爷娘闻女来,出郭相扶将。阿妹闻姐来,当户理红妆。小弟闻姊来,磨刀霍霍向猪羊。开我东阁门,坐我西间床。脱我战时袍,着我旧时裳。当窗理云鬓,对镜贴

317

花黄。出门看火伴，火伴皆惊皇。同行十二年，不知木兰是女郎。雄兔脚扑朔，雌兔眼迷离。两兔傍地走，安能辨我是雄雌。

《木兰诗》，各选本皆以为梁人作。梁人安得有此，此自北魏诗也。或以诗称可汗，可汗乃突厥以称其王者，疑作之当在隋唐之间。是又不考之过。可汗之名，始于鲜卑，不始于突厥。魏称可汗，见于《魏书》。前乎此者，慕容燕亦称可汗。《唐书·乐志》言："北狄乐今存之五十三章，其名可解者六章，《慕容可汗》、《吐谷浑》、《部落稽》、《钜鹿公主》、《白净皇太子》、《企喻》也。"是慕容称可汗之证。然兹断为北魏而不以为燕时作者，则以诗言北征之武功，惟北魏之于柔然，足以当之。黑山，依《通鉴》注即杀虎山，在今内蒙自治区内，魏时奄有其地，若燕则非所及也。此其一。又观"归来见天子，天子坐明堂"句，明是孝文帝迁都洛阳，一切改用中夏制度后气象，则此作或即在孝文时。此其二。若有人以"朔气传金柝"一联对仗工整，音调和协，疑为唐人所作。见其小而疑大，其为偏见，即又不足驳也。《乐府诗集》载有《折杨柳枝歌》有曰："勅勅何力力，女子临窗织，不闻机杼声，只闻女叹息。问女何所思，问女何所忆。阿婆许嫁女，今年无消息。"亦在梁鼓角横吹曲之内。其用语正与木兰诗开首相同。若非同时之作，即自《木兰诗》脱换而出。是又《木兰诗》非隋唐后作之一佐证也。唧唧，织机声，亦叹息声。木兰，诗不言姓，后人称为花木兰者，乃从木兰字上附会出之，非实有考据也。可汗读如克寒，盖鲜卑语之译音也。军书即军帖，徵兵之名册也。戎机犹兵机，兵机贵速，故云"关山度若飞"。"黄河"、"黑山"是实写，此则虚写，"关山"两字中，包括无数地名在内矣。柝，所以警夜者。此二句写军中光景。将军一联，则将战事一一包括在内，亦虚写法也。明堂，古王者听政施教之地，其制见《周官·考工记》。策同册，勋功也。记功必有册，故曰策勋。转谓升转。赏赐，赐金也。百千强，百千有馀也。不用尚书郎，欲以尚书郎官之，而不受也。

愿借明驼千里足,本作"愿驰千里足"。惟段成式《酉阳杂俎》引作此七字,文义较优,因改从之。"相扶将"犹云"相扶持",即此三字,爷娘已老可见。"阿妹闻姐来"一作"阿姐闻妹来"者,误。霍霍,刀声。"西间"一作"西阁",亦误。"花黄"即所谓"额黄",以黄涂之于额,故曰"额黄",其花样有种种,故又曰"黄花"。此云"同行十二年",而上云"壮士十年归"者,彼举成数也。"扑朔"一作"扑握",兔走时两足跳掷之状。

高阳乐人歌

可怜白鼻騧,相将入酒家。无钱但共饮,画地作交赊。

何处磔觞来,两颊色如火。自有桃花容,莫言人劝我。

《古今乐录》曰,魏高阳王乐人所作也。案高阳王名雍,孝文帝之弟。明帝以后,屡执朝政,而素无学识,国事之败,雍责为多。及孝庄为尔朱兆所弑,雍亦遇害。二诗出自乐人,雅有思致,故取之。騧,黄马而黑喙,今又白鼻,故曰白鼻騧。可怜者可爱也。交赊,交易而赊贷。画地,言画地为券也。磔即醝之声变,大啜也。觞,酒卮。

颜延之

五君咏五首

阮 步 兵

阮公虽沦迹,识密鉴亦洞。沈醉似埋照,寓辞类托讽。长啸若怀人,越礼自惊众。物故不可论,途穷能无恸。

嵇 中 散

中散不偶世,本自餐霞人。形解验默仙,吐论知凝神。立俗
迕流议,寻山洽隐沦。鸾翮有时铩,龙性谁能训。

刘 参 军

刘伶善闭关,怀情灭闻见。鼓钟不足欢,荣色岂能眩。韬精
日沈饮,谁知非荒宴。颂酒虽短章,深衷自此见。

阮 始 平

仲容有云器,实禀生民秀。达者何用深,识微在金奏。郭奕
已心醉,山公非虚觏。屡荐不入官,一麾乃出守。

向 常 侍

向秀甘淡薄,深心托毫素。探道好渊玄,观书鄙章句。交吕
既鸿轩,攀嵇亦凤举。流连河里游,恻怆山阳赋。

延之,字延平,临沂人。宋文帝时,以太子中庶子领步兵校尉。延
之好酒疏诞,不能斟酌当世,见刘湛、殷景仁专当要任,意有不平。常
云:"天下之务,当与天下共之,岂一人之智所能独了。"辞甚激扬。湛
甚恨焉。言于彭城王义康,出为永嘉太守。延之乃作《五君咏》以述竹
林七贤,山涛、王戎以贵显被黜。湛及义康大怒,欲黜为远郡。文帝
曰:"宜令思愆闾里。"于是屏居不豫人间者七载。后孝武帝时,以光禄
大夫卒官,故世称"颜光禄"云。诗虽云五君,实以明志。沈约《宋书·
延之传》曰:"'鸾翮有时铩,龙性谁能驯'、'物故不可论,途穷能无恸'、
'屡荐不入官,一麾乃出守'、'韬精日沈饮,谁知非荒宴',此四句盖自
序也。"四句特其尤显者耳。实则五章即无一非自抒其胸臆。沦,没
也,沦迹,犹云晦迹。洞,深入也。寓辞,指《咏怀诗》言。类,大抵也。

长啸,谓登苏门山与孙登共啸事,物,犹事也。途穷者,籍时率意独驾,不由径路,车迹所穷,辄恸哭而返。并见《晋书·籍传》。

嵇中散,嵇康也。康官中散大夫。餐霞,用相如《大人赋》语,曰:"呼吸沆瀣餐朝霞。"形解,如道家所谓"尸解",言康虽被诛,实未死也。论,指康所著《养生论》。凝神,语出《庄子》,曰"其神凝",言神固而不散也。迕同忤,逆也。隐论犹隐逸。洽,契也、合也。"鸾翮"二句比身可废而性不可易。铄,伤残也。

刘伶为建威参军,故曰刘参军。闭关,语见《易·复卦·大象》,即指下"怀情灭闻见"说,谓葆其精神不与外界相接触也。晋人多习道家修养之术,不独嵇叔夜有养生之论而已。凡此诗所言,大抵意旨相似。"韬精"同上云"埋照"。"颂酒"指伶所作《酒德颂》。见,读现,与上闻见之见义异,谓表见也。《颂》云:"以日月为扃牖,八荒为庭衢。"又云:"俯观万物扰扰,焉如江汉之载浮萍。"诗所云"深衷",盖谓是也。

阮始平者,籍之兄子,名咸,官始平太守。始平郡治在今陕西兴平县,东晋侨置于湖北均歙,后皆废。仲容,咸之字也。青云,喻其器宇之高大。达者,谓通音律。乐器中有名阮者,形似琵琶而圆,即咸之所作,或即以阮咸呼之。识微在今奏,谓时荀勖造乐成,咸议其声高不中雅音。大乐以编钟为主,故曰"在金奏"也。郭奕,太原阳曲人,当世有重名。心醉,谓心倾于咸也。山公即山涛,涛尝举咸为吏部郎,三上而武帝不能用。故云"屡荐不入官"。觌,犹见也。一麾出守,即指为始平太守。

向秀官散骑常侍,故称向常侍。毫素,谓纸笔,言其好著述也。"探道好渊玄"指秀注《庄子》,"渊玄"言深微也。吕者,吕安。秀常与吕安灌园于山阳,又与嵇康同锻于洛邑,故有"交吕攀嵇"之语。轩、举,皆言高飞,以喻不与世俗同伍。河里,即河内。山阳县属河内郡,在今河南修武县西北。河内郡治则今之怀县也。后人以秀所居之山阳为今淮安之山阳,实误。山阳赋,即《思旧赋》,秀过山阳故居,闻邻家笛声而作,悼安与康之死者也。竹林七贤事见《晋书·嵇康传》,竹林地即在修武。

谢灵运

登 池 上 楼

　　潜虬媚幽姿,飞鸿响远音。薄霄愧云浮,栖川怍渊沈。进德智所拙,退耕力不任。徇禄反穷海,卧疴对空林。衾枕昧节候,褰开暂窥临。倾耳聆波澜,举目眺岖嵚。初景革绪风,新阳改故阴。池塘生春草,园林变鸣禽。祁祁伤豳歌,萋萋感楚吟。索居易永久,离群难处止。持操岂独古,无闷徵在今。

　　灵运,东郡阳夏人,以祖与父并葬会稽始宁,又移籍为始宁人。祖玄,封康乐公,灵运袭封,入宋,降爵为侯,封如故,故人称谢康乐。尝为永嘉太守,性好山水,既不得志,遂肆意狂遨,所至辄为题咏,以致其意。逾年辞归始宁。文帝立,徵为秘书监。故人又称谢监。后为临川内史。在郡游放,不异永嘉。为有司所纠,徙广州。有言其谋反者,诏就广州弃市。此诗在永嘉疾起后作。首四句言已不能为虬之幽潜、鸿之远飞。虬亦作蚪,龙子有角者。进德,语本《易经·乾卦·文言》。但此意在官业之进,非实谓德也。穷海,指永嘉,以在海滨,故曰穷海。又云"反者",永嘉与会稽毗邻,就始宁籍言,故曰反也。疴亦作痾,病也。"衾枕"承"卧疴"言,以日在衾枕之间,故昧于节候。昧,不明也。褰开,褰帷开户,言登楼也。波澜,言水,岖嵚,言山。卧疴在冬,故前云"空林";病起在春,故此云"初景"、云"新阳"。绪,犹馀也,"绪风"谓冬之馀风。革,亦改也。"池塘春草"二句,向为诗家所称,灵运亦自谓得此句若有神助。盖其佳处全在病起节移,蓦然间耳目一新。正如

《牡丹亭·游园曲》中"却原来姹紫嫣红开遍"一句,惊喜之情如见。若不观前后,只于本句中琢磨,亦自人人可说,未见有特异处也。祁祁、幽歌,见前《七月》诗。萋萋,《楚辞·招隐士》中语,曰"王孙游兮不归,春草生兮萋萋"。招隐士者,汉淮南王客所作。淮南本楚地,又拟屈原宋玉之辞,故曰"感楚吟"也。离群、索居,见《礼记·檀弓》"索群者离居"也。"易永久"言易感长久,"难处心"即难为心处于安也。操,操守。"无闷"亦见《易·乾卦·文言》,曰:"遯世無悶,不見是而無悶。"《易》本作无,无即無也。闷者,心烦闷也。徵,验也。此言不独古人能持其操而不易,而今亦能无闷,可以按验也。操读去声。无闷字正与开首潜字相应,盖遯世云云,在《易》正说乾之初爻潜龙也。

游赤石进帆海

　　首夏犹清和,芳草亦未歇。水宿淹晨暮,阴霞屡兴没。周览倦瀛壖,况乃凌穷发。川后时安流,天吴静不发。扬帆采石华,挂席拾海月。溟涨无端倪,虚舟有超越。仲连轻齐组,子牟眷魏阙。矜名道不足,适己物可忽。请附任公言,终然谢天伐。

赤石,永嘉海边地名。进帆海者,进而张帆远入于海也。帆读去声,与诗中"扬帆"帆字异。彼实字,此处用也。首夏,初夏也。水宿,盖谓宿于舟中。淹,久留也。兴没,犹起没。瀛壖,海边也。凌,过也。《庄子·消摇游篇》曰:"穷发之北有溟海者,天池也。"此云穷发,即谓溟海。溟海,海之深广处也。川后,水神。天吴,海兽,旧云八首八足八尾,其背黄青,见《山海经》,疑即今章鱼之大者耳。不发,言不出现。石华,生石上,如华然,故名。海月,即今所谓海蜇也。席亦帆类,帆以布,席以蒲篾也。无端倪,无涯际也。虚舟,喻舟之轻灵。超越,破浪而行也。仲连见前。子牟,魏公子牟也。公子牟身在江海之上,心居魏阙之下,见《吕氏春秋》。眷犹恋也。矜名指子牟,适己指仲连。《庄子·外物篇》言:"任公子为大钩巨缁,五十犗以为饵,蹲乎会稽,投竿东海。大鱼食之,牵巨钩䱂没而下,白波若山,海水震荡。任公子得若鱼,离而腊之。自淛河以东,苍梧以北,莫不厌若鱼者。"此喻规大者不志小。"请附任公言"者,欲比附于此说也。谢夭伐,言物有可以夭折我、斲伐我者当谢去之。终然,终于如此也。

石壁精舍还湖中作

　　昏旦变气候,山水含清晖。清晖能娱人,游子憺忘归。出谷日尚早,入舟阳已微。林壑敛暝色,云霞收夕霏。芰荷迭映蔚,蒲稗相因依。披拂趋南径,愉悦偃东扉。虑澹物自轻,意惬理无违。寄言摄生客,试用此道推。

　　此去永嘉归始宁后作。灵运祖有田居在始宁太康湖,此云还湖中,即还其田居也。石壁,湖上山间地名。精舍者,佛舍也。晖,光也。游子,自谓。憺,安也。阳,太阳。暝色即晚色。霏谓云霞之气,如雨滴纷然,故曰霏也。芰,俗所云鸡头。迭,交也。蔚犹重叠也。"披拂"承上"蒲稗"言,径为所碍,必披拂之始得过也。愉悦,劳倦而得休息,故舒畅也。澹同淡。惬,快也。"理无违"者,与理合而无迕也。摄生犹言养生,摄之为言持守而不失也。试用此道推,谓道不出乎上所云云也。

入彭蠡湖口作

　　客游倦水宿,风潮难具论。洲岛骤回合,圻岸屡崩奔。乘月听哀狖,泄露馥芳荪。春晚绿野秀,岩高白云屯。千念集日夜,万感盈朝昏。攀崖照石镜,牵叶入松门。三江事多往,九派理空存。灵物郄珍怪,异人秘精魂。金膏灭明光,水碧辍流温。徒作千里曲,弦绝念弥敦。

此赴临川内史任经湖口时作也。回合、崩奔,并言江行之速,见洲岛若回若合,圻岸若崩若奔,故下"骤"字、"屡"字,非真回合、真崩奔也。骤,数也,与屡义同。圻者,水土之际,犹岸也。彭蠡即鄱阳湖。狖,一作狖,音柚,猿黑色似狸者。荪,溪荪,生水边,叶似菖蒲。泄,湿也。馥,香发也。屯,聚。灵运在始宁,探寻幽险,开凿山道,为会稽守孟颛所发,表其有异志,不得已诣阙自明,于是有临川之命。诗云"千念"、"万感",盖不独行旅之艰,兼抱身命之惧。三江以下,托之吊古求仙,犹是此旨,语非虚造也。石镜,山有悬崖,明净照见人影,故名。松门,涧名,青松夹于两岸,并在湖上。三江,语本《书经·禹贡》曰"三交既入",郑玄注云:"左合汉为北江,右会彭蠡为南江,岷江居其中为中江。"今见《初学记》。然郑说虽如此,实已不见三江之迹,故云"事多往"。九派即九江,亦见《禹贡》曰"九江孔殷"。殷,盛也。《汉书·地理志》注引应劭曰:"江自寻阳分为九。"郭璞《江赋》亦曰"流九派乎寻阳",今九江之名实由于此。然地势迁变,欲考其派已不可得,故曰"理空存"。灵物,谓江湖灵怪所聚,如唐人小说所云"洞庭君"之类。异人指神仙。郄同郤。郄珍怪、秘精魂,言皆不得见也。金膏、水碧,仙药之名。曰灭、曰辍,亦不见之意。流温,言水碧所在,其流常温也。千里曲,谓琴曲,取名千里者,以江行千里,且临川去建康,道亦千里也。弦绝曲罢,而愁思不解,故曰"念弥敦"。敦,厚也。灵运诗以雕琢对偶胜,当时与延平并称,谓之颜谢。后人又以与渊明并称,谓之陶谢。然谢实非陶匹。陶出之自然,谢则全由功力,有时失之晦涩重腽。惟于山水有深契,其刻画山水之妙,自可独步千古,故吾之所取,亦惟在此。

谢惠连秋怀

　　平生无志意，少小婴忧患。如何乘苦心，矧复值秋晏。皎皎秋月明，奕奕河宿烂。萧瑟含风蝉，寥唳度云雁。寒商动清闺，孤灯暖幽幔。耿介繁虑积，展转长宵半。夷险难预谋，倚伏昧前算。虽好相如达，不同长卿慢。颇悦郑生偃，无取白衣宦。未知古人心，且从性所颃。宾至可命觞，朋来当染翰。高台骤登践，清浅时陵乱。颓魄不再圆，倾羲无两旦。金石终销毁，丹青暂雕焕。各勉玄发欢，无贻白首叹。因歌遂成赋，聊用布亲串。

　　惠连，灵运族弟，灵运深赏其诗文。尝为彭城王义康法曹参军，故世称谢法曹。又称灵运为大谢，惠连为小谢。"无志意"者，言无大志也。惠连父方明，在吴兴、会稽，两遭孙恩之乱，流离艰险，仅得还都，寄居国子学，困穷特甚。后虽官至丹阳尹，而卒年才四十七。诗云"少小婴忧患"，盖实录也。秋晏，秋晚。矧与况同义。河宿，银河与列宿。奕奕，有光也。含风蝉，谓蝉迎风而噪。萧瑟同萧飒。寥唳，雁声，言其高而远也。商，秋风，以五音言，秋属商也。暖，暗也。繁，多也。半，谓已达半。夷，平易也，与险对。难预谋，难以预求也。"倚伏"语出《老子》，曰："祸兮福所倚，福兮祸所伏。"此云倚伏，犹云祸福矣。昧前算，昧于前算也。相如即司马相如，长卿，相如字，并已见前。达谓通达。通达之过，失之简慢，故云好其达而不同其慢。郑生，郑均也，《后汉书》有传，章帝时，公车特徵，再迁尚书，称病乞骸骨。拜议郎，遂称病笃，归里。后帝东巡，过任城，幸均一家，敕赐尚书禄以终其身。人因号为白衣尚书，此诗"白衣宦"之由来也。偃者偃蹇，谓高傲不欲仕也。颃，习也。命觞言置酒，染翰言为文也。清浅，一作清波。陵谓超越。乱，绝流而渡也。魄，月魄。颓，落也。羲，羲和，本日官名，因以称日。倾羲谓西倾之日也。金石用以纪功，丹青用以图形，云"终销毁"、"暂雕焕"，谓功名亦难永存也。玄犹黑也。串，古贯字，读作习惯之惯，言狎习也，与贯串意异。"布亲串"者，赋此诗分散与素所亲狎之人也。

鲍照

东　武　吟

　　主人且勿諠，贱子歌一言。仆本寒乡士，出身蒙汉恩。始随张校尉，占募到河源。后随李轻车，追虏穷塞垣。密途亘万里，宁岁犹七奔。肌力尽鞍甲，心思历凉温。将军既下世，部曲亦罕存。时事一朝异，孤绩谁复论。少壮辞家去，穷老还入门。輆鎌刈葵藿，倚杖牧鸡豚。昔如韝上鹰，今似槛中猿。徒结千载恨，空负百年怨。弃席思君幄，疲马恋君轩。愿垂晋主惠，不愧田子魂。

　　照字明远，东海人。文帝时为中书舍人。帝颇以文章自负，忌人出其上。照悟其旨，为文乃多鄙言累句，以此自全。后随孝武帝子临海王子顼镇荆州，为前军参军。杜甫《春日忆李白诗》称"俊逸鲍参军"，以此也。明帝或弑废帝子业自立，子顼不奉诏，举兵应晋安王子勋。事败，子顼死，照亦遇害。唐人以照与武后名曌声相同，改照为昭，故书亦有称鲍昭者。东武，汉郡，今山东高密诸城县是。谓之东武吟者，以地名也。諠同喧。寒乡士，言出身微贱也。张校尉，张骞也。骞使大夏，尝穷黄河之源，故此亦云"到河源"。占募，谓占名而应募，占名今所谓签名也。轻车，为轻车将军之省，李蔡也。虏指匈奴。塞垣，塞上之垣，即长城也。密，通也。宁，安也。言"密途"、"宁岁"者，举近以况远，标安以见危也。七奔，《左传·成七年》云"于是乎一岁七奔命"是也。历，经历。凉温犹炎凉，此谓世态，非说气候也。下世犹去世，谓死也。部曲，汉兵制，营下有部，部下有曲，部有校尉，曲有军候。罕存，少生存也。绩，功绩，虽有绩而无援，因曰孤绩。"谁复论"者，无人为之申论也。觐即腰字，腰镰，带镰也。豚一作豨，字同。牧，放牧。韝，背韝，出猎时所以栖鹰，今猎人犹如是。槛，阑槛。韝上鹰，言其猛利；槛中猿，言其困惫也。怨，读平声如冤。负犹抱也。就前胸言曰抱，就后背言曰负，一也。弃席，被弃之席。幄，帐也。"弃席"与"晋主"一事，见《韩非子》。晋主，晋文公也。《韩非子》云："文公至河，令曰'笾豆捐之，席蓐弃之，手足胼胝面目黧黑者后之'。咎犯闻之而夜哭。公曰'寡人出亡二十年，乃今得反国，咎犯闻之，不喜而哭。意者不欲寡人反国邪'。咎犯对曰'笾豆所以食也，而君捐之；席蓐所以卧也，而君弃之；手足胼胝面目黧黑，有劳功者也，而君后之。今臣与在后中，不胜其哀，故哭之'。文公乃止。"轩，车也。"疲马"与"田子"一事，见《韩诗外传》曰："昔田子方出见老马于道，喟然有志焉。以问于御曰：'此何马也？'御曰'故公家马也。罢而不用，故出放之'。田子方曰：'少尽其力，而老弃其身，仁者不为也。'束帛而赎之。"罢与疲同。思君恋君，托言己虽见摈，而犹有故主之思。故终曰"愿垂晋主惠，不愧田子魂"，望得有为文公、田子方者重复收录之。晋主言"惠"，田子言"魂"，此互文也。以其人已死，故云不愧其魂。

东　门　行

　　伤禽恶弦惊，倦客恶离声。离声断客情，宾御皆涕零。涕零心断绝，将去复还诀。一息不相知，何况异乡别。遥遥征驾远，杳杳落日晚。居人掩闺卧，行子夜中饭。野风吹草木，行子心肠断。食梅常苦酸，衣葛当苦寒。丝竹徒满坐，忧人不解颜。长歌欲自慰，弥起长恨端。

伤禽恶弦惊，即俗云惊弓之鸟也。语出《国策》"更嬴与魏王处京台之下，谓魏王曰'臣为王引弓虚发而下鸟'，魏王曰'然则射可至此乎'，更嬴曰'可'。有间，雁从东方来，更嬴以虚发而下之。魏王曰'然则射可至此乎'，更嬴曰'此孽也'。王曰'先生何以知之'，对曰'其飞徐而鸣悲'。飞徐者故疮痛也，鸣悲者久失群也。故疮未息而惊心未止也，闻弦音引而高飞，故疮陨也。"孽，所谓孤雁也。前云故疮，旧疮也。末云故疮陨者，故者承上接下之辞，疮陨，谓自伤而陨也。此以陪起。倦客，谓久于客游之人。离声，离别之声也。宾御，宾，送行者，御，御车者。诀，决别也。"一息"犹言咫尺。咫尺相隔，尚有不相闻知者，则异乡不待言，故曰"何况异乡别"。杳杳，暗也。饭，造饭。观下云"野风吹草木"可知。前云"断客情"，又云"心断绝"，此则云"心肠断"。用语虽同，而意有深浅。盖断绝则不止于断，心肠断，断者又不仅在心也。"食梅"二句又用兴语。解颜，犹开颜、破颜。"丝竹"二句，人欲解我忧而忧不解，"长歌"二句，自欲解忧而忧越甚。亦一层深一层也。

放　歌　行

蓼虫避葵堇，习苦不言非。小人自龌龊，安知旷士怀。鸡鸣洛城里，禁门平旦开。冠盖纵横至，车骑四方来。素带曳长飚，华缨结迷埃。日中安能止，钟鸣犹未归。夷世不可逢，贤君信爱才。明虑自天断，不受外嫌猜。一言分珪爵，片善辞草莱。岂伊白璧赐，将起黄金台。今君有何疾，临路独迟回。

蓼虫，蓼中所生虫。蓼味苦，故云习苦。葵堇，皆菜之甘者。虫既习于苦，故遇甘者反避之。"不言非"者，不以苦为非也。龌龊，褊浅也。此诗全用反说。小人，所以自况。旷士谓达士，下文所云者是也。

何以知其为反说，观开端与结尾可知。故放歌者放言也。旧注误会诗意，因以放为放逐不用，谓放臣冀望仕进之心，而小人不知谅之。如是，则"素带曳长飙，华缨结迷埃。日中安能止，钟鸣犹未归"，极写奔竞逐骛之丑，何为者耶？禁门，宫门，以其禁人出入，故谓之禁门。车骑，或车或骑也。骑读去声。埃，尘埃。钟鸣，暮钟鸣也。夷世谓太平之世。不可逢，言难得也。天，以喻君，谓断自帝心。"不受外嫌猜"，言不以人言为进退也。"一言"二句，甚道爱才。"白璧"二句，以证不受外嫌猜。黄金台，燕昭王所筑以待郭隗者。岂伊，犹岂惟、岂但也。疾，病也。"今君有何疾，临路独迟回"，故作问辞，实以自道。疾，即习苦之疾，迟回，即避葵堇之志也。诗本明白，而注家转曲折为说，异矣。

以上三诗，各选本题上多一"代"字。代者，题本乐府旧名，出有拟作，故谓之代。然如曹孟德之《蒿里》、《薤露》，陈孔彰之《饮马长城窟》，俱不言代。《昭明文选》选此数诗，亦不加代字。兹故不依各本而从《文选》去之。

拟 古 二 首

　　幽并重骑射，少年好弛逐。毡带佩双鞬，象弧插雕服。兽肥春草短，飞鞚越平陆。朝游雁门上，暮还楼烦宿。石梁有馀劲，惊雀无全目。汉虏方未和，边城屡翻覆。留我一白羽，将以分符竹。
　　十五讽诗书，篇翰靡不通。弱冠参多士，飞步游秦宫。侧睹君子论，预见古人风。两说穷舌端，五车摧笔锋。羞当白璧贶，耻受聊城功。晚节从时务，乘障远和戎。解佩袭犀渠，卷袠奉卢弓。始愿力不及，安知今所终。
　　二诗虽曰《拟古》，实亦写心。鞬以受弓，服以盛矢。双鞬者，左右各一，雕服者，上有漆彩也。象弧，弓绣饰以象牙者。鞚，马勒也。楼烦,汉县名,属雁门郡,皆今在山西北部。石梁,用宋景公事。景公使工人为弓,九年乃成,景公援弓东西而射之,矢逾于西霜之山,集于彭城之东,其馀力逸劲,犹饮羽于石梁。见《文选》注引阚子,阚子者吴阚泽,其书已亡。惊雀,用帝羿射雀欲中左目而中其右目事。云"无全目"者,谓欲全其目而不能也。见晋皇甫谧《帝王世纪》。白羽,箭也。符竹,节也,用以调兵遣使者。言欲留一箭,立功破虏,以分取将守之任也。

讽,背诵也。"篇翰"义指文章。两说谓合从连横之说。五车,见《庄子》,曰:"惠施多方,其书五车。"摧笔锋,谓摧毁旁人之笔锋。贶,赐也。"耻受聊城功",亦鲁仲连事。田单既复齐,而燕将守聊城不去。田单攻之逾岁,士卒多死,卒不能克。仲连为书以遗燕将,燕将遂罢兵去。田单欲爵仲连,仲连不受。见《战国策》。晚节,犹晚年也。乘障,谓守边。和戎,与戎虏息战而媾和也。犀渠,犀甲也。袭犹服也。袭亦作裓,所以韬书卷者,卷,藏也。卢弓,弓之黑色者。始愿力不足,谓非始愿所及,力亦不胜。安知今所终,谓不能测其究竟。疑此为参荆州军事时作。以文士辅稚子,权在长史,当危疑之际,而无心腹之托,则宜其忧惧也。

沈庆之侍宴诗

微生遇多幸,得逢时运昌。朽老筋力尽,徒步还南冈。辞荣此圣世,何愧张子房。

《南史·庆之传》云:"孝武帝尝欢饮,普令群臣赋诗。庆之粗有口辩,手不知书。每将署事,辄恨眼不识字。上逼令作诗。庆之曰:'臣不知书,请口授师伯。'上即令颜师伯执笔,庆之口授之。上甚悦。众坐并称其辞意之美。"时庆之告老,以始兴郡公罢就第,故有"徒步还南冈"、"辞荣此盛世"之语。南冈,庆之所居也。子房,汉留侯张良字。

庆之武人，而诗如此，盖亦有故。庆之尝言："众人虽见古今，不如下官耳学。"耳学者，多闻而能识。即与读书何别？若读书而不知去取，其不如耳学者，亦多有之矣。兹选此诗，不独赏其诗佳，亦服其识远。

陶弘景答齐高帝诏问山中何所有诗

　　　　山中何所有，岭上多白云。只可自怡悦，不堪持赠君。

　　弘景字通明，秣陵人。隐于句容之句曲山，自号华阳陶隐居。句曲即所谓茅山，《道书》称为华阳洞天者也。博学多识，常以一事不知，引为深耻。著书甚多，以《学苑》一百卷、《本草集注》最为人所称道。年八十五，至梁时始卒。梁武帝诏谥贞白先生。故世又称之陶贞白。诗意甚明，不烦注释。赠，一作寄。齐高帝，萧道成也。

谢朓

同谢谘议咏铜爵台

　　　　繐惟飘井干，樽酒若平生。郁郁西陵树，讵闻歌吹声。芳襟
　　染泪迹，婵娟空复情。玉座犹寂寞，况难妾身轻。

　　朓字玄晖，于灵运为族子。故后世称灵运大谢者，亦称朓为小谢。齐明帝萧鸾时，为中书郎，出为宣城太守，故世亦称谢宣城，后迁尚书吏部郎。明帝子宝卷立，始安王遥光谋为帝，引朓，朓不从，因收下狱死。铜爵即铜雀，古爵、雀字通。铜爵台在邺，曹操所筑。操封魏公，后进魏王，邺即魏都，今河南临漳县境也。操临死遗令曰："吾死后，吾妾与伎人皆著铜爵台。台上施六尺床，下繐帐。朝晡上酒脯粻糒之

属。月旦十五日,向帐作伎。汝等时时登台,望吾西陵墓田。"诗咏台,实为此事,所以刺操之不智不仁也。总,布之细而疏者,曰帷、曰帐,一也。井干,床之构架若井栏然,古井栏方也。"樽酒"句指朝晡上酒脯言,"若平生"者谓死后犹欲同于生前也。"歌吹声"指旦十五日作伎言。然人既死矣,西陵之上树且长大,郁然成林矣。即作伎,何由闻之,故曰"讵闻歌吹声",以见操之不智也。芳襟染泪迹,指妾与伎人言,安置台中,同于幽闭,与操有何情义。故曰"婵娟空复情"。玉座指床,亦即指操,生前煊赫,没则已焉,故曰"犹寂寞"。魏王如此,则如妾等复何足道。故作众妾自宽之辞,正以见操之不仁也。谢咨议者谢璟,亦朓之族人也。璟诗未见。

晚登三山还望京邑

灞涘望长安,河阳视京县。白日丽飞甍,参差皆可见。馀霞散成绮,澄江净如练。喧鸟覆春洲,杂英满芳甸。去矣方滞淫,怀哉罢欢宴。佳期怅何许,泪下如流霰。有情知望乡,谁能鬒不变。

此假还建康复之宣城道中作也。三山,江边山名,其地今已不可考。灞涘望长安,用王粲《七哀诗》中语,见前。晋潘岳为河阳令,有诗曰"引领望京室",此云"河阳视京县",即用此。二句所谓比也。甍,屋脊瓦。丽,犹灿也。"馀霞"一联,古今推为名句。李白《金陵城西楼月下吟》曰:"月下沈吟久不归,古来相接眼中稀。解道澄江净如练,令人长忆谢玄晖。"其推服可见也。喧鸟,一作暄鸟。喧言其闹,暄则言其向暖。要在一"覆"字。覆者,一洲皆鸟,极言鸟之多也。甸,郊野之地,此要在一"芳"字。满芳甸,则不独写其色,亦且出其香、绘其神矣。"去矣"言去宣城,"怀哉"言怀京邑。"滞淫"亦见《七哀诗》,谓"羁留宣城"。"罢欢宴"谓京邑欢会不可再得也。何许,犹何时。有情,作实名用，谓有情之物也。望京邑而言望乡者，眺有田庄在钟山东，京邑即其家也。鬓，黑发。变，言变白也。

赋贫民田

　　假遇非将迎，靖共延殊庆。中岁历三臺，旬月典邦政。曾是共治情，敢忘恤贫病。将无富教理，孰有知方性。敦本抑工商，均业省兼并。察壤见泉脉，觇星视农正。黍稷缘高殖，秔稌即卑盛。旧埒新塍分，青苗白水映。遥树帀清阴，连山周远净。即此风云佳，孤觞聊可命。既微三载道，庶藉两岐咏。俾尔仓廪实，余从谷口郑。

　　赋颂也。赋贫民田，谓分田与贫民。此宣城任内诗也。假遇，假如、宽假之"假"，谓优遇也。非将迎，言非以逢迎得之。"靖共"本《诗经·小明》之诗，曰："靖共尔往，正真是与。"靖者，安其往。共与恭同，言敬其事也。延，接也，今所谓接受。言惟有靖共乃可以接受殊庆也。殊庆即下所云"历三臺"、"典邦政"。"历三臺"指为中书郎。三臺同三台，本星名，在斗枢之下，喻国家机要之地。故汉代三公亦号三臺也。此是宾。"典邦政"谓司一邦之政，指为宣城太守。此是主。中岁犹中年。旬月，浃月也。"共治"用汉宣帝诏书中语曰："与我共治天下者，其惟二千石乎。"二千石，即郡守也。恤贫病，谓恤贫民之病苦。"富教"见《论语》孔子曰"富之"，又曰"教之"。"知方"亦见《论语》子路曰"可使有勇，且知方也"。"知方"言知义、知道。理犹知也。此谓无富之、教之之治，民即无从有知方之性。然"富教"二字虽并用，却重在富。赋贫民田，即所以富之也。本谓农，敦本即重农也。业谓田业，均业即均田也。兼并谓豪强兼并。省，节制之也。壤，土壤。"农正"用《国语》"农祥晨正"语。农祥，房星。晨正者，早晨正中于天也。房星晨正，则农事当即发动，是以其星谓之农祥。视农正者，视其星正与否以定农时也。殖,繁殖,黍稷宜高土,故曰缘高殖。稌,稬稻。秔稌宜湿地,故曰即卑盛。即,就也。埒,界也。塍,一作塲、作畦,田中径也。匝、周,皆围也。远净,谓天。微。无也。三载道,用孔子"三年有成"语,谓无此道也。"两岐咏"见《后汉书·张堪传》。堪拜渔阳太守,于狐奴开稻田八千馀顷,劝民耕种,以致殷富。百姓歌曰:"桑无附枝,麦秀两岐。张君为政,乐不可支。"麦秀两岐,即今所谓双穗者也。藉同借。俾,使也。尔指民。谷口郑,郑子真也,汉成帝时人,名朴,籍褒中县,隐于谷口,世号谷口子真。"余从谷口郑"者,言但使尔民仓廪充实,余得无事,即可从郑子真归隐矣。

观 朝 雨

朔风吹飞雨,萧条江上来。既洒百常观,复集九成台。空濛如白雾,散漫似轻埃。平明振衣坐,重门犹未开。耳目暂无扰,怀古信悠哉。戢翼希骧首,乘风畏曝鳃。动息无兼遂,岐路多徘徊。方同战胜者,去蔀北山莱。

此在中书时作也。观,阙也。百常,极言其高,八尺曰寻,倍寻曰常。九成,曰九层也。空濛、散漫,并叠韵字。以其不碍视谓之空,以其视不明谓之濛。散漫,飞散而弥漫也。悠,长远也。"戢翼"二句用比。"骧首"犹昂首。此喻处则思显。《三秦记》云:"河津一名龙门。两傍皆山,水陆不通,江海大鱼薄集龙门下数千。上则为龙,不得上曝鳃水次。"此用其事,以喻显又惧祸也。曝亦有作暴。鳃同腮。动息即动止。"息"承"戢翼"言,"动"承"乘流"言。无兼遂,不能两全也。岐路见《淮南子》曰:"杨子见岐路而哭之,为其可以南可以北也。"杨子即杨朱。此用"岐路",即承"动息"言,谓出处进退也。多徘徊者,意不定也。战胜者,谓孔子弟子子夏。子夏见曾子,曾子曰:"何肥也?"对曰:

"战胜故肥也。"曾子曰："何谓也？"子夏曰："吾入见先王之义则荣之，出见富贵之乐又荣之。两者战于胸中，未知胜负，故臞。今先王之义胜，故肥。"见《韩非子》。方同者，将同也。翦同剪，翦莱，翦辟草莱而居，言归隐。北山即钟山，以在京邑之北，故当时又谓之北山。

萧纲折杨柳

　　杨柳乱成丝，攀折上春时。叶密鸟发碍，风轻花落迟。城高短萧发，林空画有悲。曲中无别意，并是为相思。

　　纲，梁武帝萧衍第三子。初封晋安王。昭明既殂，立为太子。梁武为侯景幽死。纲嗣位。逾年，景以土囊压杀之。梁元既诛侯景，追谥为简文皇帝。折杨柳，曲名，见前。此拟作也。而已闻唐人五律之渐，故选之。简文之诗当时号为宫体，一以纤丽取胜。效之者汉魏以来豪宕之气胥失，此其敝也。上春犹孟春、初春。花，谓絮也。花絮之乱，由来久矣。角，号角，以其外加彩绘，故称画角。前四句咏柳，后四句咏折杨之曲。折柳本以赠行，赠行以表相思。故曰"并是为相思"。无别意者，无他意也。

萧绎咏阳云楼檐柳

　　杨柳非花树，依楼自觉春。枝边通粉色，叶里映红巾。带日交帘影，因吹扫席尘。拂帘应有意，偏宜桃李人。

　　绎，梁武第七子。封湘东王，镇荆州。既诛侯景，即位于江陵。后为西魏所攻，出降，遇害。陈霸先奉其子晋安郡王方智，立于建邺，追谥为孝元皇帝，故前称梁元也。此诗亦近五律。非花树，言非以花著名之树也。阳云楼,宫人所居,故有粉色、红巾之语。交簾、扫席,则是咏檐柳。吹,谓风也。桃李人,指宫人,言其有桃李之艳也。

沈约别范安成

生平少年日,分手易前期。及尔同衰暮,非复别离时。勿言一樽酒,明日难重持。梦中不识路,何以慰相思。

沈字休文,武康人,历任宋齐梁三朝。梁武代齐,约以劝进功,封建昌侯,卒谥曰隐,故后世称之沈隐侯。约撰《四声谱》。以为在昔词人累千载而不悟,而独得胸襟,穷其妙旨,自谓入神之作。虽其言近夸,要于声律实有妙契。故尝曰:"文章当从三易。易见事,一也。易识字,二也。易诵,三也。"所谓易诵,即非通于声韵,不能到也。约诗他作,不能尽如所说,若此诗者,则可谓三易具矣。范安成,范岫也。岫在齐,当为安成内史。此称其官,盖齐时作也。前期,犹云后会,以今日而望未来,曰前曰后一也。易者,轻易视之。年少终有再见之日,故不以为难也。非复别离时,非复可以离别时也。梦中不识路,事见《韩非子》,曰:"张敏与高惠二人为友,每相思不能得见,敏便于梦中往寻。但行至半道,即迷不知路,遂回。"此虽引用故实,而不加注释,亦自可解。故当时邢邵谓"沈侯文章,用事不使人觉,若胸臆语也"。约著《宋书》,今在二十四史中。

又冬节后至丞相第诣世子车中作

廉公失权势,门馆有虚盈。贵贱犹如此,况乃曲池平。高车尘未灭,珠履故馀声。宾阶绿钱满,客位紫苔生。谁当九原上,郁

337

郁望佳城。

此亦齐时作。丞相者,齐豫章王嶷也,嶷死赠丞相。世子,嶷长子廉也。王侯之子称世子。诣,往候也。车中作者,归途车中所作也。廉公,廉颇,颇失权,门下客皆去,及复位,宾客复来,颇待之如初,见《史记·颇传》。有虚盈,言有时虚有时盈也。"曲池平"言死后,雍门周说孟尝君田文有云:"千秋万岁后,高台既已倾,曲池又以平。"见桓谭《新论》。珠履,春申君黄歇客时皆蹑珠履,见《国策》。曰"尘未灭"、曰"故馀声",皆以见历时未久。故,犹旧也。古堂前阶有二:东曰阼阶,主人升降由之;西曰宾阶,宾客升降由之。绿钱,苔之形圆似钱者,所谓苔钱是也。九原,春秋晋国卿大夫之墓地,见《礼记·檀弓》。佳城,见张华《博物志》,云:"掘得石椁,铭曰:'佳城郁郁。三千年,见白日。吁嗟,滕公居此室。'"滕公,汉将军夏侯婴也。后世名死者长眠之地为佳城,盖因此。谁当,犹谁将。郁郁,阴暗也。此诗似讥世俗之势利,实哀富贵之无常。想在车中忧来触怀,故不觉言之深痛如此。

江淹杂体诗四首

远与君别者,乃至雁门关。黄云蔽千里,游子何时还。送君如昨日,檐前露已团。不惜蕙草晚,所悲道里寒。君行在天涯,妾身长别离。愿一见颜色,不异琼树枝。兔丝及水萍,所寄终不移。
古别离

纨扇如圆月,出自机中素。画作秦王女,乘鸾向烟雾。彩色世所重,虽新不代故。窃恐凉风至,吹我玉阶树。君子恩未毕,零落在中部。班婕妤咏扇

种苗在东皋,苗生满阡陌。虽有荷锄倦,浊酒聊自适。日暮

巾柴车,路闇光已夕。归人望烟火,稚子候檐隙。问君亦何为,百年会有役。但愿桑麻成,蚕月得纺绩。素心正如此,开径望三益。

陶徵君田居

　　豪士枉尺璧,宵人重恩光。徇义非为利,执羁轻去乡。孟冬郊祀月,杀气起严霜。戎马粟不暖,军士冰为浆。晨上成皋坂,碛砾皆羊肠。寒阴笼白日,大谷晦苍苍。息徒税征驾,倚剑临八荒。鶤鹏不能飞,玄武伏川梁。铩翮由时至,感物聊自伤。竖儒守一经,未足识行藏。鲍参军戎行

淹字文通,考城人。亦历事三朝。在齐已贵至中书侍郎、御史中丞、侍中。梁武起兵,微服来奔。封醴陵侯,卒。故世亦称江醴陵。杂体诗凡三十首,皆模拟古人之作。今选其四。古别离者,即《十九首》中"行行重行行"一首也。雁门关在山西代县西北。黄云,云与尘沙相杂,故色黄也。团同漙。《诗》云"野有蔓草,零露漙兮"。道里犹道路。古诗曰"伤彼蕙兰华,含英扬光辉。过时而不采,将随秋草萎"。此言"不惜蕙草晚,所悲道里寒",盖翻其意而用之。不惜己而悲行者,是进一层写法也。琼树即玉树,"不异琼树枝"言见之之难也。所寄不移,喻己心不改移也。

　　咏扇即《怨歌行》,见前。秦王女,谓秦穆公女弄玉嫁于萧史,一旦乘凤仙去,见《列仙传》。穆公女而曰王女者,秦后既称王,则上追穆公,自亦可得王称也。乘凤而曰乘鸾者,鸾固凤之类也。彩色指画言。零落在中路,即原诗所云"恩情中道绝"也。

　　陶徵君,陶潜也。以晋安帝义熙末年尝徵潜为著作佐郎,不就,故有徵君之号。柴车,粗木之车,巾者,以布被为篷,为人着巾然也。潜《归去来辞》云:"或命巾车,或棹孤舟。"此用其事。稚子候檐隙,亦《归去来辞》"稚子候门"之意。隙,空地也。役,劳役。百年会有役者,言人生百年,不能无劳也。纺承蚕桑言,绩承麻言。素心见潜《移居》诗曰:"闻多素心人,乐为数晨夕。"素者,心无污染之谓。三益谓友朋。

孔子曰:"益者三友。友直,友谅,友多闻,益矣。"

　　鲍参军,鲍照,已见前。枉,今所谓枉费,言不为之动也。尺璧,径尺之璧,璧以大为贵也。宵人即小人。恩光,恩赐也。羁,马络头。执羁谓从车,从军必以马也。孟冬,十月,十月农事毕获,古王者于是时郊祀天以报,故曰郊祀月。成皋即虎牢,在今河南汜水县西北。碛砾,小石,言路难行。羊肠,言路迂曲也。徒,众。税之为言脱也,脱驾即解驾。临,以高视下也。鷞鹏,亦凤属。玄武,龟也。此二句比己之不得志。"铩翮"承"不能飞"说,"时至"承上"孟冬严霜"说。然遭逢不幸意亦在其中,故接云"感物聊自伤"也。竖,小儿。儒曰竖者,言其所见者小,与小儿等也。守一经,抱持一经,不敢稍涉于范围之外也。"行藏"语本《论语》曰:"用之则行,舍之则藏。""未足识行藏"者,未足识行藏之道也。

范云之零陵郡次新亭

　　江干远树浮,天末孤烟起。江天自如合,烟树还相似。沧流未可源,高飔去何已。

　　云字彦龙,舞阴人。与沈约同为梁武佐命,官至尚书右仆射。此诗则齐武帝萧赜时,云迁零陵内史去京之任所作也。新亭,建邺江边亭名,津渡之所。沧流,江水色苍,故曰沧流,与沧江同。源谓穷其源也。飔同帆。何已,言不知其止处也。

柳恽江南曲

　　汀洲采白蘋,日暖江南春。洞庭有归客,潇湘逢故人。故人何不返,春花复应晚。不道新知乐,只言行路远。

恽字文畅,河东解人。梁武时为吴兴太守,清静得民望,卒于任。世因称为柳吴兴。恽多才艺,弹琴弈棋,投壶射箭,并臻精妙。梁武尝称恽分其才艺,足了十人。汀,小洲也。白蘋,生水中,叶似槐,开小白花,故曰白蘋。洞庭即洞庭湖。潇湘,二水名,并在湖南。"不道新知乐,只言行路远",言其饰辞诡对也。

吴均主人池前鹤

本自乘轩者,为君阶下禽。摧藏多好貌,清唳有奇音。稻粱惠既重,华池遇亦深。怀恩未忍去,非无江海心。

均字叔庠,吴兴故鄣人。柳恽为吴兴,召补主簿。日引与赋诗。好事者或效之,谓为吴均体。此诗所云主人,疑即是恽。自汉以来,吏以郡将为主人,已成故事。卫懿公好鹤,鹤有乘轩者,见闵二年《左传》。乘轩,盖比于大夫也。摧藏,谓羽毛不整。唳,鹤鸣。云"怀恩未忍去"、云"非无江海心",案之《南史·恽传》,言:"均尝不得意,赠恽诗而去。久之复来,恽遇之如故。"则均之非可久羁,于此诗已见之矣。均后来以恽荐,得待诏著作。梁武使撰通史,未就,卒。咏物之诗,要在有所寄托。如此诗其显明者,故特录之。故鄣今安吉也。

曹景宗光华殿侍宴赋竟病韵

去时儿女悲,归来笳鼓竞。借问行路人,何如霍去病。

景宗,新野人。武帝天监五年,魏攻钟离,景宗以右卫将军督众军御之。至明年三月,春水生,淮水暴涨,景宗与豫州刺史韦叡乘舰迫岸,用火夹攻,大败魏人。沿淮百馀里,尺骸相藉。景宗振旅凯入。帝于光华殿宴饮联句,令左仆射沈约赋韵。景宗不得韵,意色不平,启求赋诗。帝曰:"卿伎能甚多,人才英拔,何必止在一诗。"景宗已醉,求作不已。诏令约赋韵。时韵已尽,唯馀"竟"、"病"二字。景宗便操笔,斯须而成。帝叹不已,约及朝贤惊嗟竟日。事见《南史·景宗传》。霍去病,汉武帝时大破匈奴,所谓霍嫖姚者也。此诗虽四句,而"竟"、"病"二韵却极难押。景宗以一武人,能成此诗于仓促之间,自足令人嗟叹。今选之,亦以见诗非难作,苟通其意,不必学士文人,固人人可得佳句也。

卫敬瑜妻王氏孤燕诗

昔年无偶去,今春犹独归。故人恩义重,不忍复双飞。

霸城王整之姐,嫁为卫敬瑜妻。敬瑜亡,不嫁。所住户有燕巢,常欢飞来去,后忽孤飞。女感其偏栖,乃以缕系脚为志。后岁此燕果复再来,犹带前缕。女为诗云之。见《南史》。

何逊

赠诸游旧

弱操不能植,薄伎竟无依。浅智终已矣,令名安可希。扰扰从役倦,屑屑身事微。少壮轻年月,迟暮惜光辉。一涂今未是,万绪昨如非。新知虽已乐,旧爱尽睽违。望乡空引领,极目泪沾衣。

旅客长憔悴,春物自芳菲。岸花临水发,江燕绕樯飞。无由下征帆,独与暮潮归。

逊字仲言,东海郯人。梁天监中,官尚书水部郎,故后世称为何水部。初与吴均颇为武帝所亲。后失帝意,帝曰"吴均不均,何逊不逊",自是疏隔。为帝子庐陵王续继室,卒。此诗当是为梁武疏斥后作。游旧者,交友故旧也。操,守也。植,立也。伎与技同。希,希求也。役谓行役。屑屑,琐细也。光辉犹光景。万绪,万事也。已乐,甚乐。睽违,隔离也。芳菲,香鲜也。樯,船桅也。下,降也。正在行船时,故帆曰征帆。续为江州刺史,逊归盖是归江州。诗曰"望乡空引领",又曰"旅客长憔悴",其非归家甚明也。又逊为承天曾孙。承天在宋时官御史中丞,祖父亦皆任官,必即家于建康。乡亦非指东海也。

慈 姥 矶

暮烟起遥岸,斜日照安流。一同心赏夕,暂解去乡忧。野岸平沙合,连山远雾浮。客悲不自已,江上望归舟。

慈姥矶在安徽当涂县江北边。山石伸入水中谓之矶。诗极与唐人五律相近,但用两岸字,又烟、雾,忧、悲,不嫌意复,此则犹未失古诗质朴之趣耳。

相 送

客心已百念,孤游重千里。江暗雨欲来,浪白风初起。

重犹更也。此诗亦与唐人为近。

阴铿

班 婕 妤 怨

柏梁新宠盛,长信昔思倾。谁谓诗书巧,翻为歌舞轻。花月分窗进,苔草共阶生。接泪衫前满,单眠梦里惊。可惜逢秋扇,何用合欢名。

铿字子坚,本武威姑臧人。刘裕西征,其高祖袭随之南还,因为南平人。南平郡,今湖北公安也。铿初为梁湘东王法曹行参军。入陈,仕至员外散骑常侍,卒。杜甫《解闷诗》云:"陶冶性灵存底物,新诗改罢自长吟。未知二谢将能事,颇学阴何苦用心。"阴即阴铿,何则何逊也。柏梁,台名。长信,见前婕妤《怨歌行》注。歌舞,谓赵飞燕以善歌舞进,见《汉书·外戚传》。诗书,谓婕妤晓习诗书也。以下文自明白,不更注。

渡 青 草 湖

洞庭春溜满,平湖锦帆张。沅水桃花色,湘流杜若香。穴去茅山近,江连巫峡长。带天澄迥碧,映日动浮光。行舟逗远树,度鸟息危樯。滔滔不可测,一苇讵能航。

青草湖即洞庭之南澨,惟水涸时则与洞庭不相接。以中生青草,故名青草湖。沅湘,皆水名。杜若,香草之一种,叶似襄荷,花六瓣而白色,生于湿地。茅山,即句曲山,《道书》言句曲有地穴通洞庭。逗,言相接触也。一苇杭之,见《诗经·卫风·河广》之篇。杭、航字同。

344

晚 泊 五 洲

客行逢日暮,结缆晚洲中。戍楼因嶘险,村路入江穷。水随云度黑,山带日归红。遥怜一柱观,欲轻千里风。

五洲,在湖北蕲水县西大江中,以五洲相接,故名。嶘,山石断处,一作碛。一柱观,在松滋县东丘家湖罗公洲上,宋临川王刘义庆镇江陵时所立。观甚大,而惟一柱。杜甫《所思》诗云:"苦忆荆州醉司马崔漪也,谪官樽酒定常开。九江日落醒何处,一柱观头眠几回。"则在唐时观犹依旧也。怜,爱也。欲轻千里风,谓不避风险而欲速至其地也。嶘、观皆读去声。

雪 里 梅 花

春近寒虽转,梅舒雪尚飘。从风还共落,照日不俱消。叶开随足影,花多助重条。今来渐异昨,向晚判胜朝。

叶谓花瓣也。"随足影"犹云"随影足","助重条"犹云"助条重",足、重二字倒在上,则皆作活字用矣。判,断定也。此诗可谓咏物之作典范,故特录之。

徐陵

关山月二首

关山三五月,客子忆秦川。思妇高楼上,当窗应未眠。星旗映疏勒,云阵上祁连。战气今如此,从军复几年。

月出柳城东,微云掩复通。苍茫萦白晕,萧瑟带长风。羌兵烧上郡,胡骑猎云中。将军拥节起,战士夜鸣弓。

陵字孝穆,东海郯人。父摛,梁简文帝为太子时,以家令兼管记室,与相酬和。宫体之行,摛实首唱。当时东宫置学士院,陵亦与其选。元帝时,尝奉命通使北齐,为齐所留。后遣还。不久陈氏代梁,历事武帝文帝宣帝,官至侍中、中书监。后主立,乃卒。《关山月》本乐府体,今陵所作,直与唐五言律相似。后李白作《关山月》,虽多四句,亦颇同于陵作。界乎古诗、律诗之间。故于此可以观诗体之变迁焉。星旗,言旗之分布如星然。疏勒,自汉至隋皆谓国,今新疆疏勒县。祁连,山名,见前。柳城,今热河朝阳县。白晕曰日晕。萦,回绕也。上郡、云中,皆秦汉郡名。上郡,今陕西北部及内蒙古鄂尔多斯旗左翼地。云中,今山西怀仁、左云、右玉以北,至内蒙托克托、喀尔喀右翼,四子部落各旗皆其地。节,调兵符节也。

沈炯

长安还至方山怆然自伤

秦军坑赵卒,遂有一人生。虽还旧乡里,危心曾未平。淮源比桐柏,方山似削成。犹疑屯虏骑,尚畏值胡兵。空村馀拱木,废邑有颓城。旧识既已尽,新知皆异名。百年三万日,处处此伤情。

炯字初明,吴兴武康人。梁元帝时,为给事黄门侍郎。西魏破荆州,被虏。以母在江南,陈请乞归,得放还。此诗即还至金陵作也。方山,一名天印山,在南京东南,秦淮之水所经。故诗有"淮源比桐柏"之句。桐柏山在河南,桐柏县即以是山得名。淮水发源于此,《禹贡》云

346

"导淮自桐柏"是也。秦淮亦以淮名,故用是为比。削成,谓华山。《山海经》云:"太华之山,削成而四方。"方山亦以形方得名,故曰方山似削成。若以削成为寻常形容之辞,则失之矣。秦军坑赵卒,即长平之战,秦将白起坑赵降卒四十万事,此用以比魏破荆州也。拱木,一手可把者。曰馀拱木,则大木不存可知。積与頹同,坏也。江南自侯景乱后,亦到处残破,而自被虏归来之人视之,则感触尤为深至,故言之亦自不同。长安,西魏所都。炯后仕陈为御史中丞。会王琳拥立萧庄于荆州,举兵南下,陈文帝陈蒨加炯明威将军遣还乡里收兵,以疾卒于吴中。

为我弹鸣琴

为我弹鸣琴,琴鸣伤我襟。半死无人见,入冤始知音。空为贞女引,谁达楚妃心。雍门何假说,落泪自淫淫。①

---

① 编者按:原稿至此结束。